VIKTOR FARKAS

Rätselhafte Wirklichkeiten

*Aus den Archiven
des Unerklärlichen*

WILHELM HEYNE VERLAG
MÜNCHEN

HEYNE SACHBUCH
Nr. 19/805

2. Auflage

Taschenbucherstausgabe 03/2002
Copyright © 1998 by Langen Müller in der
F. A. Herbig Verlagsbuchhandlung GmbH, München
Wilhelm Heyne Verlag GmbH & Co. KG, München
http://www.heyne.de
Printed in Germany 2002
Umschlagillustration: Panos Pictures/Roderick Johnson, London
Umschlaggestaltung: Hauptmann und Kampa
Werbeagentur, CH-Zug
Herstellung: Udo Brenner
Satz: Schaber Satz- und Datentechnik, Wels
Druck und Verarbeitung: Ebner & Spiegel, Ulm

ISBN 3-453-19725-9

Inhalt

Vorwort

Wenn Trugbilder und Dogmen wanken

*»Versuche haben uns eine Menge beigebracht, das
wir vorher nicht wußten, aber sie haben uns
auch gelehrt, wie wenig wir eigentlich von den
Vorgängen verstehen, die uns bekannt sind.«*
THOMAS ALVA EDISON

Auf fernen Inseln gibt es Drachen. Diese Behauptung aus dem
Munde früher Weltreisender wurde jahrhundertelang verlacht.
Dann hat man die Fabeltiere 1912 auf den nördlich von Australien
gelegenen indonesischen Inseln gefunden. Jeder kennt sie heute,
die riesigen Komodo-Warane, Drachen reinsten Wassers. Nur
Feuer spucken sie nicht. Seeschlange Nessi war von der realen
Konkurrenz entthront und dem »gesicherten Wissen« ein Schlag
versetzt worden. Nicht der einzige. Trotzdem: Manche Verneinun-
gen sind unerschütterlich. Beispielsweise die, daß Wale Menschen
nicht schlucken können, weil ihr Schlund viel zu eng ist.
Wer in ihren Rachen gerät, ist ein toter Mann. Das sagt die
Zoologie, und das haben wir alle in der Schule gelernt. Die
Wirklichkeit scheint anderer Ansicht zu sein.
Der englische Rundfunkjournalist Frank Edwards grub in den
offiziellen Aufzeichnungen der Britischen Admiralität den erstaunlichen, aber belegten Fall des britischen Seemanns James
Bartley vom Februar 1891 aus. Bartley war Matrose auf dem
Walfänger »Star of the East«. Im Südatlantik, einige hundert
Kilometer südlich der Falkland-Inseln, machten sich Bartley
und weitere Harpuniere bereit, einen großen Wal zu erlegen. In
jenen Tagen ein lebensgefährliches Geschäft. Die majestäti-
schen Tiere wurden nicht von Bord aus mit Harpunengeschüt-
zen attackiert, sondern von Männern in kleinen Booten, die
auf Tuchfühlung mit den Giganten der Meere gehen mußten,

damit kräftige Arme die Harpunen ins Ziel schleudern konnten. So auch diesmal.

Das tödlich getroffene Tier bäumte sich auf. Seine riesige Heckflosse peitschte das ohnehin vom Sturm aufgewühlte und vom Walblut rot schäumende Meer. Ein splitterndes Krachen. Das Boot mit Bartley und den anderen war nur noch Kleinholz. Die Überlebenden wurden in ein anderes Walfangboot gezogen. Zwei Mann fehlten, einer davon James Bartley. Kurz danach ließ der Sturm nach. Die »Star of the East« wartete mit schlaffen Segeln, bis der harpunierte Wal tot an die Wasseroberfläche steigen würde. Nach einigen Stunden war es soweit. Das riesige Tier wurde an das Schiff herangezogen. Damals waren die Walfangschiffe keine schwimmenden Fabriken, in die erlegte Wale zur Ausschlachtung vor Ort hineingezogen wurden. Man mußte den Körper noch im Wasser verwerten.

Mit Spezialmessern begannen die Seeleute ihr blutiges und langwieriges Werk. Sie schufteten bei Laternenschein bis in die Nacht. Gegen elf Uhr wurde der Magen entnommen und zur weiteren Verarbeitung an Bord gehievt. Dort staunte man mit unverhohlenem Grauen über die rhythmische Bewegung, die durch den mannsgroßen Magensack lief. Es war, als würde das Ding atmen. Der Schiffsarzt eilte herbei und schnitt den Magen auf. Ein Schuh wurde sichtbar, dann ein Fuß, schließlich ein ganzer Körper: James Bartley, zusammengekrümmt, bewußtlos, aber lebend.

Man begoß ihn mit Wasser, versorgte ihn, so gut es ging, und band ihn in einer Koje fest. Während der langen Heimfahrt des Schiffes schwebte er zwei Wochen zwischen Leben und Tod. Es dauerte noch einmal zwei Wochen, ehe er wieder bei Sinnen war. Er konnte sich erinnern, daß sich der Rachen des Wals um ihn geschlossen hatte und er eine schleimige Röhre hinuntergeglitten war. Dann nichts mehr. Der Schiffsarzt vermerkte den Vorfall, wie auch Bartleys Bericht, im Logbuch. Diese Eintragung wurde von allen an Bord unterzeichnet.

James Bartley hatte 15 Stunden im Walmagen verbracht und dabei alle Körperhaare verloren. Seine Haut war totenbleich geworden. Er konnte kaum noch sehen. Nach diesem Horrorerlebnis lebte er weitere Jahre in Gloucester, wo er als Hilfsschuster arbeitete. In dieser Zeit wurde er von zahlreichen Medizinern aus aller Welt besucht und untersucht. Auf seinem Grabstein ist sein Erlebnis kurz vermerkt, darunter steht: »James Bartley, 1870–1909, ein moderner Jonas.«

Das ist nur ein partieller Vorgeschmack auf die kommende Tour de force durch ein Universum von abgrundtiefer Fremdartigkeit, in dem wir nur staunende Zaungäste zu sein scheinen. Das meiste, was in diesem Buch beschrieben ist, widersetzt sich einer sogenannten rationalen Erklärung. Eine Kette schlagender Beweise dafür, daß unsere fünf Sinne nicht ausreichen, um vollständig zu registrieren, was um uns herum vorgeht, und dafür, daß die Wissenschaft in keinster Weise den Anspruch erheben kann, jenes zu erklären, was unbestreitbar vor sich geht, aber nicht zu identifizieren ist. Ob aufsehenerregendes Geschehen oder triviale Alltagswirklichkeit, alles kann kurios, gespenstisch, geheimnisvoll und grauenerregend sein.

Im Trommelfeuer der belegten Rätsel wanken unsere »gesicherten« Vorstellungen von der Zeit, von der Unbelebtheit der Materie, vom Nichtbewußtsein der Tiere und der Pflanzen, von der Lächerlichkeit von Flüchen, von der unüberschreitbaren Grenzlinie zwischen Leben und Tod und von vielen anderen Klischees. Statt dessen machen wir Bekanntschaft mit unseren eigenen Superfähigkeiten; mit den Bocksprüngen der Zeit; mit dem Bewußtsein, das alles Lebendige erfüllt; mit unerklärlichen Vorkommnissen; mit dem Wahrheitsgehalt von Mythen; mit der Existenz von nichtmenschlicher Intelligenz auf Erden und im Weltraum; mit dem Leben nach dem Leben; mit bizarren Naturphänomenen; und sogar mit Vorgängen jenseit aller Logik. Jeder unerklärliche Fall ist mehrfach dokumentiert, provokant durch seine bloße Existenz.

Sie werden eine konzentrierte Ladung an Unbegreiflichkeiten serviert bekommen, die kaum zu schlucken und noch schwerer zu verdauen ist – aber wahr. Fachmännische Kommentare, Stellungnahmen und Zeugenaussagen trennen das Unerklärliche vom Absurden. Manchen meiner Leser mögen einige Episoden bekannt vorkommen. Das hat seinen guten Grund. Er heißt »Vollständigkeit« – der Versuch, diese wichtige Thematik umfassend zu präsentieren, soweit dies möglich ist.

Dazu habe ich früheres Material überarbeitet, erweitert und aktualisiert und ein Füllhorn an neuem hinzugefügt. Wie ich glaube und hoffe, liegt damit ein gesamtheitliches Kompendium vor, zu dem die Schulwissenschaft nur allzugerne »nein« sagen würde, es aber nicht kann.

Wozu auch verneinen? Das phantastische einundzwanzigste Jahrhundert wird uns dazu nötigen, zu vielem »ja« zu sagen, das ebenso unglaublich ist wie der Inhalt dieses Buches. Damit viel Spaß bei einer Lesereise in phantastische Wirklichkeiten!

Viktor Farkas

TEIL I

....

Geheimnisvolle Fähigkeiten

*»Streitet euch nicht, ob Geist oder Materie
bestehe, denn das ist nichts anderes als Wortstreit.
Geist und Körper sind nur verschiedene Seiten
derselben unbegreiflich mächtigen Sache.«*

SPINOZA

1 Die Kräfte des Geistes

Durch die Zeitbarriere

Am 15. September 1938 starb der bekannte amerikanische Schriftsteller Thomas Wolfe. Viele Jahre seines Lebens hatten ihn Visionen über einen Eisenbahnwaggon mit der Nummer »K 19« so sehr beschäftigt, daß er ihn in zahlreiche Werke einbaute. Nach seinem Tod wurden die sterblichen Überreste des Dichters in seine Heimatstadt Asheville überführt – und zwar in einem Pullman-Wagen mit der Nummer »K 19«. Nicht nur für Wolfe öffnete sich die Tür ins Morgen einen Spalt...

Mit einem Aufschrei erwacht der Journalist Byron Some im Leseraum des »Boston Globe«. Sein Bewußtsein dröhnt von der schrecklichen Vision, die ihn aus dem Schlaf gerissen hat. In seinen Ohren gellen die Schreie der Unglücklichen, die in einen brodelnden Ozean stürzen. Als wäre er selbst ein Teil des grausamen Geschehens gewesen, steht vor seinem inneren Auge das Bild von Farmen, Dörfern und Menschen, die unter Lavaströmen verschwinden. Und als infernalisches Finale der Untergang einer ganzen Insel in einer titanischen Explosion. Eine riesige Säule aus Feuer und Rauch, dann schlagen die kochenden Meereswellen über der Stelle zusammen, wo eben noch eine blühende Insel gelegen hat.

Some ist hellwach. Zutiefst aufgewühlt sitzt er – den Kopf in die Hände gestützt – allein im Büro der angesehenen Bostoner Zeitschrift. Erinnerungen, die nicht seine eigenen sind, überfluten seinen Geist. Sie sind ebenso real, als *wären* es seine eigenen.

Bald schon wird ihm klar, daß es sich nur um einen besonders lebhaften Traum gehandelt haben kann. Er beschließt, das Beste daraus zu machen, nämlich eine Story zur späteren Verwendung. Sofort beginnt er damit, ehe sein »Traum« verblaßt. Noch ist alles so ungeheuer lebendig, daß er es flüssig zu Papier bringen kann. Nicht die geringsten Ausschmückungen sind aufgrund der außerordentlichen Dramatik seiner »Erinnerungen« vonnöten. Wie einen Tatsachenbericht vor Ort schildert er die Panik der Eingeborenen, die zwischen kochender Lava und siedendem Ozean eingeschlossen sind, beschreibt das Aufbäumen der Insel unter der Gewalt des Vulkanausbruchs und die haushohen Flutwellen, die während und nach dieser Apokalypse Schiffe in der Umgebung zerschmettern. Zu seinem eigenen Erstaunen kennt er sogar den Namen der Insel, die in der brüllenden Eruption untergeht – er lautet »Pralape« –, und ihre geographische Lage. Nach der Niederschrift setzt Some noch das Wort »WICHTIG« darüber, legt das Manuskript auf seinen Schreibtisch und geht.

Am nächsten Morgen nimmt eine Reihe von Mißverständnissen ihren Anfang. Der Frühredakteur hält Somes Aufzeichnungen für eine Meldung, die in den Nachtstunden eingetroffen ist. Die Tatsache, daß nichts von einer solchen Katastrophe verlautete, macht ihn nicht stutzig. Im Gegenteil: Er sieht die Gelegenheit für einen Voraus-Exklusivbericht im »Boston Globe« über ein Ereignis von globaler Bedeutung. So prangt der Untergang von »Pralape« auf der Titelseite. Um den eigenen Vorsprung noch deutlicher zu machen, leitet der Redakteur den »Bericht« parallel an Associated Press weiter.

Die Agentur ihrerseits zögert keine Sekunde mit der Weitergabe. Mit einem Wort: Es ist *die* Sensationsstory des 29. August 1883. Dann setzt jedoch Verwirrung und Ernüchterung ein.

Die Medien fragen beim »Boston Globe« begierig nach Einzelheiten, doch der Redakteur kann damit nicht dienen. Some war unauffindbar, und im Raum Java tat sich nichts. In derselben Nacht wird Byron Some aufgestöbert. Damit platzt die Bombe: Man hatte einen »Traum« als Tatsachenbericht veröffentlicht und landesweit verbreitet. Es gab nicht einmal eine Insel mit Namen »Pralape«.

Some wird gefeuert. Damit ist die losgetretene Lawine aber nicht von der Bildfläche verschwunden. Associated Press, die eine nichtbestätigte Nachricht hemmungslos ausgestreut hatte, beruft eine Krisensitzung aller Beteiligten ein. Weltweites Hohngelächter und ein nicht wiedergutzumachender Prestigeverlust der gesamten US-Presse scheint unvermeidlich. Der »Boston Globe« erklärt sich bereit, die Suppe auszulöffeln und auf der Titelseite eine Richtigstellung zu bringen. Doch es kommt anders.

Mit einem Mal schmettern unnatürlich hohe Wellen an die amerikanische Westküste. Während man beim »Boston Globe« noch an einer irgendwie einleuchtenden Erklärung bastelt, treffen aus verschiedenen Teilen der Welt Nachrichten über eine fast biblische Katastrophe nahe dem Indischen Ozean ein.

Erste bruchstückhafte Berichte über die mysteriöse Katastrophe werden veröffentlicht. Weitere folgen. Nun branden die riesigen Flutwellen auch gegen die Küsten von Südamerika und Mexiko. Australien meldet, daß »gigantisches Geschützfeuer« die Luft erzittern ließ. Die Flutwelle umläuft den ganzen Erdball. Ein Ereignis, für das es in der bekannten Geschichte keine Parallele gibt.

Einige Tage später sieht man klar. Schiffsbesatzungen, die gerade noch davongekommen sind, treffen in verschiedenen Häfen ein und erzählen vom Untergang der Insel *Krakatau,* der über 36 000 Menschen das Leben kostete. Spätere Analysen ergeben, daß ein Vulkanausbruch die Erdrinde spaltete und es durch eindringendes Wasser zu einer Explosion kam, die auf der ganzen Welt zu verspüren war. Eine atmosphärische Schockwelle hatte die Erde dreimal umkreist, was die Wissenschaftler noch nach Jahren erstaunte.

Am »Tag X« jedoch wissen die Medien, daß dieser Weltuntergang in der Sunda-Straße eine der größten Sensationen aller Zeiten ist. So erscheint auf der ersten Seite des »Boston Globe« statt des geplanten Dementis Somes Bild. Dies ist – so schreibt man stolz – der Reporter, der von der Krakatau-Katastrophe vor allen anderen berichtet hatte. Auf welche Weise er in den Besitz der Vorausinformationen gelangt war, verschweigt man ebenso dezent wie die Tatsache, daß er noch vor Stunden als Sündenbock den Wölfen hätte vorgeworfen werden sollen.

Da der genaue Zeitpunkt des »Traums« nicht feststellbar ist, sprechen Gegner jeglicher Präkognition von Telepathie oder ähnlichem. Das Mysterium des Namens »Pralape« können sie jedoch nicht wegrationalisieren. Viele Jahre später stößt die Holländische Historische Gesellschaft nämlich auf eine sehr alte Landkarte, die den ursprünglichen, längst vergessenen Namen der Insel Krakatau vermerkt. Er lautet – man ahnt es bereits – *Pralape*...

Was aber, wenn es sich tatsächlich um Vorherwissen, also um Präkognition im Sinne des Wortes, gehandelt hat?

Der »gesunde Menschenverstand« scheut sich begreiflicherweise vor einer solchen Vorstellung. Zu chaotisch wären die Konsequenzen – vom Zusammenbruch der Kausalität bis zur Notwendigkeit eines neuartigen, bizarren Weltbildes, in dem die Zukunft schon jetzt existiert.

All diesen schönen Widerlegungstheorien zum Trotz gibt es ihn, den rätselhaften Blick ins Morgen. Ob es sich nun um die berühmte Hellseherin der US-High-Society Jeane Dixon handelt, die unmittelbar vor dem Attentat auf John F. Kennedy sagte: »Etwas Furchtbares wird dem Präsidenten zustoßen« (und ihn persönlich, wenn auch vergeblich, warnte) oder um die verschlüsselten Centurien von Nostradamus, stets scheint die Zukunft ihren Schatten in die Vergangenheit zu werfen. Ursache und Wirkung hin, Paradoxien her.

Gräbt man tiefer, stößt man auf einen wahren Berg an Voraussagen, die durch nichts zu erklären sind. Von der Antike bis heute. Darunter sind berühmte Hellseher – wie die genannten – und längst vergessene, z.B. Jacques Cazotte (er sagte die Französische Revolution mit erstaunlichen Details voraus, einschließlich seiner eigenen Enthauptung), der Norweger Anton Johanson (er prophezeite fast den gesamten Ersten Weltkrieg mit all seinen Folgen) oder der englische Bauer Robert Nixon (während einer »Geschichtsstunde der Zukunft« skizzierte er den englischen Bürgerkrieg, die Restauration, die Französische Revolution, die Ausbreitung des englischen Imperiums und vieles andere, das niemand voraussehen *konnte*).

Da mündliche Überlieferungen ihre Schwächen haben, wünscht man sich lieber schriftliche Prognosen, und – siehe da – auch sie existieren en masse. Ihr Bogen spannt sich von der 1898 erschienenen Story des US-Schriftstellers Morgan Robertson »The Wreck of the Titan«, in welcher der 1912 erfolgte Untergang der »Titanic« jenseits jeder Zufälligkeit detailgenau geschildert wird, über die von Voraussagen strotzenden Aufzeichnungen des Ingenieurs J. W. Dunne bis hin zu Karl Hans Strobls Romanen, in denen zahlreiche Parallelen zur »Titanic«-Präkognition zu finden sind, gar bis zu einer Erzählung von M. P. Shiel aus dem Jahr 1896 (sie berichtet vom Ausrottungsfeldzug einer Organisation schwarzgekleideter Fanatiker, die die Leichen »fortschrittsschädlicher Untermenschen« verbrennen und dabei Europa ver-

wüsten. Der Titel der Story lautet ebenso makaber wie visionär
»The SS«).

Daß Präkognition kein passives Vorausahnen unabänderlichen
Unheils bedeuten muß und zudem uns allen mehr oder weniger
gegeben ist, zeigt die Studie des amerikanischen Mathematikers
William Cox. Er bewies, daß die durchschnittliche Passagierzahl
in Zügen, die in Unfälle verwickelt werden, *signifikant* unter
dem Durchschnitt liegt und in den betroffenen Waggons
nochmals dramatisch absinkt. Die Zukunft zeigt sich also nicht
nur, sondern läßt auch sozusagen »mit sich reden«.

Der Blick ins Morgen

Zukunftsschau und Wissenschaft vertragen sich nicht, so
heißt es. Manchmal vertragen sie sich sehr wohl.

In dem überladen eingerichteten exklusiven Salon wartet eine
Gruppe uniformierter junger Männer darauf, die Zukunft aus
den Handlinien zu erfahren. Unter ihnen ein Mann um die vierzig, der später Weltgeschichte schreiben wird. Während die jungen Offiziere einzeln an die Reihe kommen und jeder von ihnen
die Prophezeiung der fremdländisch gekleideten Handleserin la-
chend zur Kenntnis nimmt, wird der ältere Mann immer ärger-
licher. Die Sache sollte nicht todernst sein – und nun das. Jedem
der jungen Männer sagt die Handleserin nämlich die gleichen
Worte: »Die Lebenslinie bricht jetzt ab. Es ist furchtbar.« Für
die »Todeskandidaten« ist die düstere Prognose eher ein Spaß.
Der ältere Mann ist der einzige, der nicht lacht. Er macht sich
Vorwürfe, dieses Theater zugelassen zu haben.

So ein Unfug. Die Offiziere gehören unterschiedlichen Truppen-
gattungen an und haben auch sonst nichts gemeinsam, trotzdem
sollten sie in Kürze sterben. Ein haarsträubender Unsinn. Die
Wirklichkeit aber ist noch phantastischer, denn keiner der jungen Männer erlebte das Ende des Jahres der Weissagung, des
Schicksalsjahrs 1914. Nur einer der damals Anwesenden blieb
am Leben: der ältere Mann. Seine Name ist Winston Churchill,
später Sir Winston Churchill.

Churchill, der im 1914 beginnenden Ersten Weltkrieg Seelord und Marineminister war, nach dem Gallipoli-Desaster im Rahmen der glücklosen Dardanellen-Offensive von 1915/16 als Marineminister zurücktreten mußte und der im Zweiten Weltkrieg als britischer Ministerpräsident England durch die größte Bedrohung seiner Geschichte führen sollte, stand in jungen Jahren dem Übernatürlichen aufgeschlossen gegenüber – wenn auch nicht in demselben Ausmaß wie sein weltgeschichtlicher Widerpart Adolf Hitler. Dieses Interesse Churchills manifestierte sich im regelmäßigen Besuch bei jener Handleserin, die mit ihren unheimlichen Todesprognosen auf so makabre Weise recht behalten hatte.

Obgleich es eine Vielzahl gut dokumentierter Berichte über einen Blick ins Morgen gibt – unter denen die geschilderte Episode lediglich durch Sir Winston und den morbiden Aspekt hervorsticht –, tut sich die wissenschaftliche Gemeinde mit der Anerkennung der *Präkognition* besonders schwer. Das verwundert nicht, würde doch eine präzise Zukunftsschau ebenso der Kausalität den Garaus machen wie unserer Vorstellung von der Wirklichkeit an sich. Diesem Dilemma wird oft mit der Forderung nach einem exakten Experimentalbeweis begegnet, in der Annahme, ein solcher Beweis sei kaum zu führen. Eine trügerische Hoffnung, denn er wurde mehrfach geführt, wenn auch unbeabsichtigt.

Professor Samuel George Soal, Dozent für Mathematik am University College in London, stieß 1939 gleich zweimal auf Präkognition im Rahmen einer Testreihe über Telepathie.

Soal, der als erster mit einer Dissertation über Parapsychologie in England promovierte und drei Jahre lang die Präsidentschaft der renommierten »Society for Psychical Research« innehatte, vermutete daraufhin, daß derartiges möglicherweise unerkannt noch in vielen Versuchsberichten schlummern mochte.

Die betreffende Testreihe war mit einer Hausfrau namens Gloria Stewart durchgeführt worden. Anfangs schien es, die Frau könne die Gedankenbotschaften ihres Testpartners nicht empfangen, da sie keines der fünf Symbole der verdeckt gezogenen Rhine/Zener-Karten richtig erriet. Um so größer war der Schock, als man erkannte, daß die Frau mit extrem hoher Trefferquote jeweils *die nächste Karte* benannte. Da diese willkürlich gezogen wurden, blieb Präkognition die *einzige* Möglichkeit.

Dieselbe Fähigkeit entdeckte Professor Soal bei dem Fotografen Basil Shackleton, der in der Gegenwart mehrerer angesehener Wissenschaftler jeweils die Karte nennen konnte, die als nächste an die Reihe kommen würde – genau wie Mrs. Stewart. Er konnte dies beliebig oft demonstrieren, und es spielte keine Rolle, ob Rhine/Zener-Karten, normale Spielkarten oder Kärtchen mit irgendwelchen Abbildungen, Farben oder Worten verwendet wurden. Die Wahrscheinlichkeit von Zufallstreffern war bereits im Fall von Gloria Stewart astronomisch gering, bei Shackleton wurde sie mit einem Wert von 10 hoch 35 (eine Zahl mit 35 Nullen) errechnet.

Noch hieb- und stichfester, sofern dies überhaupt möglich ist, war ein von Dr. Helmut Schmidt in seinem Laboratorium in Durham, North Carolina, durchgeführter Versuch. Der deutschamerikanische Physiker, der als erster Computeruntersuchungen von Parafähigkeiten durchführte, installierte eine Anordnung von Lämpchen, deren Aufleuchten durch radioaktiven Zerfall gesteuert wurde und damit absolut zufallsbestimmt war.

Dessenungeachtet sollten die Versuchspersonen von ihnen gewünschte Lampen zum Aufleuchten bringen. Mit einem Wort: Sie sollten mittels Telekinese bzw. Psychokinese die Steuerung durch das radioaktive Isotop außer Kraft setzen. Das wurde ihnen als Versuchsziel vorgegeben, und es gelang auch tatsächlich mit signifikanten Ergebnissen. Dann ging Dr. Schmidt noch einen Schritt weiter.

Ohne die Probanden darüber zu informieren, entzog er die Lampensteuerung dem radioaktiven Zerfall und übertrug sie einem Magnetband, wodurch der gesamte Ablauf so vorprogrammiert – und unbeeinflußbar – wurde wie die Handlung eines Films auf der Kinoleinwand. Selbst die machtvollste Telekinese mußte nun versagen. Seltsamerweise war immer noch ein beachtlicher Prozentsatz der Getesteten wie bei den vorhergehenden Versuchen in der Lage, vorherzusagen, welche der Lämpchen sie geistig zum Aufleuchten »zwingen« würden.

Die einzige Erklärung dieses Mysteriums war die, daß die Betreffenden weiterhin glaubten, die Lampen telekinetisch zu beeinflussen (was jetzt unmöglich war), in Wirklichkeit aber *präkognitiv wußten*, was gleich geschehen würde.

Wenn Steine sprechen

Können tote Gegenstände eine Erinnerung haben? So absurd diese Frage auch klingt, sie muß mit Ja beantwortet werden.

Ein Mann hält einen Knochensplitter in der Hand. Sein Gesicht ist eine Maske der Konzentration. Die anderen im Raum Anwesenden starren wie gebannt auf ihn. Langsam und stockend beginnt der Mann zu sprechen. »Die Höhle ist groß ... flackerndes Licht von Kienspänen ... Menschen sitzen im Kreis ... sie sind fast nackt und schmutzig ... sie singen und stoßen Rufe aus ... eine Zeremonie findet statt ... der Splitter ist Teil eines Knochens ... jetzt tritt der Zauberer vor ... er hält den Knochen in der Faust ...« Mit allen Einzelheiten beschreibt der Mann ein Ritual, das vor Jahrtausenden stattgefunden hat; dabei weicht seine Aufmerksamkeit keine Sekunde von dem Knochensplitter in seiner Hand ab.

Diese dramatische Szene stammt aus keinem Fantasy- oder Science-fiction-Film. Sie hat sich tatsächlich ereignet. 1953 gelang dem holländischen Hellseher Gerard Croiset mit Hilfe eines winzigen Knochensplitters eine genaue Beschreibung der Höhle, aus der er stammte, wie auch der exakten Umgebung, der ehemaligen Bewohner und einer religiösen Zeremonie, bei der dieser Knochen eine wichtige Rolle spielte. Alle Angaben Croisets wurden vom Rektor der Universität von Witwatersrand, der den Knochen aus einer Höhle in Lesotho hatte, als korrekt bestätigt. Der 1909 geborene Croiset ist weltberühmt für die erfolgreiche mediale Hilfestellung, die er der Polizei bei der Aufklärung von Verbrechen oder bei der Suche nach vermißten Personen immer wieder geben konnte. Etwas undramatischer, aber um nichts weniger anerkannt, ist seine Gabe, die Vergangenheit von Gegenständen zu erkennen.

Die Fähigkeit, sozusagen »die Steine sprechen zu lassen«, gehört zu den bekannten, wenn auch nicht sehr verbreiteten Parafähigkeiten, die einzelne Menschen immer wieder an den Tag legen. Sie wurde bereits im vorigen Jahrhundert ausgiebig erforscht und erhielt damals durch Professor Rhodes Buchanan die Bezeichnung *Psychometrie*.

Auch der umstrittene Magier, Guru, Philosoph, Hypnotiseur,

esoterische Meister, Schriftsteller und Künstler Georg Iwano-witsch Gurdjieff soll das Talent besessen haben, Informationen aus toten Gegenständen herauszuholen. Gurdjieff sprach immer wieder von sogenannten *Wissenbehältnissen* (z. B. sakrale Gegenstände, Artefakte und ähnliches), die er anzapfen konnte, wodurch er tiefe Erkenntnisse gewonnen hätte.

Die wissenschaftliche Forschung – und auch die Wirtschaft – setzt sich jedenfalls absolut ernsthaft mit Psychometrie auseinander. Bereits in den vierziger Jahren lief in Polen eine breit angelegte Testreihe. Dabei wurden beachtliche Talente entdeckt.

So konnte der polnische Ingenieur Stefan Ossowiecki durch bloßes Berühren einer 15 000 Jahre alten Steinspitze aus der Magdalenischen Kultur, die ihm vom Professor für Ethnologie an der Warschauer Universität, Stanislaw Poniatowski, übergeben worden war, eine Reihe frappierender Aussagen machen. Ossowiecki, dem prähistorische Archäologie völlig fremd war, lieferte eine detailreiche Beschreibung des täglichen Lebens im Paläolithikum, einschließlich Bekleidung, Lebensweise usw.

Im Lauf der nächsten Jahre war der Ingenieur in der Lage, das »Gedächtnis« von 32 weiteren Museumsobjekten anzuzapfen. Aufgrund von Knochen, Fischhaken, Steinwerkzeugen, keramischen Figuren und ähnlichem lieferte er regelrechte Augenzeugenberichte. Sie begannen in den Acheuléen vor mehr als einer halben Million Jahren und umfaßten weiter die Zeit der Moustérien und der Aurignacien. Die meisten der Gegenstände wären von einem Laien in keiner Weise auch nur zu identifizieren gewesen. Wenn Ossowiecki ein Objekt mehrmals zur Hand nahm, konnte er weitere Einzelheiten nennen. Seine Aussagen stimmten nicht nur absolut mit dem damaligen archäologischen Wissensstand überein, sondern nahmen auch Erkenntnisse vorweg, die erst nach seinem Tod bestätigt wurden. Es wäre ein Irrtum zu glauben, daß die Psychometrie lediglich eine Art geistige Archäologie ist, die den Schleier vor lang Vergangenem zurückzieht. Auf die Idee, den Blick in die Gegenwart zu richten, kam der Präsident der »American Society for Psychical Research«, Walter Prince, bei Experimenten mit einer Frau namens Maria Zierold. Die Getestete machte korrekte Aussagen über die Vergangenheit alter Bimssteintrümmer. Als Prince ihr jedoch ein versiegeltes Kuvert gab, in dem sich ein Fetzen Papier befand, identifizierte Maria Zierold das Papier sofort als Teil einer Flaschenpost. Mehr noch, sie machte exakte Angaben über den Absender der Flaschenpost, die an den Azoren an Land geschwemmt worden war. Alles stimmte, wie die Witwe des Absenders bestätigte.

Geradezu überwältigend waren die Aussagen, die Maria Zierold über einen verschlossenen Brief machen konnte, den Prince von einem Freund erhalten hatte. Sie verblüffte Prince mit nicht weniger als 38 Einzelheiten über seinen Freund. Nichts davon war in dem Brief enthalten, und vieles davon wußte Prince selbst nicht. Wie er sich umgehend bei seinem Freund überzeugte, stimmten auch letztere Angaben.

Seit geraumer Zeit werden solche Fähigkeiten nicht nur untersucht, sondern auch praktisch eingesetzt. Dank der Mitarbeit des sensitiven Lastwagenfahrers George McMullen konnte Norman Emerson, Professor für Archäologie an der Universität von Toronto, ein unterirdisches Indianerhaus ausgraben. Für den Archäologen Patrick Reed lokalisierte McMullen eine tausend Jahre alte Pfahlmauer. In allen Fällen geht der Lastwagenfahrer über ein Gelände und bezeichnet exakt, was sich unter der Erde befindet. Mittlerweile gibt es in den USA, in Ecuador, Frankreich, Mexiko, einigen Staaten der ehemaligen UdSSR und in anderen Ländern, die kein Aufheben davon machen, Archäologen oder Institute, die regelmäßig die Hilfe solcher Begabten in Anspruch nehmen. Die Erfolgsquote spricht für sich und hat die im Normalfall entstehenden enormen Kosten für Untersuchungen und Probegrabungen minimiert. Dasselbe gilt für Ölbohr- und Schürfunternehmen, die keine Hemmungen haben, parapsychologische Dienste in Anspruch zu nehmen, wenn sie Geld sparen und die Erfolgswahrscheinlichkeit erhöhen können. Auch der berühmte Uri Geller soll, so heißt es, mit seinen Fähigkeiten an der Entdeckung von Öl-, Kohle-, Metall-, Mineral- und anderen Vorkommen Anteil haben.

Konkrete Theorien über die wahre Natur der Psychometrie sind rar. Sie tendieren dazu, daß Ereignisse bei Gegenständen »engrammiert« (aufgeprägt) werden könnten, in Anlehnung an die Engramme, die sich in unseren Gehirnen durch Erfahrung oder Informationen bilden.

Wie viele Menschen – neben den wenigen, die solche Engramme

bewußt aus Objekten abrufen können – die latente Fähigkeit dazu besitzen, ist strittig. Manche vermuten sogar, wir alle hätten sie.

Der englische Buchautor und Biologe Dr. Lyall Watson führte ein interessantes Experiment durch. Er gab Personen mit Psychometrie-Erfahrung ein verschlossenes Kuvert mit einem Geldschein. Handelte es sich um eine benutzte, im Gebrauch stehende Note, hatte keiner der Getesteten Schwierigkeiten, durch das Kuvert zu erspüren, daß Geld darin war. Druckfrische Banknoten wurden nicht erkannt. Keine der Versuchspersonen konnte ein leeres Stück Papier im Kuvert von einem nagelneuen Geldschein unterscheiden – was für die Engramm-Theorie zu sprechen scheint.

Wenn der Geist auf Reisen geht

Statistiken zeigen, daß jeder zehnte Bürger der westlichen Welt überzeugt ist, daß sein Geist schon einmal seinen Körper verlassen hat. Manche Berichte können nicht widerlegt werden.

James Pease, der spätere Leiter der »Bauer Contemporary Ballet Company« in Milwaukee, USA, befand sich mit seinem Bruder Mitchell in ihrem gemeinsamen Appartement. Pease war Strohwitwer, da Susie Bauer, die er bald danach heiraten sollte, vor kurzem nach New York gegangen war, um ihr Tanzstudium fortzusetzen. Die beiden Männer hatten ihr bescheidenes Junggesellen-Abendessen vor dem Fernseher beendet. James Pease lümmelte in einem gemütlichen Stuhl, den Rücken zum Speisezimmer, und Mitchell saß auf der Couch. Plötzlich bemerkte James etwas Seltsames aus den Augenwinkeln: Susie stand in der Tür des Speisezimmers, als wollte sie zu den beiden hereinkommen.

James wollte seiner Freundin etwas zurufen, als ihm bewußt wurde, daß sie gar nicht hier war, sondern in New York. Seine Verwirrung zeigte sich so deutlich, daß sein Bruder den Blick von TV-Schirm abwandte und fragte, was los sei. James erwiderte: »Ich hätte schwören können, daß Susie eben zu uns hereinkommen wollte.« Mitch schüttelte verblüfft den Kopf, ohne einen Kommentar abzugeben. Schweigend starrten beide auf den Fernseher.

Das Telefon läutete. Es war Susie aus New York. Völlig aus dem Häuschen sagte sie wörtlich: »Ich war bei euch.« Ihr späterer Mann erwiderte: »Ich weiß.« Sie erzählte, daß sie mit einer Flasche Wein neben sich vor dem Bett auf dem Boden ihres Schlafzimmers gesessen und deprimiert Platten gehört hatte. Sie vermißte ihren Verlobten und ihre Heimatstadt Milwaukee. New York war riesig, fremdartig und bedrückend. Sie wünschte sich ganz intensiv, wieder daheim zu sein. Und das war sie für Sekundenbruchteile auch plötzlich, zumindest geistig.

Zur grenzenlosen Verblüffung der beiden Männer schilderte Susie Punkt für Punkt, wie James und Mitch die Möbel umgestellt hatten, wo jeder von ihnen saß, welches Besteck und welches Geschirr sie benutzt und wo sie es – ungewaschen – verstaut hatten, wo die Bierdosen herumstanden und daß Mitchell den Fernseher auf einen Eßtisch gestellt hatte. Sie beschrieb Mitchs Fernsehhaltung mit den Füßen am Tisch und sagte, James hatte eben nach der Bierdose gegriffen, als ihr Geist nach Milwaukee gereist war. Genau das hatte James beim Wahrnehmen seiner Verlobten getan.

Auch den Ablauf ihres seltsamen Erlebnisses konnte sie präzise wiedergeben. Sie war vor dem Bett in eine Art Trance gefallen. Ihr Geist verließ den Körper und schwebte frei im Zimmer. Sie sah auf sich selbst herunter, eine Erfahrung, von der viele Menschen berichten, die klinisch tot waren und wieder zurückgeholt werden konnten. Manche von ihnen sind sogar in der Lage, Angaben zu machen, die sie nicht wissen können; beispielsweise Einzelheiten ihrer eigenen Operation, in deren Verlauf es zum vorübergehenden klinischen Tod kam.

Während Susies *Astralkörper*, wovon Esoteriker und Vertreter östlicher Lehren in solchen Fällen sprechen, im Zimmer schwebte, wurde ihr klar, daß sie freiwillig nach New York gegangen war. Somit bestand kein Grund, mit dem Schicksal zu hadern. Im Gegenteil, es war lächerlich, sich so deprimiert und elend zu fühlen. Außerdem: Wenn sie es hier gar nicht aushalten konnte, mußte sie eben etwas dagegen unternehmen. In dem Augenblick war sie wieder in Milwaukee und war im Begriff, das

Wohnzimmer zu betreten, in dem James und Mitchell es sich gemütlich gemacht hatten. Sekundenbruchteile später erkannte sie, daß dies nicht sein *konnte* – und sie befand sich wieder in New York.

Vorkommnisse wie diese ereignen sich weit häufiger, als man meinen möchte. Der Forscher Robert Crookall füllte neun dicke Bände mit solchen Ereignissen, die zum Großteil hieb- und stichfest belegt sind. Oftmals gibt es mehr als drei Zeugen wie im Fall Susie Bauer/Pease. J. C. Poynton filterte 122 ernstzunehmende Berichte aus den Einsendungen heraus, die ein Aufruf in einer südafrikanischen Zeitung zur Folge hatte. Die Engländerin Celia Green ging ebenso vor und erntete 326 glaubwürdige Beispiele. Immer wieder machten Wissenschaftler den Versuch, dem Phänomen der Astralreisen zu Leibe zu rücken – oder es wenigstens als Täuschung zu entlarven. Beides gelang bis dato nicht.

So untersuchte der Psychologe Charles Tart in den sechziger Jahren ein junges Mädchen mit einer außergewöhnlichen Art von Schizophrenie. Besagte Patientin, die er in seinen Unterlagen nur als »Miß Z.« bezeichnete, gab an, ihren Körper von Kindheit an regelmäßig zu verlassen. Der Fachmann wandte eine klassische Therapiemethode an.

Man überprüft die Behauptungen und gibt dem Neurotiker Gelegenheit, sich selbst zu widerlegen. Eine einfache Versuchsanordnung sollte Miß Z. klarmachen, daß sie nicht wirklich im Dunkeln lesen konnte, was ihr angeblich möglich war, wenn ihr Geist den Körper verlassen hatte. So bewährt diese Behandlungsmethode auch ist, hier versagte sie, denn die Patientin konnte sehr wohl im Dunkeln lesen.

Dies ließ dem Psychologen keine Ruhe. Jetzt wollte er es wissen. In seinem Labor wurde die junge Frau an Meßgeräte angeschlossen, während Charles Tart Zettel mit langen Zahlenreihen (die er selbst nicht kannte, um Telepathie auszuschließen) in anderen Räumen versteckte. Es half alles nichts: Miß Z. konnte die Zahlen exakt nennen.

Ähnliche Frustationen erlebte Professor Cesare Lambroso bei einer weiblichen Versuchsperson, die behauptete, daß ihr Geist nicht nur an fernen Orten, sondern sogar in ihrem eigenen Körper herumwanderte. Dabei nahm sie in ihren Gedärmen 33 Würmer wahr, deren Vorhandensein keine Untersuchungsmethode zu bestätigen vermochte. Da die Betreffende eisern auf einer Operation bestand, wurde diese schließlich durchgeführt – und förderte exakt 33 Würmer zutage.

Wollte man die Zufallschance einer solchen Treffergenauigkeit statistisch ausdrücken, ergäbe dies eine Wahrscheinlichkeit von eins zu einer Zahl mit mehr Nullen, als auf allen Seiten dieses Buches Platz finden würden.

Ein körperloser Dieb

Zeugenaussagen klingen nicht selten völlig absurd – in manchen Fällen sind sie dennoch die Wahrheit.

Am 8. Juli 1896 findet vor einem Gericht in New York City ein zu Beginn ganz gewöhnlicher Diebstahlsprozeß statt, der eine unerwartete Wendung in die Welt des Unerklärlichen nehmen soll. Ein William McDonald wird beschuldigt, in ein Haus der Second Avenue eingebrochen zu sein. Der Angeklagte beteuert seine Unschuld, doch das Leugnen nützt ihm nichts. Ein Zeuge nach dem anderen marschiert auf und identifiziert McDonald als den Dieb.

Insgesamt sechs Personen bestehen unter Eid darauf, er sei der Mann, den sie beim Einpacken von Diebesgut in flagranti überrascht hätten. Der Täter konnte zwar flüchten, war aber aufgrund der Personenbeschreibung wenig später festgenommen worden. Eine klare Sache, doch nur bis zum Auftritt des Überraschungszeugen Professor Dr. Wein.

Als der Arzt die Eidesformel spricht, geht ein Raunen durch den Saal. Dr. Wein ist für die meisten der Geschworenen und der Zaungäste kein Unbekannter, zu oft werden seine öffentlich durchgeführten Hypnoseexperimente in den Medien erwähnt. Die Integrität des Professors steht außer jeder Frage. Darüber hinaus könnten einige hundert Zuschauer eines Theaters in Brooklyn, das acht Kilometer vom Tatort entfernt ist, Dr. Weins Aussage zusätzlich bestätigen.

Seine Ausführungen schlagen wie eine Bombe ein. Der Mediziner berichtet von einem Hypnoseversuch auf der Bühne besagten Theaters. Dabei hatte er einen Freiwilligen aus dem Publikum in Trance versetzt, und zwar genau zum Zeitpunkt des Einbruchs. Der Hypnotisierte war niemand anderer als der Angeklagte William McDonald. Ein Irrtum ist ausgeschlossen. Dr. Wein erinnert sich ganz genau an McDonald, weil dieser sich als besonders empfänglich für die Hypnose erwiesen hatte. Vielen Zuschauern, die später von Reportern befragt wurden, war McDonald ebenfalls noch in guter Erinnerung.

»Wäre es denkbar«, will ein Rechtsanwalt wissen, »daß der Geist dieses Mannes möglicherweise im Zustand der hypnotischen Trance herumgewandert sein kann?«

Der Professor antwortet, er hielte dies für durchaus möglich. Der Beschuldigte wird freigesprochen. Eine Verurteilung mit der Begründung, ein Mann hätte seinen feinstofflichen Geist – beziehungsweise Doppelgänger – ausgesandt, um etwas zu stehlen, während sich sein Körper ganz woanders aufhielt, wäre mit Sicherheit aufgehoben worden. Von den höhnischen Kommentaren der Presse ganz abgesehen.

Die Vorstellung, daß wir einen zweiten, geistigen Körper haben, der manchmal von anderen wahrgenommen werden kann, ist so alt wie die Menschheit. Bereits 1886 sammelte Edmund Gurney 350 belegte Fälle. In unserem Jahrhundert türmen sich die einschlägigen Unterlagen geradezu. 1978 zeigte eine völkerkundliche Studie von Dan Sheils, daß es bei 57 von 60 unterschiedlichen Kulturen den traditionellen Glauben gibt, ein Teil der Persönlichkeit sei unabhängig und könnte sich vom materiellen Körper lösen.

Der astrale Doppelgänger hat heimlich, still und leise, nicht selten mit neuen Etikettierungen (Alter ego usw.), sowohl seinen Platz in der Literatur gefunden (beispielsweise bei Goethe) als auch Einzug in die Psychologie gehalten (man denke an C. G. Jungs »Schatten«). In Schottland und Norwegen ist der *Vardögr*, der nichtkörperliche »Vorläufer«, ein alter Bekannter. Der Osloer Physikprofessor W. Wereide scheute sich nicht, offen auszusprechen, es sei in Norwegen fast alltäglich, daß die Ankunft einer Person durch einen *Vardögr* angekündigt wird. Es gibt eine große Zahl von Fällen, in denen dieses Phänomen mit solcher Regelmäßigkeit und Verläßlichkeit auftritt, daß Hausfrauen sich mit dem Zubereiten der Mahlzeit danach richten.

Von 1961 bis 1978 veröffentlichte der Engländer Dr. Robert Crookall seine neun Bücher mit Tausenden von Fällen. Dr. J. H. M. Whitman stellte 1956 nach der Analyse von 550 von ihm gesammelten und publizierten Fällen jeden mystischen oder halluzinativen Effekt in Abrede. Er begründete dies mit dem Hinweis, daß die betreffenden Personen von ihren astralen Ausflügen Informationen mitgebracht hatten, über die sie normalerweise nicht verfügen *konnten.*

Großangelegte Erhebungen, darunter die Untersuchung von Professor Hornell Hart vom Soziologischen und Anthropologischen Institut der Duke-Universität in Durham im US-Bundesstaat North Carolina, erbrachten die frappierende Tatsache, daß zehn Prozent der Bevölkerung in den meisten Zivilisationsländern Außerkörpererlebnisse gehabt haben oder regelmäßig haben.

Noch frappierender ist eine Studie, die der Psychiater Fowler Jones von der Universität Kansas 1982 durchführte. Um einen absolut repräsentativen Bevölkerungsquerschnitt zu erhalten, wählte er 420 Testpersonen nach dem Zufallsprinzip aus und stellte jedem einzelnen die Frage, ob er außerkörperliche Erfahrungen gemacht hätte. Unglaubliche 339 Personen aus dieser Gruppe bejahten dies.

Der elektrische Massenmörder

Man sagt, es »knistert« zwischen zwei Menschen. Wenn das wörtlich zu verstehen ist, wird die Sache mehr schmerzlich als romantisch.

Ein neuer medizinischer Assistent tritt seine Arbeit in der abgelegenen psychiatrischen Klinik irgendwo in England an. Er wird vom diensthabenden Arzt durch die Abteilungen geführt. In den langen kahlen Gängen hallen die Schreie und die seltsamen Laute schaurig wider, die aus den einzelnen Krankenzimmern dringen. Den jungen Mann regt das nicht auf. Er ist den Umgang mit Derangierten aller denkbaren Ausprägungen gewöhnt. Ihn kann nichts erschüttern oder überraschen. Denkt er. In dieser Nacht soll er eine neue Erfahrung machen.

In einem fast leeren Raum hockt ein Mann mittleren Alters auf einem Stuhl. Mit gesenktem Blick starren seine Augen apathisch in eine Welt, die anderen Menschen verschlossen ist. Sein Gesicht strahlt eine tiefgehende Ruhe aus. Nichts an der friedfertig wirkenden Erscheinung deutet darauf hin, daß dieser schmächtige Mann mehrere Menschen auf ebenso grausige wie eigentümliche Art ermordet hat.

»Das ist ein klassischer Fall eines wahnsinnigen Massenmörders«, flüstert der Arzt dem Assistenten zu, als sie an den Sitzenden herantreten. »Seien Sie vorsichtig. Er hat besondere Eigenheiten.« Von sich selbst überzeugt, murmelt der athletische Helfer zurück: »Keine Sorge, ich habe Erfahrung mit solchen Burschen. Dreh ihnen nie den Rücken zu, stelle sie ruhig und beobachte sie dauernd.« – »Nein, Sie verstehen nicht«, antwortet der Arzt mit gedämpfter Stimme. »Der ist anders. Er ist *geladen*. Eine einzige Berührung...« Die Warnung kommt zu spät, denn der Assistent hat die Hand ergriffen, die ihm der Patient freundlich und mit schüchternem Lächeln entgegenstreckt.

Als die beiden Hände einander berühren, gibt es einen knisternden Knall, wie er für elektrische Entladungen typisch ist. Eine leuchtende Entladungsschlange windet sich um die Hände der beiden, Funken sprühen. Wie von einer titanischen Faust getroffen wird der Assistent zurückgeschleudert und stürzt zu Boden. Feiner Rauch steigt von seiner rechten Hand auf. Lang hingestreckt bleibt er bewußtlos liegen.

Nach Sekunden ist er wieder bei Sinnen. Mit Hilfe des Arztes und vom »elektrischen Massenmörder« mit mildem Interesse beobachtet, kommt er taumelnd auf die Füße. Sein Kopf dröhnt, das Zimmer dreht sich um ihn. Als er sich vom Arzt gestützt hinausschleppt, sagt er mit zittriger Stimme: »Was war das? Ich habe einen Schlag bekommen, als hätte ich die Finger in eine Steckdose getan.«

In den psychiatrischen Akten des Landes wird dieser exotische Killer mit eingebautem Starkstromaggregat unter dem Pseudonym »James McA-« ohne Nennung seines wahren Namens geführt. Und ohne Bezeichnung der genauen Anstalt, in der er seine Tage verbringen muß – in sich gekehrt und elektrisch geladen. Er war Studienobjekt zahlreicher Fachkommissionen. Seine fremdartige Eigenschaft stand bei medizinischen Symposien auf der Tagesordnung. Untersuchungen ergaben, daß sein Körper eine erstaunliche Voltstärke und Strommenge freisetzen kann.

Ein Psychiater gab »James McA-« eine 250-Watt-Lampe in die Hand. Sie leuchte hell auf und brannte, solange der Mann sie hielt, stetig. Messungen mit einem Elektroenzephalographen ergaben, daß »James McA-«s Gehirnwellen sich von denen normaler Zeitgenossen stark unterscheiden.

Diese und andere Untersuchungen konnten bei allen festgestellten Besonderheiten nicht zu Tage bringen, wieso ein Mensch ein lebendes Kraftwerk sein kann. Einer der Psychiater, die »James McA-« untersuchten, brachte es mit dem Satz auf den Punkt: »Das ist eines der verwirrendsten Mysterien, die mir je untergekommen sind.«

Elektrische Menschen sind ein nicht extrem häufiges, aber lange bekanntes Phänomen. Wie schon beim Poltergeistphänomen beobachtet, werden junge Menschen im Pubertätsstreß nicht nur von den bekannten Problemen heimgesucht, sondern auch von unbekannten. Manche verwandeln sich in regelrechte menschliche Dynamos.

Aus dem Jahr 1879 gibt es den Bericht der angesehenen kanadischen »Ontario Medical Association« über ein junges Mädchen namens Carolin Clare aus Bondon, Ontario. Zuerst hatte sie eine unbekannte Krankheit, durch die sie extrem abmagerte. Als diese Störung vorbei war, erlangte Carolin nicht nur ihr altes Gewicht wieder, sondern als Draufgabe elektromagnetische Kräfte von beachtlicher Stärke. Das Mädchen konnte kräftige elektrische Schläge austeilen und metallene Gegenstände anziehen. Sie produzierte eine beachtliche Voltstärke und ein dermaßen abnormes Magnetfeld, daß eiserne Objekte, die an ihrem Körper klebten, nur mit großer Anstrengung weggerissen werden konnten. Nach Ende der Pubertät wurde Carolin wieder normal, unelektrisch und nicht länger magnetisch. Sie war nicht die einzige.

Buchstäblich über Nacht verwandelte sich im Jahr 1895 die 14jährige Jennie Morgan aus Sedalina im US-Bundesstaat Missouri in einen Akkumulator auf zwei Beinen. Wenn sie etwas berührte, sprangen Funken über, die jedem Schmerzen bereiteten, der ihr nahe kam. Einschließlich Jennie selbst. Zum körperlichen Schmerz kam der seelische hinzu, da das elektrische

Mädchen aus verständlichen Gründen von allen gemieden wurde. Besonders schwer traf es die Unglückliche, daß sogar ihr Lieblingskater nach einigen Elektroschocks auf Distanz ging. Nachdem Jennie zur Frau herangereift war, endete der elektrostatische Alptraum. Auch hier sind die Parallelen zu Poltergeistaktivitäten Pubertierender offenkundig.

1889 fiel in der Stadt Joplin, Missouri, ein Mann auf, der sich in der Öffentlichkeit seltsam benahm. Er ging, als wären an seinen Beinen unsichtbare Bleigewichte befestigt. Manchmal bekam er die Füße überhaupt nicht vom Boden. Verzweifelt bat er erstaunte Passanten, seine Füße loszureißen. Dieser eigenartige Fußgänger hieß Frank McKinstry. Der Grund für sein exotisches Auftreten lag in seiner elektrischen Ladung, die an manchen Tagen so groß war, daß seine Füße regelrecht an der Erde festklebten. Darum seine Hilfeansuchen an Mitbürger.

Ein Jahr später legte der 16jährige Louis Hamburger vor einem Wissenschaftskonsortium des »Maryland College of Pharmacy« alle Eigenschaften eines kräftigen lebenden Magneten an den Tag. Die Zahl der Fälle ist größer, als man meinen würde. Auch in unserem Jahrhundert, und das nicht nur in Varietés und TV-Shows. 1938 nahm das »Universal Council for Psychic Research« die magnetischen Hände einer Mrs. Antoine Timmer unter die Lupe und attestierte die Echtheit des Phänomens. 1953 erblickte ein elektrisches Baby das Licht der Welt. 1967 berichteten »Sunday Express« und »Daily Mirror« über zwei »Hochspannungsmenschen«.

Die Naturwissenschaft nimmt die Existenz solcher Erscheinungen wohl zur Kenntnis, ist sich aber noch nicht völlig im klaren, ob – und wie – solche makrokosmischen, im wahrsten Wortsinn handfesten Phänomene mit den mikroelektrochemischen Vorgängen in den menschlichen Zellen unter einen Hut zu bringen sind. Dessenungeachtet wird der Umstand praktisch genutzt, daß der Organismus des *Homo sapiens* nicht nur elektromagnetische Wellen aussendet, sondern offenbar auf solche Strahlungen auch *reagiert*. Behandlungsmethoden wie die vieldiskutierte Magnetfeldtherapie machen von diesem Effekt Gebrauch, aber auch andere Beispiele sind bekannt.

So wurde publiziert, der Weltraumalltag der Astronauten sei durch Berieselung mit elektromagnetischen Wechselfeldern streßfreier gemacht worden. Eine sinnvolle Maßnahme beim oft monatelangen Zusammenleben in der Raumstation oder Raumkapsel auf engstem Raum. In einer solchen Extremsituation können selbst disziplinierte und hochtrainierte Spezialisten einmal durchdrehen, es sei denn, sie befinden sich permanent in »elektromagnetischem Schönwetter«, das unter anderem Schwankungen des Serotonin- und Adrenalinhaushaltes unter Kontrolle halten soll.

Inzwischen breitet sich diese Technik auch auf Erden aus, beispielsweise durch den Einbau ähnlicher Sender in Autos, wodurch die Lenker gelöster sein sollen, was der Fahrsicherheit nur dienlich sein kann.

Wünschelrutengänger im Vietnamkrieg

In den Dschungeln Südostasiens gingen uraltes Geheimwissen und hochgezüchtete Technologie eine Verbindung ein, wie sie bisher noch nicht dagewesen war.

Die amerikanische Kampfgruppe ist auf 37 Mann zusammengeschmolzen. Immer wieder haben sich die Vietcong wie schwarze Gespenster buchstäblich materialisiert. Jeder Angriff hatte Opfer gekostet. Durchnäßt, ausgelaugt und mit Todesangst im Nakken, arbeiten sich die Soldaten voran. Tagelange Regenfälle haben den schlammigen Urwaldboden des Mekong-Deltas in einen Morast verwandelt. Es ist ein Marsch durch eine unvorstellbar fremde Hölle.

Die blutjungen GIs versuchen das verfilzte Gewirr aus Lianen und Unterholz mit den Blicken zu durchdringen. Ihre Fäuste umklammern die Schäfte der M-16-Gewehre, als wären die hochwertigen Schnellfeuerwaffen überirdische Rettungsanker. In ihrem Inneren aber wissen die Männer, wie wenig Schutz ihre High-Tech-Ausrüstung vor einem Gegner bietet, der aus dem Nichts auftaucht. Jetzt sind sie bei ihrem Einsatzziel angelangt: einem nordvietnamesischen Dorf, das ein Vietcong-Nest sein soll. Der Platoon-Leader gibt das Zeichen zur vorsichtigen Annäherung. Die armseligen Hütten scheinen menschenleer, aber das konnte eine Täuschung sein. Eine tödliche Täuschung, wie Tausende US-Soldaten bereits erleben mußten.

Viele »harmlose« Dörfer hatten eine gefährliche Unterwelt mit Tunnels, Geheimkammern, Waffen- und Vorratslagern und ausgedehnten Höhlensystemen, aus denen ganze Truppenteile hervorbrechen konnten. Mit angehaltenem Atem pirscht sich die Einsatzgruppe heran.

Ihre M-16 beschreiben halbkreisförmige Bewegungen, um die gesamte Umgebung bestreichen zu können. Eine unzureichende Sicherung, wenn man nicht wußte, woher die Attacke kommen würde. Plötzlich ein Kommando des Zugführers. Das seltsame Drahtgebilde, das er mit ausgestreckten Armen vor dem Körper hält, hat ihm verraten, aus welcher Richtung der Feind zu erwarten ist. Dieser exotische »Detektor« ist keine Schöpfung aus amerikanischen Labors und Werkstätten, sondern eine *Wünschelrute…*

Der Vietnamkrieg war in vielerlei Hinsicht ein Sonderfall in der nicht eben bescheidenen Kriegsgeschichte der Menschheit. Die gigantische amerikanische Kriegsmaschine brachte es zuwege, riesige Gebiete Südostasiens zu entlauben und die Rekordmenge von sieben Millionen Tonnen Bomben (das Zweieinhalbfache aller Bomben des Zweiten Weltkriegs!) über Nordvietnam und Kambodscha abzuwerfen. Hand in Hand damit verschafften die USA einem bis dahin wenig bekannten geleeartigen Naphthenat-Palmitat-Gemisch namens *Napalm* traurige Weltberühmtheit. Damit endet die »Erfolgsbilanz«.

Trotz 300 Milliarden Dollar Kriegskosten und einem Blutzoll von 45 928 Gefallenen gelang es den Amerikanern nicht, unzulänglich ausgerüstete Gegner in die Knie zu zwingen. Nach dem Abbruch dieses katastrophalen Abenteuers blieb der Vietnamschock zurück, den auch die offizielle Lesart, man habe zwar nicht gewonnen, aber auch nicht verloren, kaum mildern konnte. Obwohl ziemlich sicher ist, daß der westlichen Führungsmacht auch dann der Sieg nicht gelungen wäre, wenn die Wissenschaftler des US-Verteidigungsministeriums mehr Sympathie für einen bizarren Vorschlag aufgebracht hätten, so wäre der Nicht-Sieg vielleicht weniger schmerzlich ausgefallen.

Als die militärische Lage der US-Truppen ebenso undurchschaubar wie trist war, schlug der Landvermesser und Wünschelrutengänger Louis Matacia aus Virginia Marineoffizieren vor, die unterirdische Welt des Vietcong durch Radiästhesie ausfindig zu machen. Die Angesprochenen waren zu diesem Zeitpunkt selbst für absurde Ideen zugänglich. Louis Matacia wurde zu einer Demonstration eingeladen.

Auf einer Armeebasis, wo junge Marines für ihren Vietnameinsatz trainierten, gab es die komplette Nachbildung eines vietnamesischen Dorfes, einschließlich des darunterliegenden Kaninchenbaus mit seinen Höhlensystemen. Was die kompliziertesten Such- und Meßgeräte nicht schafften, war für Matacia kein Problem. Er bog einen Kleiderhaken zu einer Wünschelrute zurecht und lokalisierte sämtliche unterirdischen Einrichtungen mit tödlicher Präzision. Nicht das kleinste Geheimkämmerchen entging ihm. Das verblüffte die Offiziere grenzenlos, wenn auch auf das angenehmste.

Der Vorschlag des Rutengängers wurde weitergeleitet. Zu einer offiziellen Realisierung kam es allerdings nicht, da alle Wissenschaftler das Projekt in seltener Übereinstimmung ablehnten und die unglaublichen Ergebnisse dem Zufall zuschrieben. In einem Brief teilte das Verteidigungsministerium Matacia mit, die Kommandanten im Feld würden sich wegen der Gefahr von Fehlalarmen mit dieser Methode nicht anfreunden können.

In Wirklichkeit konnte sich die kämpfende Truppe sehr wohl damit anfreunden, wie sich in der Praxis zeigte. Schließlich sickerte die Story nämlich bis nach Südostasien durch, was dazu führte, daß zahlreiche Dschungelpatrouillen der US-Marines neben ihrer High-Tech-Ausrüstung auch Wünschelruten mit sich führten.

Man kann Radiästhesie nicht leugnen, aber links liegenlassen, eine Haltung, die den Umgang der Schulwissenschaft mit dieser ungeliebten Technik charakterisiert, auch im Beispiel aus dem Vietnamkrieg. Dennoch gibt es zaghafte Versuche der wissenschaftlichen Erfassung. Feldstudien ergaben, daß ein Großteil der Testpersonen (die Ergebnisse schwanken zwischen 70 und 90 Prozent) zum Rutengänger oder Pendler begabt ist. Oftmals entdecken Menschen, die mit solchen Sensitiven zu tun haben oder bei deren Arbeit dabei sind, dieselben Talente bei sich selbst.

Ein bekannter Fall ist der englische Archäologe T. C. Lethbridge, der Radiästhesieforschung betrieb und dabei zu einem der berühmtesten Mantiker wurde, sowie der Physikprofessor und Ex-Berater des US-Verteidigungsministeriums Dr. Zaboj V. Harvalik. Betrachtet man die Leistungen und Erfolgsbilanzen bekannter Pendler und Rutengänger, so kann man den Zufall nicht länger bemühen. Der berühmte Wilhelm de Boer ist beispielsweise in der Lage, Schwankungen von einem Milliardstel (!) des Erdmagnetfeldes zu registrieren oder verschiedene Radiosender untrüglich anzupeilen.

Zu einem regelrechten Mythos wurde die Mullins-Dynastie aus der englischen Grafschaft Wiltshire. Mullins senior war der berühmteste Wasserfinder und Brunnenentdecker Englands im vorigen Jahrhundert. Obgleich er davon überzeugt war, als einziger seiner Familie über diese Gabe zu verfügen, erwachte das Talent auch in seinen beiden Söhnen. Wie ein Familienunternehmen setzten sie nach dem Tod des Vaters die Arbeit fort. »Mullins & Co.«, später »Mullins' Sons«, fanden mehr als 5000 Quellen und ermöglichten die Wasserversorgung von über 700 Häusern, Brauerein, Fabriken, Farmen usw.

So sehr es auch der nüchternen Forschung im Magen liegen mag: Rutengehen und Pendeln funktioniert. Wieso, steht auf einem anderen Blatt. Besonders mysteriös ist die Tatsache, daß manche Radiästhesisten verborgene Wasserläufe, Vergrabenes und anderes auch *auf einer Landkarte* zu finden imstande sind. Hier ist die Grenze zum Unerklärlichen endgültig überschritten...

Das mystische Kaiserreich

Die Menschen im Westen haben konkrete Vorstellungen von Regierungssystemen. Ob demokratisch oder diktatorisch, sie alle müssen mit beiden Beinen auf der Erde stehen, sollen sie funktionieren. Eine esoterische Staatsform kann es auf dieser Welt nicht geben – oder?

Der alte Mann ist müde. Obwohl er keine Sekunde an seiner himmlischen Abstammung und Bestimmung zweifeln würde, fordert die Last der vielen Jahre der Macht ihren Tribut – auch wenn seine Regierungszeit würdig an die goldenen Epochen seiner Vorgänger anschließt. Das Reich ist unter seiner Führung weiter gewachsen, der Handel blüht, die Menschen sind zufrieden. Nun drängen seine Berater zur Expansion. Das Reich im Norden ist zerrüttet und schwach, seine Grenzprovinzen versprechen reiche und leichte Beute. An ihm liegt es, den Angriffsbefehl zu geben. Die Entscheidung über Krieg oder Frieden liegt jedoch nicht bei ihm. Er, der Kaiser und »Sohn des Himmels« ist nur der Mittler zwischen dem erhabenen Kosmos und der Welt. Was die Mächte des Unbekannten beschließen, wird von ihren Dienern ausgeführt. Das war schon seit Jahrhunderten so und würde immer so sein.

Der alte Mann richtet den Blick auf den Hohenpriester, der vor ihm steht. Er wird den Willen der Himmlischen verkünden, der für alle oberstes Gesetz ist. Auch für den Kaiser. »Das Reich soll den Frieden wahren«, beginnt der Mann in der gelben Robe. »Dies ist der Wille der Himmlischen, der hier geschrieben steht. Ich habe ihn gelesen.« Seine Arme strecken sich vor, in seinen Händen der Panzer einer Schildkröte, auf der die Schrift der Erleuchtung zu sehen ist: ein Muster von Sprüngen, erzeugt von Feuer.

Die chinesische Kultur ist eine der ältesten der Menschheit. Ihre Hochentwicklung datiert in Zeiten zurück, als sich die Einwohner Europas noch zitternd in Höhlen zusammenkuschelten, wenn es blitzte und donnerte. Eine lange Epoche zivilisatorischer Blüte voll großer Leistungen und stabilem gesellschaftlichem Leben fällt in die Bronzezeit (etwa 3000 bis 1700 vor Christi Geburt). Sie wird dem Aufstieg der Shang-Dynastie zugeschrieben, die in der Region um den Gelben Fluß Hoangho und im Hochland von Tsinghai herrschte.

Unter den Shang wuchsen die Städte, die Landwirtschaft wurde verbessert und ein System zur Getreidebevorratung eingeführt. Die Wirtschaft florierte. Regierung, Administration und Verwaltung agierten beachtlich effektiv, einfühlsam und gerecht. Bauprojekte wie das der riesigen Mauer von Jinhuan waren keine Seltenheit und wurden mit einer Wirtschaftlichkeit durchgeführt, die heutigen Staaten ein Vorbild sein könnte. Als rationaler Bürger eines westlichen Staates wird man der Überzeugung sein, daß eine so vorzügliche Staatsführung auf grundsoliden

Beinen – wie etwa einer Verfassung – stehen muß. Das Leben der Shang-Völker hatte in der Tat eine alles bestimmende Grundlage. Ob sie nach unserer Definition als »grundsolide« zu bezeichnen wäre, ist Ansichtssache, handelte es sich dabei doch um – *ein Orakel.*

Korrekt gesagt, um das »Schildkrötenpanzerorakel«. Es war der Überbringer der Ratschlüsse der Harmonien des Universums. Sie wurden in einer Weise ernst genommen und wortgetreu ausgeführt, die wir uns kaum vorstellen können. Ihr Werkzeug war der allmächtige Kaiser. Nach den Anweisungen des Orakels ernannte er Beamte, beschloß Gesetze, ließ Straßen, Gebäude, Brücken und anderes errichten, wachte über Handel, Landwirtschaft, Handwerk und Wissenschaften, erklärte oder beendete Kriege. Der Kaiser überließ keine Frage seinem eigenen Dafürhalten oder gar dem Zufall.

Jeden Tag nahm er an den Weissagungsritualen teil, die stets mehrere Stunden dauerten. Kein Problem wurde ausgespart. Ob bei Feldzügen, Bauvorhaben, Verwaltungsanordnungen, Ernteerträgen oder was auch immer, stets hatte das Orakel das letzte Wort. Wollte der Kaiser über Träume, Krankheiten, Geburten und Todesfälle, die Treue seiner Konkubinen oder die Nöte seines Volkes Bescheid wissen, gab es nur eine Auskunftsquelle. Für das kaiserliche Orakel wurden solche Mengen von Schildkröten benötigt, daß sie aus den entferntesten Kantonen Chinas herbeigeschafft werden mußten.

Auch die Untertanen des Kaisers hatten einen erklecklichen Bedarf an Schildkrötenpanzern, denn das Orakel war der Drehpunkt des öffentlichen und privaten Lebens. Es durchdrang alle Facetten der gesamten Zivilisation und stellte für jedes einzelne Mitglied der Shang-Völker *den* zentralen Vorgang des Lebens dar. Ohne das Orakel hätte man sich weder ein Gedeihen der Ernte oder ein Reifen der Früchte noch den Abschluß eines Handels, die Zeugung eines Nachkommen oder die Errichtung eines Gebäudes vorstellen können. Es bestimmte über Leben und Tod, Gedeih und Verderb, vom Kuli bis zum Kaiser, vom Säugling bis zum Greis. Man fand es in jedem Haus, in jedem Palast, auf jedem Markt, überall. Ohne das Orakel ging nichts, und das ist wörtlich zu verstehen.

Der »gesunde Menschenverstand« sagt einem, daß eine Kultur,

die ausschließlich auf dem Interpretieren der Sprünge in einem Schildkrötenpanzer aufgebaut ist, binnen kürzester Frist im Chaos versinken muß. Peinlicherweise repräsentiert die Shang-Epoche eine der wichtigsten frühen Hochzivilisationen. Sie war von längerer Dauer als das britische Weltreich, und ihre esoterische Weltsicht mit ihren praktischen Auswirkungen existierte weit länger als die Wissenschaft der Nachrenaissance. Jahrhundertelang besaßen die Shang ein stabiles Staatsgefüge mit einer persönlichen Lebensqualität, die auf der damaligen Erde einmalig war.

Die Schildkrötenpanzerarchive waren und sind für die Wissenschaftler späterer Zeiten unschätzbare Wissensquellen. Und zwar aufgrund der ungeheuren Panzermengen und der auf ihnen niedergelegten Informationen über politische Vorgänge, kaiserliche Entscheidungen, Wetter und Jahreszeiten, Geburten und Todesfälle, Verheiratungen und Kriegszüge, Traditionen, Gebräuche, Lebensart, Kontakte zu anderen Völkern und wissenschaftliche Erkenntnisse (eine Inschrift berichtet sogar vom Erscheinen einer Nova am Firmament). Man entdeckte riesige Ablagesysteme für die Panzer, auf welchen unermüdliche Schreiber die Resultate der Befragungen eingetragen hatten. Besonders Sprachwissenschaftlern, Völkerkundlern und Sinologen leisteten sie unschätzbare Dienste, da die etwa 3000 auf den Panzern eingravierten Zeichen die Urform der chinesischen Schrift darstellen.

Wie es scheint, war den Shang jahrhundertelang ein in der bekannten menschlichen Geschichte einmaliger Balanceakt gelungen: eine tadellos funktionierende Gesellschaft zu organisieren, die mit einem Bein auf dem Boden der Tatsachen und mit dem zweiten (dem Standbein!) im Anderswo ruhte.

Um 1000 oder 1100 vor Christi erlosch die Herrschaft der Shang. Sie wurden von den aus dem Westen kommenden Shou unterworfen, die wenig vom Panzerorakel hielten. An seine Stelle setzten sie ein anderes Weissagungssystem. Die Frage, ob es ein überlegenes System war und dadurch den Eroberern den Sieg ermöglichte, kann nur individuell beantwortet werden. Bekannt ist es jedenfalls auch heute noch, das von den Shou mitgebrachte – I Ging.

Verbrechensaufklärung im Schlaf

Träume sind Schäume, sagt der Volksmund. Zahlreiche bizarre Fälle der Kriminalgeschichte beweisen das Gegenteil.

Schweißgebadet erwacht der 54jährige Geschäftsinhaber Rafael Gonzales in Miami, Florida, aus einem furchtbaren Alptraum. Mit Grauen erinnert er sich an die Momente der Todesangst, als ihn sein ehemaliger Angestellter Roberto Alvarez im Traum beraubt und dann erschossen hatte. Nachdem der Schrecken der Nacht verblaßt ist, erzählt der Geschäftsmann seinen Mitarbeitern von dem Alptraum. Er weiß nicht, daß er nur noch eine Woche zu leben hat, und ebensowenig, daß sein Traum ihn rächen sollte.

Sechs Tage danach wird Rafael Gonzales tot aufgefunden. Ein später Kunde hatte bemerkt, daß Blut unter der verschlossenen Ladentür hervorsickerte. Das Blut von Rafael Gonzales, der mit drei Kugeln aus nächster Nähe regelrecht hingerichtet worden war. Im Geschäft fehlt eine kleine Stahlkassette mit etwa 400 Dollar. Man findet sie auf der Straße.

Obgleich es keinen Hinweis auf den Täter gibt, wird das Verbrechen schnell geklärt, wenn auch auf ungewöhnliche Weise. Dazu der Chef der Kriminalpolizei von Miami, Andy Arostegui: »Bei den Routineverhören der Mitarbeiter des Ermordeten hörten wir von Mr. Gonzales' Traum. Normalerweise halten wir nicht viel von solchen Dingen, aber da es sonst keine Spur gab, kümmerten wir uns auch darum. Tatsächlich zeigte sich, daß der einzige Fingerabdruck auf der leeren Geldkassette dem 22jährigen früheren Angestellten Roberto Alvarez gehörte. Er hat bereits gestanden.«

Als der englische Geschäftsmann Ernest Dyer seinen Partner Eric Tombe 1922 in dem gemeinsam betriebenen Rennstall in Kenley kaltblütig ermordet, fühlt er sich absolut sicher. In aller Ruhe wirft er die Leiche in eine der vier Senkgruben des Gestüts und verschließt die grausige Grabstätte mit einer großen Steinplatte. Wenig später übersiedelt er nach Scarborough, wo er von gefälschten Schecks lebt.

Kurz nach der Bluttat beginnt die Mutter von Eric Tombe zu träumen, ihr Sohn, mit dem es schon längere Zeit keinen Kontakt mehr gab, liege tot in einer Grube unter einer Steinplatte. Sie setzt ihrem Mann dermaßen zu, daß er sich auf die Suche nach Eric macht, von dem die Eltern nur wissen, daß er mit einem Partner ins Pferdegeschäft eingestiegen war. Die Tombes stoßen auf das herrenlose Gestüt in Kenley, wo die Spur des Sohnes endet. Nun schalten sie die Polizei ein. Was man dort von geträumten Verbrechen hält, bedarf keiner Erörterung. Trotzdem wird das Gebiet der Pferdezucht schließlich abgesucht, wahrscheinlich primär, um die »hysterischen Eltern« abzuwimmeln, die keine Ruhe geben. Dabei findet man die Leiche. Beweis genug für eine Mordanklage, doch dazu sollte es nicht mehr kommen.

Dyers kriminellen Aktivitäten in Scarborough und Umgebung sind mittlerweile nämlich nicht unentdeckt geblieben. Die Polizei verfolgt den Weg seiner Fälschungen und klopft eines Tages an seine Tür. Dyer glaubt seine Mordtat entdeckt und erschießt sich, ehe die Beamten das Wort »Scheckfälschung« aussprechen können.

Nicht immer richten sich Täter selbst und ersparen den Behörden die Peinlichkeit, einen Traum zum Angelpunkt eines Prozesses zu machen. Am 21. Februar 1977 wird die 48 Jahre alte Teresita Basa, eine Krankenschwester philippinischer Herkunft, in ihrer Wohnung in Evanston im US-Bundesstaat Illinois brutal ermordet. Ein Einbrecher hat sie mit einem Judogriff bewußtlos gemacht, entkleidet und mit solcher Wucht erstochen, daß das Messer buchstäblich durch sie hindurchging. Danach brachte er die Tote in eine Lage, die auf Vergewaltigung schließen ließ, und setzte die Wohnung in Brand. Diese Verschleierungsmanöver lassen die Polizei tatsächlich im Dunkeln tappen.

Einige Nächte darauf wird der Mann der philippinischen Atemtherapeutin Remy Chua – sie ist eine Kollegin der Ermordeten – durch eine Stimme wach. Er hört, wie seine Frau im Schlaf in fremdartigem Tonfall und in »Tagalog«, der Eingeborenensprache der Philippinen, sagt: »Ich bin Teresita Basa. Ich möchte die Polizei informieren.« Das Ehepaar ist verwirrt und beschließt, die Sache auf sich beruhen zu lassen.

Zwei Wochen später wiederholt sich der Vorgang, wobei der Vorname des Mörders fällt: »Allan.« Bei ihren nächsten Auftritten wird Teresita ausführlicher. Sie erzählt, ein Mann namens

Allan Showery hätte ihr versprochen, den Fernseher zur reparieren. In Wirklichkeit wollte er ihren Schmuck, um ihn seiner Freundin zu schenken. Das tut er auch nach dem Mord.

Teresita nennt durch Remy Chuas Mund Telefonnummern von Personen, die das Gestohlene identifizieren können. All das ist für die Chuas zuviel. Sie melden die Sache der Polizei. Dort stoßen sie auf wenig Gegenliebe. Mangels jeglicher anderen Spur raffen sich die Beamten nach einigen Tagen zu einer Befragung von Allan Showery auf. Er leugnet nicht, Teresita die Reparatur ihres TV-Geräts versprochen zu haben, erklärt jedoch, daß er es schließlich vergessen hätte. Showerys Freundin gibt an, daß er ihr in der Zeit nach dem Mord einen Ring als verspätetes Weihnachtsgeschenk gegeben hat. Die im Schlaf genannten Telefonnummern lassen die Falle über dem Täter zuklappen. Sie gehören Teresitas Verwandten, die den Ring und andere Schmuckstücke identifizieren. Angesichts dieser ebenso eindeutigen wie unerklärlichen Beweise bricht Showery zusammen und gibt das Verbrechen zu.

Da sich die Sache lange hingezogen hat, kommt es 1979 schließlich zur ersten spirituellen Zeugenaussage der amerikanischen Justizgeschichte. Sie allein hätte sicher nicht genügt, um den Mörder hinter Schloß und Riegel zu bringen, aber das Geständnis und die eindeutigen Beweise reichten dafür doch aus.

Rätselhafte Welt der Träume

Bis heute ist der wahre Ursprung der »Battle Hymn of the Republic« nicht geklärt, jenes mitreißenden Liedes, das nach Abraham Lincoln den amerikanischen Bürgerkrieg zugunsten der »Union« (die Nordstaaten) entschieden und damit die Einheit der USA bewahrt hat. Entstand es durch einen Traum?

In der Nacht des 18. November 1861 erwacht Mrs. Julia Ward Howe aus tiefem Schlaf und bemerkt, daß sie am Schreibtisch ihres Hotelzimmers sitzt. Am Abend zuvor hatte sie aus dem Fenster des bekannten Willard-Hotels in Washington die endlosen Kolonnen der in einer Schlacht schwer angeschlagenen

Nordstaatenarmee vorbeimarschieren sehen. Der Sieg der Konföderierten (der Südstaaten) schien unabwendbar bevorzustehen. Deprimiert und müde war Mrs. Howe eingeschlafen. Nun – kurz vor Tagesanbruch – ist sie hellwach, sich aber nicht bewußt, aufgestanden zu sein. Noch größer ist ihre Verblüffung darüber, was sie getan hatte.

Vor ihr liegt ein Blatt Papier mit Reimen, eindeutig mit ihrer Hand geschrieben. Das war seltsam, denn mit Gedichten hatte sie immer schon ihre liebe Not gehabt. Abermals vom Schlaf überwältigt, begibt sich die zarte junge Frau völlig ausgelaugt wieder ins Bett. Als sie am späten Vormittag zu sich kommt, begutachtet sie ihr »Werk« mit klarem Kopf. Es sind fünf Verse, durch die Mrs. Howes Name in die Geschichte eingehen sollte. Das weiß sie natürlich nicht.

Obwohl sie Zweifel hat, der tatsächliche Urheber der Zeilen zu sein, gefallen sie ihr so gut, daß sie sie an die Monatszeitschrift »Atlantic Monthly« sendet. Sie werden in der Februarausgabe 1862 abgedruckt und mit vier Dollar honoriert.

Die Reime faszinierten den Leser, Kaplan Charles McCabe, von den 112. Ohio-Freiwilligen dermaßen, daß er sie bei sich trug, als er in Winchester gefangengenommen und ins Libby-Kriegsgefangenenlager gebracht wurde. Der Kaplan sang sie seinen Mitgefangenen zu der berühmten Melodie von »John Brown's Body« vor, zu der sie viel besser zu passen schienen als der Originaltext. Seine Kameraden stimmten mitgerissen ein, daß die Gitterstäbe bebten. Nach seiner Freilassung sprach Kaplan McCabe in einem Theater über seine Erfahrungen in der Kriegsgefangenschaft und stimmte das Lied an, das alle so bewegt hatte. Plötzlich sangen alle Zuhörer mit. Der anwesende Präsident Lincoln sprang auf, Tränen strömten über seine Wangen, und er bat, das Lied nochmals zu singen. So gingen die unvergänglichen Worte (»I have seen Him in the watchfires of a hundred circling camps... Glory, glory, hallelujah – His truth goes marching on...«) in die Geschichte der Vereinigten Staaten von Amerika und in der Folge auch der Welt ein.

Bis zu ihrem 91. Lebensjahr bestand Julia Ward Howe darauf, daß sich die berühmten Verse »selbst geschrieben haben«. Im Traum, ohne persönliche Erinnerung daran.

In den meisten Fällen dieser Art werden Botschaften in Träumen bewußt entgegengenommen. Die Wissenschaften haben mehr als einmal davon profitiert, auch wenn es nicht gerne erwähnt wird.

Der Troja-Entdecker Heinrich Schliemann wurde durch eine Reihe von Trauminformationen zur Ausgrabung der Stadt Mykene auf Kreta angeregt. Allen »natürlichen« Erklärungen Hohn spottet die Übersetzung bestimmter Fundstücke aus dem Tempel von Bel. Sie wurde durch einen Traum ermöglicht, der jede psychologische Deutung hinter sich läßt.

Der berühmte Assyrologe der Universität von Pennsylvania, Dr. Herman Hilprecht, hatte das Manuskript zu seinem Buch »Alte Babylonische Inschriften« fertiggestellt. Lediglich die Übersetzung der Inschriften auf zwei Fragmenten aus Achat fehlte und würde auch weiterhin fehlen. Eine Übersetzung der unvollständigen Schriftzeichen schien ausgeschlossen. Verbissen starrte der Wissenschaftler die frustrierenden Bruchstücke durch eine Lupe an, die sein morgen abzuliefernes Manuskript unvollständig machen würden. Es war schon spät in der Nacht, und er schlief ein. Im Traum befand er sich im antiken Babylon. Ein Priester in einer langen weißen Robe stand vor ihm und sagte: »Komm mit mir. Ich werde dir helfen.«

Mit der selbstverständlichen Akzeptanz jeglicher Irrealität, wie sie für Traumerlebnisse typisch ist, folgte der Amerikaner dem Priester durch die Stadt. Nach kurzem Marsch betraten sie ein besonders großes und massives Gebäude. Ihr Bestimmungsort war ein riesiger halbdunkler Raum. »Wo bin ich?« wollte Dr. Hilprecht wissen. »In Nippur, zwischen Euphrat und Tigris, im Tempel von Bel, dem Vater der Götter«, lautete die Antwort.

Der Wissenschaftler blickte sich um. Sein Fachwissen sagte ihm, daß er sich tatsächlich dort befinden mußte.

»Kannst du mir die geheime Schatzkammer des Tempels zeigen?« war seine nächste Frage. Der Priester lächelte und bedeutete seinem Gast, ihm abermals zu folgen. In einem kleinen Raum zeigte er auf eine große Holztruhe. In ihr befanden sich Achatsplitter. Der Priester erklärte: »Die beiden Fragmente gehören nicht zu unterschiedlichen Gegenständen, wie du glaubst, sondern zu einem Zylinder mit heiliger Inschrift, den König Kurigalzu dem Tempel geschenkt hat.«

»Kennst du die gesamte Inschrift?« fragte Dr. Hilprecht, worauf der Priester mit dem Finger in den Staub der Wand die altsumerischen Worte schrieb: »Für den Gott Ninib, Sohn von Bel, seinen Herrn, von Kurigalzu, Oberpriester des Bel.«

Plötzlich befand sich der Amerikaner wieder in seiner Bibliothek in Philadelphia. Der Traum war jedoch noch nicht vorbei, denn der weißgekleidete Priesters stand neben dem Schreibtisch. Lächelnd deutete er auf ein Blatt Papier, das ein einziges Wort – den Namen des babylonischen Königs Nebukadnezar – aufwies und sagte: »Nein, es bedeutet nicht ›Nebo, schütze meine Arbeit als Maurer‹, wie deine berühmten Kollegen glauben, sondern ›Nebo, schütze meine Grenze‹.« Damit verschwand der Priester. Dr. Hilprecht erwachte mehr als verwirrt.

Dieser Traum ist bis heute unerklärlich, hatte er doch verblüffende Erkenntnisse gebracht, und zwar: die Lage der verschollenen Schatzkammer, die Übersetzung der fragmentarischen Inschrift verbunden mit dem Hinweis, daß es sich bei den Achatstücken nicht um zwei Ringe, sondern um ein zusammengehörendes Objekt handelte, sowie die Korrektur der bislang falschen Übersetzung des Wortes Nebukadnezar. Informationen, deren Richtigkeit sich erwies.

Die Welt der Träume ist, wie es scheint, durchaus keine »Traumwelt«, sondern ein unbekanntes Land, in dem wir immer wieder unerwartete Entdeckungen für unsere reale Welt machen können. So berichtete beispielsweise Raffael, daß er sein unsterbliches Gemälde der sixtinischen Madonna geträumt und sozusagen nachgemalt hatte. James Watt, der Erfinder der Dampfmaschine, kam durch einen Traum auf die Idee, Schrotkugeln nicht länger durch x-faches Zerkleinern von Bleiplatten, sondern durch Abkühlen von geschmolzenem Blei in Wasser zu erzeugen, und mit dem Affentraum des Begründers der organischen Chemie, des deutschen Chemikers Friedrich Kekulé, der ihn auf die Natur des Benzolrings brachte, werden seither immer wieder Chemiestudenten erheitert.

Damit erhält der Mechanismus des Träumens eine zusätzliche, phantastische Facette. Sie geht weit über die an sich bereits phantastischen Erkenntnisse der wissenschaftlichen »Traumforschung« hinaus, daß der Mensch im Schlaf Probleme aufarbeitet, Informationen aus dem Unbewußten empfängt und zu Denkleistungen fähig ist, die ihm im Wachzustand unmöglich sind, während Tiere – beispielsweise Katzen – träumend Verhaltensmuster einüben.

In Nullzeit von Ort zu Ort

Die berühmte Romanfigur »Scarlet Pimpernell« war mal hier und mal dort, manchmal auch an jedem Ort. Erstaunlicherweise bringen auch Menschen aus Fleisch und Blut derartiges zuwege.

Am 29. Juli 1928 findet in einem Zimmer des italienischen Schlosses Millesimo eine spiritistische Sitzung der besonderen Art statt. Die Fenster sind fest geschlossen und die Türen abgesperrt, wobei man die Schlüssel absichtlich nicht abgezogen hat. Dieses, bei solchen Gelegenheiten normalerweise nicht übliche Arrangement ist von den Anwesenden vor Beginn der Séance peinlich genau kontrolliert worden. Nun beginnt die Sitzung.

Die Anwesenden, unter ihnen die Professoren Ernesto Bozzano, Castellani und Passini, fassen einander bei den Händen. Das gesamte Augenmerk konzentriert sich auf einen Mann, der in den Aufzeichnungen über das Experiment als »Marchese C. S.« aufscheint. Noch ehe die Séance in Gang gekommen ist, geht ein Ruck durch den Ring der Hände. Die Finger zweier Teilnehmer greifen plötzlich in leere Luft. Der Kreis besteht nicht mehr, einer aus ihrer Mitte ist von einer Sekunde zur anderen verschwunden. Der Sessel, den eben noch der Marchese C. S. innegehabt hat, ist leer. Der Adelige hat sich buchstäblich in seine Atome aufgelöst.

Stimmengewirr erhebt sich. Die Anwesenden springen auf. Zwei Männer eilen zu den Türen, ein dritter zu den Fenstern. Alles ist unverändert. Fenster und Türen sind verschlossen, die Schlüssel stecken nach wie vor innen. Das ganze Schloß wird Raum für Raum auf den Kopf gestellt, der Garten Meter um Meter durchkämmt. Keine Maus hätte eine Chance, unentdeckt zu davonzukommen. Der Marchese C. S. ist unauffindbar. Frustriert schwärmen die Männer schließlich in die unmittelbare Umgebung. Zu ihrer ungeheuren Verblüffung finden sie den Marchese außerhalb der Schloßmauer schlafend auf einem Heuhaufen. Sie wecken ihn, doch er kann die Vorgänge nicht aufklären, denn es fehlen ihm die Erinnerungen an die fragliche Zeit. Seine Raumversetzung bleibt unerklärlich.

Eine Täuschung jeglicher Art wird von den Anwesenden in ihrer gemeinsam verfaßten Dokumentation kategorisch ausgeschlossen. Die Versetzung einer Person oder eines Objektes ohne Zeitverlust von einem Ort zum anderen, auch aus geschlossenen Räumen heraus, wird *Teleportation* genannt. Sie ist extrem selten und daher schwer zu untersuchen, dennoch gibt es eine beachtliche Reihe von hieb- und stichfest belegten Fällen.

Der am gründlichsten unter die Lupe genommene Teleporter war der brasilianische Kaufmann Carlos Mirabelli (1889–1951). Der rätselhafte Mann wurde nicht weniger als 392mal von der 1919 in São Paulo gegründeten Forschungsgesellschaft »Academia de Estudos psychics Cesare Lombroso« getestet. Im Zuge dieser Untersuchungen demonstrierte er weitere erstaunliche Talente wie Levitation, Psychokinese, automatisches Sprechen und Schreiben in 28 Sprachen und produzierte aufsehenerregende Materialisationen (eine davon in Gegenwart des Präsidenten der Brasilianischen Republik, Dr. de Souza).

Als fremdartigstes seiner Talente galt und gilt Mirabellis Fähigkeit der Teleportation. Mauern und verschlossene Türen stellten für ihn kein Hindernis dar. Plombierte Schlösser und vergitterte Fenster vermochten nicht, ihn einzuschließen. Sogar wenn er mit Ketten gesichert oder wie ein Paket verschnürt wurde, verschwand er aus versiegelten Räumen, Kerkern oder wo immer man ihn festzusetzen versuchte. Die kontrollierenden Gelehrtenkommissionen blieben im wahrsten Wortsinn ratlos zurück. Mirabellis zahllose »Raumsprünge«, die er häufig bei hellem Tageslicht durchführte, waren unleugbare und unerklärliche Tatsachen. In einem besonders spektakulären Fall dematerialisierte der Kaufmann sich vor Zeugen in einem Bahnhof von São Paulo und wurde nur zwei Minuten später im 90 Kilometer entfernten São Vicente entdeckt, was konkret bedeutet, daß er für diese Distanz keine Zeit gebraucht haben dürfte, da es zwei Minuten dauerte, bis man ihn erkannte.

Teleportation gehört zu den exotischsten aller Parafähigkeiten. Sie stellt selbst in der exklusiven Gemeinschaft der Psi-Begabten eine Rarität dar. Sucht man nach einer physikalischen Theorie, die sich für die meisten Paraphänomene finden läßt, so stößt man an die Grenzen unseres Wissens. Experten haben berechnet, daß alle Computersysteme der Erde, eingesetzt auf unbegrenzte Zeit, die Digitalisierung der Informationsmenge nicht schaffen würden, die ein einziger menschlicher Organismus repräsentiert. Diese Datenerfassung wäre die absolute Grundvoraussetzung, um Hinz und Kunz kodieren, in elektromagnetische Wellen umwandeln, vom Teleportationssender abstrahlen und beim Empfänger korrekt wieder zusammensetzen zu können. Solche Großtaten vermag bestenfalls der unergründliche Supercomputer mit dem Namen *Gehirn*.

Das Zwillingsphänomen

Zwillinge gleichen einander wie ein Ei dem anderen, sagt der Volksmund. Doch der Gleichklang kann noch viel tiefer gehen – bis in die Bereiche des Unerklärlichen.

Als sich die 39jährige Barbara Herbert aus der englischen Stadt Dover 1979 an den Sozialarbeiter John Stroud um Hilfe beim Aufspüren ihrer Zwillingsschwester wendet, ahnt sie nicht, welche Überraschung beide Frauen am Ende der Suche erwartet. Die Wege der Zwillingsschwestern hatten sich schon als Babys getrennt. Ihre Mutter war während des Studiums schwanger geworden, hatte ihre Tochter zur Adoption freigegeben und 1943 Selbstmord verübt. Barbara ist beim Zusammentragen der Unterlagen für ihren Pensionsanspruch zufällig auf die Spur ihrer Zwillingsschwester gestoßen und will sie weiterverfolgen. Durch die Unterstützung von John Stroud gelingt es tatsächlich die jahrzehntealten Vorgänge zu rekonstruieren. Die Gesuchte lebt nun unter dem Namen Daphne Goodship in Wakefield.
Der Kontakt wird aufgenommen und ein Treffen in der Londoner Kings Cross-Station vereinbart. Schwierigkeiten, einander zu erkennen, gibt es nicht. Im Gegenteil. Zum angegebenen Zeitpunkt haben Barbara und Daphne das unheimliche Gefühl, ihrem jeweiligen Spiegelbild gegenüberzustehen. Äußerliche Ähnlichkeit hatten sie beide erwartet, nicht aber die Tatsache, daß jede von ihnen ein beiges Kleid und eine braune Samtjacke trug, ohne diesbezügliche Vereinbarung wohlgemerkt, rein »zufällig«.
Und das ist nur der Anfang. Auf so gut wie jeder Ebene zeigt sich eine bizarre Übereinstimmung.

Beide Frauen arbeiteten für die jeweilige Stadtverwaltung, desgleichen ihre Ehemänner. Beide waren ihren späteren Partnern im Alter von 16 Jahren beim Tanz begegnet und hatten sie Anfang zwanzig im Herbst geheiratet. Völlig synchron hatten sie eine Fehlgeburt sowie die darauffolgenden Kinder in identischer Abfolge: zwei Jungen und dann ein Mädchen. Barbara und Daphne waren Schülerlotsen gewesen, hatten mit 15 Jahren einen schweren Treppensturz erlitten, lasen ein bestimmtes Magazin und liebten dieselben Autoren. John Stroud registrierte insgesamt 31 Gleichartigkeiten, von denen der Großteil selbst mit extremer Gedankenakrobatik nicht der Vererbung zugeschrieben werden kann. Nachdem sie einander wiedergefunden hatten, blieben die Schwestern in lockerer Verbindung und stellten dabei fest, daß die Parallelitäten weitergingen. Ohne Absprache kauften sie oft am selben Tag das gleiche Buch, wechselten die Haarfarbe wie auf ein geheimes Signal und vieles andere mehr.

Barbara und Daphne sind weder ein Einzelfall, noch zählt ihr Zwillings-Gleichklang zu den herausragenden. Beileibe nicht. Die Geschwister Terry Conolly und Margaret Richardson heirateten im selben Jahr, am selben Tag und fast zur selben Stunde. Beide Frauen hatten vier Kinder, die fast gleichzeitig das Licht der Welt erblickten. Terry und Margaret wollten ihre erste Tochter Ruth nennen, überlegten es sich dann aber doch noch. Müssen die Männer zurückstehen? Keineswegs.

Sozialarbeiter John Stroud leistete nicht nur bei Barbara Herbert und Daphne Goodship ganze Arbeit, sondern er konnte auch Eric Boocock und Tommy Marriott zusammenführen, die einander ohne Absprache mit sehr individuellem, aber trotzdem identischem Äußerem entgegentraten: zwei Männer mit quadratischen Metallbrillen und Ziegenbärten. Daß Eric und Tommy denselben Beruf ausübten, versteht sich fast schon von selbst. Es kommt noch besser.

Im Alter von neun Jahren erfuhr Jim Lewis aus Lima im US-Bundesstaat Ohio, daß er einen Zwillingsbruder hatte, der unmittelbar nach der Geburt der beiden Kinder zur Adaption freigegeben wurde. Dreißig Jahre später entschloß er sich spontan zur Familienzusammenführung. Die Behörden eruierten den Gesuchten als Jim Springer in Dayton, Ohio. Die Begegnung von

Jim und Jim brachte eine wahre Orgie an Gleichartigkeiten an den Tag: Beide Brüder hatten zuerst eine Linda geheiratet und nach der Scheidung eine Betty zur zweiten Frau gemacht. Jeder Zwillingsbruder hatte einen Sohn namens Allan (Alan), besaß einmal einen Hund, der auf den Namen Toy hörte und war als Hilfssheriff, Angestellter von McDonald's und als Tankwart tätig gewesen. Jim Lewis und Jim Springer fuhren in einem Chevrolet zu ein und demselben Urlaubsort in Florida, wo sie auf einem besonderen Stück Strand, das weniger als 300 Meter lang ist, Jahr für Jahr Ferien machten. Wahrscheinlich waren sie einander sogar begegnet, ohne es zu wissen. Beide haben einen einzelnen Baum in ihrem Garten, um den sich eine weiße Bank windet. In ihrer Freizeit basteln Jim und Jim in ihren Werkstätten Bilderrahmen und Möbelstücke. Beide hatten sich sterilisieren lassen, tranken dieselbe Biersorte, rauchten dieselbe Zigarettenmarke, liebten Stock-Car-Rennen und verabscheuten Baseball.

Noch stärker demonstriert das unsichtbare Zwillingsband beim Fall von Oscar Stohr und Jack Yufe seine beherrschende Macht. Die Brüder wurden vor dem Zweiten Weltkrieg in Amerika geboren. Oscar ging 1933 nach Deutschland und wurde Mitglied der Hitler-Jugend. Jack wuchs in den USA als orthodoxer Jude auf. Jahrzehnte sollten vergehen, ehe die Brüder einander wieder trafen.

Ungeachtet der Tatsache, daß sie in sehr unterschiedlichen Umgebungen groß geworden und in ein reifes Alter gekommen waren, trugen sie bei der Begegnung im Jahr 1979 identische Brillen, blaue Hemden mit Epauletten sowie identische Schnurrbärte. Obwohl Jack Englisch und Oscar Deutsch sprach, war ihr Sprachrhythmus deckungsgleich. Beide hatten die nicht alltägliche Gewohnheit, die Toilette *vor und nach* der Benutzung zu spülen und führten Gummiringe mit sich, die sie um das jeweilige *linke* Handgelenk gestreift hatten. Darüber hinaus teilten sie die exzentrische Neigung, andere Menschen durch lautes Niesen im Fahrstuhl bewußt zu erschrecken. Nicht einmal die Weite des Atlantiks und die Kluft zweier diametraler Gesellschaftssysteme hatten den inneren Zwang zum Gleichklang beeinträchtigen können.

Eine Übereinstimmung, die der Psychologieprofessor Thomas

Bouchard mit der berühmten Zwillingsstudie der Universität von Minnesota im US-Bundesstaat Minneapolis wissenschaftlich belegen konnte und die bei den Treffen der ITA (International Twin Association) in Charleston, South Carolina, immer wieder um neue Facetten erweitert wird.

Durch innere Stimmen zum Multimillionär

Amerika, das Land der unbegrenzten Möglichkeiten, hat viele Superreiche, die aus ärmsten Verhältnissen stammen. Hier ist eine Erfolgsstory, die sogar in den USA einmalig war.

Die Vorhänge des luxuriösen Arbeitszimmers in Kansas City sind zugezogen, die Läden vor den Fenstern geschlossen. Kein Lichtschimmer erhellt den Raum. Arthur Stilwell, der noch nicht dreißig Jahre alte Finanzzauberer aus der Provinz, sitzt in tiefer Dunkelheit hinter dem mächtigen Schreibtisch. Seine Augen sind geschlossen, die Fäuste gegen die Schläfen gedrückt. Er lauscht auf seine inneren Stimmen. Sie werden ihm auch in dieser kritischen Phase sagen, was nun zu tun ist.

Dann hört er sie, doch er kann ihre Botschaft im ersten Moment gar nicht glauben. Sie lautet: Galveston ist verloren! Ein Desaster droht! Die Eisenbahnlinie, deren Bautrupps schon fünfzig Meilen vor Galveston stehen, muß eine andere Richtung nehmen! Stilwells Gedanken rasen. Der vorgesehene Verlauf des titanischen Projektes, in das Geschäftsleute vertrauensvoll Millionen von Dollars investiert haben, muß umgestoßen werden. Von einer Sekunde zur anderen.

Wie sollte er diese Entscheidung begründen? Galveston war ein Fixpunkt des Jahrhundertplans, die Weizenfelder von Kansas mit dem Golf von Mexiko durch eine Eisenbahn zu verbinden. Trotzdem: Die Stimmen irrten sich nicht. Sie irrten *niemals*.

Als Stilwell seine Entscheidung bekanntgibt, die Schienen nicht nach Galveston in Texas zu führen, bricht die Hölle los. Seine Geschäftsfreunde raufen sich die Haare und überschütten ihn mit Vorwürfen. Die Bürger von Galveston toben. Es nützt alles nichts. Die eiserne Entschlossenheit des jungen Mannes, der in wenigen Jahren bewiesen hat, daß er mit traumwandlerischer Sicherheit stets das Richtige tut, behält zuletzt die Oberhand. Die Bahnlinie umgeht Galveston und mündet schließlich in einem texanischen Salzwassersumpf am Golf von Mexiko, wo Stilwell eine Stadt gründet. Eine Stadt, deren Schiffsanlegestellen und Eisenbahnanlagen den Hurrikan völlig unbeschadet überstehen; jene Katastrophe, die Stilwells Stimmen angedeutet haben und die Galveston im September 1900 buchstäblich in Stücke reißt und 6000 Menschen tötet.

Besagte von Arthur Stilwell gegründete Eisenbahnstadt trägt ihm zu Ehren den Namen »Port Arthur« (nicht zu verwechseln mit dem seit 1955 wieder chinesischen Hafen, der im russisch-japanischen Krieg von 1904/05 Berühmtheit erlangte) und ist in den Vereinigten Staaten mindestens ebenso bekannt wie Galveston.

Zu den Lebzeiten des »unfehlbaren Finanzgenies« wußte nur seine Frau, daß er durch innere Stimmen von Erfolg zu Erfolg geführt wurde, ein Umstand, der Stilwells Karriere in den materialistisch orientieren USA sicher nicht förderlich gewesen wäre. Wahrscheinlich hätte sie gar nicht erst stattgefunden. So aber konnte der Sohn armer Farmer aus dem Bundesstaat Indiana den Stimmen folgen, die er seit seinem 15. Lebensjahr hörte. Sein Tagebuch verrät, daß ihm eine Stimme sagte, er würde ein Mädchen namens Genevieve Wood heiraten. Stilwell kannte niemand dieses Namens. Einige Jahre später traf er Genevieve Wood, und sie wurden tatsächlich ein Paar. Von dem Augenblick an war sein Vertrauen in die Stimmen absolut.

So zögerte Stilwell nicht lange, als sie ihn drängten, nach Westen zu gehen und Eisenbahnen zu bauen. Ein wahrhaft kühnes Unterfangen, denn zu der Zeit arbeitete er in einem kleinen Büro für wenig Geld. Dennoch packten Mr. und Mrs. Stilwell die Koffer und zogen nach Kansas City. Dort bekam Arthur eine Stelle bei einem Börsenmakler. Von seinen Stimmen sicher geleitet, die ihn fast übermenschlichen Glauben an seine Projekte ausstrahlen ließen, gelang es dem jungen Angestellten, in kürzester Zeit Investoren zu gewinnen.

Buchstäblich vor der Nase der ausgefuchsten New Yorker Finanziers, die nicht erkannt hatten, wie logisch und zukunftsorientiert das Projekt einer Kansas City-Ringlinie war, hatte Stilwell bereits die Gelder dafür aufgetrieben, heimlich Land gekauft und den Startschuß für die »Kansas City Belt Line Railroad« gegeben. Und das war nur der »bescheidene« Beginn ...

Der glückliche Stilwell, wie er genannt wurde, errichtete insgesamt sieben Eisenbahnlinien, den Port Arthur-Kanal und gründete vierzig Städte, von denen zwei ganz offiziell mit seinem Namen verknüpft sind: Port Arthur in Texas und Stilwell in Oklahoma. Daß er bei seinem Tod im Jahr 1928 einer der reichsten Männer Amerikas war, muß nicht speziell erwähnt werden.

Nicht so bekannt wie sein »Dagobert Duck-Aufstieg« ist die Tatsache, daß er dreißig Bücher veröffentlichte. Darunter verdienen zwei besondere Aufmerksamkeit. Eines aus dem Jahr 1910, in welchem Stilwell den Ersten Weltkrieg detailgenau vorhersagt. Noch beachtlicher ist sein 1914 erschienenes Werk »To All the World Except Germany«. Darin prophezeit er – gleichfalls unglaublich präzise – die Niederlage Deutschlands und seiner Verbündeten, den Zusammenbruch des russischen Zarenreiches, die Unabhängigkeit von Finnland und Polen sowie einen jüdischen Staat in Palästina. Auch hier haben ihm seine inneren Stimmen gesagt, was einmal sein wird.

Ein viktorianischer Übermensch

Können manche Menschen Supermann Konkurrenz machen?
Die Leistungen eines erstaunlichen Mannes scheinen der schlagende Beweis dafür zu sein.

Wir schreiben den 30. November 1868. In der Bibliothek eines vornehmen Londoner Hauses hat sich eine Gruppe angesehener Persönlichkeiten versammelt, um einen rätselhaften Mann unter die Lupe zu nehmen. Der Betreffende ist niemand anders als der berühmte Daniel Dunglass Home. Sein Ruf als »Medium«, wie man in diesen Tagen Menschen mit Psi-Fähigkeiten zu nennen pflegte, ist ungeheuer. Heute soll er eine Demonstration eines seiner spektakulärsten Talente geben: *Feuerfestigkeit.*

Nachdem die Herren den traditionellen Tee genommen und über verschiedene Themen gesprochen haben, facht Home das

Feuer im Kamin mit den bloßen Händen kräftig an. Als es so richtig lodert, legt er sein Gesicht auf die fast weißglühenden Kohlen. »Zur Erfrischung«, wie er den entsetzten Zuschauern hernach erklärt. Home weist nicht die geringste Brandwunde auf. Nicht einmal seine Augenbrauen oder sein kräftiger Schnurrbart sind im mindesten versengt.

Danach hält er einen Finger mehrere Minuten lang in eine Kerzenflamme und nimmt sodann ein rotglühendes Kohlenstück aus dem Kamin. Er bläst es solange an, bis es wieder weißglühend ist, und hält es den Anwesenden hin. Mr. Sarl und Mr. Hart können die von der Kohle ausstrahlende Hitze bereits aus einer Entfernung von zehn Zentimetern nicht mehr aushalten, und ein Mr. Jencken, der besonders beherzt ist, verbrennt sich an der Kohle schwer die Finger.

Lord Adare, den Home besonders fasziniert, fertigt ein ausführliches Protokoll an. Es beschreibt die unglaublichen Vorgänge exakt und detailgenau. Eine Erklärung für die unheimlichen Fähigkeiten wird man darin allerdings vergeblich suchen; wie auch in allen anderen Aufzeichnungen über Daniel Dunglass Home, den Übermenschen des 19. Jahrhunderts...

Ein Mensch, der – wie er – fliegen konnte, von Feuer unverletzt blieb, Gegenständen seinen Willen aufzwingen oder aus dem Nichts erscheinen lassen konnte und seinen Körper um fast einen halben Meter zu verlängern oder zu verkürzen vermochte, hätte im klassischen Altertum göttliche Verehrung erfahren. Im Mittelalter wäre er in den »Kompetenzbereich« der Inquisition gefallen, die ihn im Falle echter Feuerfestigkeit auf andere Weise vom Diesseits ins Jenseits befördert hätte. In Homes Tagen, er lebte von 1833 bis 1886, verfügte man zwar nicht über die computergestützten Untersuchungsmethoden unserer Gegenwart, aber zur Demaskierung von Scharlatanen reichten die Mittel auch damals bereits. Nur: Home war kein Scharlatan.

Im Gegensatz zu Zigtausenden anderen »Medien«, die sich im vorigen Jahrhundert in Europa und in Amerika produzierten, agierte Home vorzugsweise in hellerleuchteten Räumen und verlangte niemals Geld. Auch gegen wissenschaftliche Überwachung hatte er nichts einzuwenden. Im Gegenteil, er bestand sogar darauf. Seine eigenen Worte lauteten: »Wo Dunkelheit ist, ist Betrug möglich.«

Ein solcher konnte ihm niemals nachgewiesen werden, obgleich einige Kontrollen mehr als rigide waren (so wurde Home während mancher Vorführungen gefesselt, an einen Stuhl gebunden oder ähnlich »sichergestellt«).

Homes Karriere erstreckte sich über Jahrzehnte, ohne Skeptikern jemals einen Angriffspunkt zu geben. Sie führte ihn durch Amerika und Europa. Dabei bewies er unzählige Male die unterschiedlichsten Superfähigkeiten, die ihm den Spitznamen »Viktorianischer Übermensch« einbrachten. Im hellen Licht, vor vielen Menschen und nicht selten von Fachleuten und Meßinstrumenten umlauert, führte Home Beachtliches vor, beispielsweise *Psychokinese*.

Home bewegte Gegenstände (die oft weit schwerer waren als er selbst) aus der Ferne oder rief Klopfgeräusche und anderen Lärm in festen Objekten hervor. Dabei zeigte er einen für seine Zunft seltenen Humor, indem er ein Akkordeon im Walzertakt im Raum schweben ließ, das die Melodie »Home sweet Home« spielte. Dies gelang ihm sogar mit einer Ziehharmonika, die der bedeutende Physiker Sir William Crookes in einem Drahtkäfig plaziert hatte. Ebenso unstrittig sind andere Experimente, mit denen Crookes die telekinetischen Fähigkeiten von Home testete – und eindeutig bewies. So verband er eine Federwaage mit einem Tisch, den Home aus der Ferne durch Geisteskraft »schwerer machte«. Und tatsächlich mußte dann eine fast dreimal so starke Kraft als seinem Gewicht entsprach eingesetzt werden, um den Tisch auf einer Seite ein Stück anzuheben.

Der erstaunliche Schotte konnte auch sich selbst in die Lüfte erheben. Damit sind wir bei einem weiteren Phänomen: *Levitation*. Am 13. Dezember 1868 schwebte Home vor drei Zeugen aus einem Fenster im dritten Stock von Ashley House im Londoner Bezirk Belgravia hinaus und durchs danebenliegende wieder ins Zimmer zurück. Wäre in dem Fall Hypnose denkbar, so scheidet diese Möglichkeit bei den zahllosen »Flugvorführungen« aus, bei denen Zuschauer an Homes Beinen hingen und er mittels Kreide Markierungen an Plafonds anbrachte.

Neben seiner Feuerfestigkeit, die weit über die Demonstration des 30. November hinausging, besaß er die noch besonders exotische Fähigkeit der *Elongation*. Home konnte seinen Körper verlängern bzw. verkürzen. Betrug ist auch hier ausgeschlossen, da Anwesende seine Arme, Beine und Rumpf festhielten oder sich – wenn er auf dem Boden lag – einfach auf ihn setzten. All das hinderte ihn nicht am Dehnen bzw. Schrumpfen. Ein Zeuge, der Homes Oberkörper mit den Armen umklammert hatte, berichtete mit leichtem Schauer, daß er deutlich spüren konnte, wie die Rippen des Unheimlichen wegglitten. Dabei soll Home bis zu dreißig Zentimeter größer oder kleiner geworden sein. Man kann es drehen und wenden wie man will: Daniel Dunglass Home war und ist ein einziges Mysterium.

Der Mann mit dem Röntgenblick

Hellseher haben oft eine große Anhängerschaft. Aber wohl nur einer von ihnen durfte den bedeutendsten Erfinder aller Zeiten zu seinen Fans zählen.

Anfang der zwanziger Jahre unseres Jahrhunderts findet in den Edison-Laboratorien in West Orange im US-Bundesstaat New Jersey ein ungewöhnliches Experiment statt. Thomas Alva Edison, der durch seine Kohlenfadenlampe das elektrische Licht in die Heime brachte und insgesamt über 1400 Patente innehatte, führt eine Versuchsreihe durch. In ihrem Mittelpunkt steht allerdings keine technische Neuheit, sondern ein Mensch. Ein ziemlich unscheinbarer Mensch.

Der kleine rundliche Preuße, der seinen ursprünglichen Namen Berthold Rieß in Bert Reese geändert hatte, erweckt auf den ersten Blick nicht den Eindruck, als würde er die Aufmerksamkeit eines Edison verdienen. Was man bisher über Reese gehört hat, macht ihn den Anwesenden gelinde gesagt suspekt. Diese Ansicht ist den meisten von ihnen ins Gesicht geschrieben. Sie soll sich schnell ändern.

Reese bittet Edison, mehrere Assistenten hereinzurufen, wie viele, ist egal. Das geschieht. Als nächstes ersucht Reese den Erfinder, einen von ihnen in einen der Nebenräume zu schicken. Auch das geschieht. Nun wird der Betreffende angewiesen, den Mädchennamen seiner Mutter, seinen Geburtsort und irgendwelche persönlichen Informationen, die nur ihm selbst bekannt sind, auf ein Stück Papier zu schreiben. Dieses muß er sich dann gegen seine Stirn pressen. Nach kurzer Konzentration beginnt Reese einige Räume weiter ohne zu stocken den gesamten Text auf dem Papier zu zitieren. Jedes Wort stimmt. Als kleine Zugabe erwähnt Reese noch, daß der Mann einen Talisman, ein Zehnkronenstück, in seiner Taschenuhr stets mit sich trägt. Ebenfalls korrekt. Der Assistent hatte diesen Glücksbringer zusätzlich in ein Stück Zeitungspapier gewickelt, erwähnte ihn aus Aberglauben jedoch niemals. Wie Reese davon Kenntnis haben konnte, war ein Rätsel. Nicht das einzige.

Nun schaltet sich Edison selbst ein. Er läßt Reese mit den Assistenten und den Zeugen allein und geht in ein Gebäude, das innerhalb des Firmengeländes ein schönes Stück entfernt ist. Dort schreibt er auf einen Papierfetzen den Satz »Gibt es etwas Besseres als Nickel-Hydroxid für eine Alkali-Speicherbatterie?«, faltet das Papier sorgfältig zusammen und bewahrt es in seiner Taschenuhr auf. Dann begibt er sich wieder zu Bert Reese. Der dickliche Preuße mit dem pausbäckigen Weihnachtsmanngesicht begrüßt Edison sofort mit den Worten: »Nein Mr. Edison, es gibt nichts Besseres als Nickel-Hydroxid für eine Alkali-Speicherbatterie.«

Er war in der Tat eine außergewöhnliche Persönlichkeit, der Mann, dem Thomas Alva Edison nicht nur wertvolle Zeit, sondern auch einen bewundernden Artikel in einer angesehenen Fachzeitschrift widmete und den er gegen die unaufhörlichen Attacken des berühmten Entfesselungskünstlers, Magiers und Artisten Harry Houdini vehement verteidigte. Darüber hinaus schrieb Edison an den Chefredakteur des »New York Evening Graphic«, Reeses Fähigkeiten und Lauterkeit seien über jeden Zweifel erhaben. Eine erstaunliche Haltung für Edison, der normalerweise von Gedankenlesen und ähnlichem weniger als nichts hielt. Reese war auch jederzeit bei dem Erfinder willkommen, ein Privileg, das viele der Reichen und Mächtigen der USA nicht besaßen.

Als Reese zwei Jahre nach dem Großversuch wieder bei Edison vorbeischaute, kritzelte dieser hastig das exotische Wort »Keno« (ein seltenes US-Lottospiel, von dem der Europäer Reese niemals gehört hatte) auf ein Papier und steckte es ein. Beim Eintritt des Besuchers sagte Edison: »Ich habe ein Stück Papier in meiner

Hosentasche. Können Sie mir sagen, was darauf steht?« Der Gefragte grinste über das ganze rundliche Gesicht und antwortete: »Keno.«

Der seltsame Deutsche wurde 1851 in Pudewitz bei Posen im damaligen Preußen geboren. Obwohl er niemals behauptete, etwas Besonderes zu sein, machte sein »Röntgenblick« bald von sich reden. Wie nicht anders zu erwarten, gab es zahllose Entlarvungsversuche und Betrugsvorwürfe, die jedoch niemals fruchteten.

Als Reese einmal wegen »betrügerischem Vortäuschen« vor einem US-Gericht stand, forderte er den Richter auf, irgend etwas auf drei Schnipsel Papier zu schreiben, sie zusammenzuknüllen und die Papierkugeln einzeln gegen seine Stirn zu pressen. Der Richter tat dies, worauf Reese wiederholte, was auf jedem der zusammengeknüllten Papierstückchen stand. Daraufhin wurde die Anklage fallengelassen. Nicht einmal sein hartnäckigster Gegner Houdini schaffte es auch nur ein einziges Mal, die angeblichen »Tricks« von Reese aufzudecken oder gar, sie selbst nachzumachen.

Ehe Reese nach dem Ersten Weltkrieg in die USA gekommen war, hatte er zahlreiche europäische Fachleute, Wissenschaftler, Journalisten und Berühmtheiten vor unlösbare Rätsel gestellt. Den Amerikanern ging es nicht anders, unter ihnen die Präsidenten Woodrow Wilson und Warren G. Harding. Dann wurde Thomas Alva Edison auf Reese aufmerksam. Nach den exakten Versuchen war jeder Zweifel an den bizarren Fähigkeiten des Preußen ausgeräumt. Die entscheidende Frage blieb: Was waren diese Fähigkeiten, oder noch konkreter: *Was* war Bert Reese.

Die Erklärung dafür – sofern er eine hatte – blieb der gemütliche Mann aus Pudewitz schuldig. Im Gegensatz zu anderen vorgeblichen oder echten Medien, Sensitiven, Psi-Begabten, umgab Reese keine Aura des Dämonischen. Er war ein fröhlicher kleiner Mann, der sein Talent weder verbarg noch mystifizierte, sondern schlicht und einfach Spaß daran hatte. Zudem öffnete es ihm Türen und Tore, die sonst wohl verschlossen gewesen wären, was er durchaus zu schätzen wußte, aber niemals ausnutzte.

Er lachte über Houdinis vergebliche Angriffe, amüsierte sich königlich, wenn Wissenschaftler sich die Haare rauften, weil sie ihn nicht als Scharlatan demaskieren konnten, und blieb zeitlebens eine echte Frohnatur. Mit seinem Tod in Deutschland 1926 mußten alle Versuche, seinem »Geheimnis« auf die Spur zu kommen, enden. Die Erinnerung an ihn aber lebt ganz besonders in Thomas Alva Edisons Aufzeichnungen weiter.

Stalins Psi-Geheimwaffe

Ein unscheinbarer Mann wurde zu einem der geheimnisvollsten Machtinstrumente im Arsenal des sowjetischen Diktators.

Flankiert von zwei bulligen Gestalten in den verräterischen Ledermänteln betritt ein schmächtiger Brillenträger den Kassenraum einer Moskauer Bank. Das seltsame Trio erregt in diesen Tagen des eben begonnenen Zweiten Weltkrieges weniger Aufmerksamkeit als sonst. Die Russen haben im Augenblick ihre eigenen Probleme, nicht zuletzt die Sorge um ihre bescheidenen Rubelkonten.
Die beiden Riesen bleiben nahe der Tür stehen, während ihr Begleiter zielstrebig auf einen Kassenschalter zugeht, wo er geduldig in der Reihe wartet. Als er vor dem Kassier steht, schiebt er diesem mit scheuem Lächeln ein Blatt Papier hinüber. Ohne zu zögern zahlt der Bankbeamte daraufhin 100 000 Rubel aus.
»Wissen Sie, was Sie da eben gemacht haben, Genosse Kassierer?« fragt einer der beiden Mantelträger. Er ist mittlerweile herangekommen und hat sich ohne jeden Widerspruch der Wartenden direkt neben dem Mann vor der Kasse eingereiht.
»Selbstverständlich, Genosse«, erwidert der Angesprochene hoheitsvoll, aber nicht ohne unterdrückte Angst in der Stimme. Gestalten wie diesen, mit einem solchen Auftreten, merkte man hundert Meter gegen den Wind an, daß sie dem NKWD angehörten. Der gefürchtete Staatssicherheitsdienst Stalins, der sich biedermännisch »Sowjetisches Volkskommissariat für Innere Angelegenheiten« nannte, stand unter dem Kommando des kaum weniger gefürchteten Lawrenti Berija.
»Ich habe den Scheck dieses Herrn eingelöst«, schließt der Kassierer bereits recht unsicher seine Rechtfertigung.

»Ein prächtiger Scheck«, höhnt der Geheimdienstmann. »Wollen Sie ihn nicht einmal genau betrachten?« Der Kassierer tut dies, erbleicht und sinkt bewußtlos zu Boden, niedergestreckt von einer leichten Herzattacke. Verkrampft in seiner Hand umklammert er den »Scheck«: ein leeres Blatt Papier, aus einem Schulheft herausgerissen.

Als er wieder zu sich kommt, beugt sich der kleine Mann über ihn und hält ihm die 100 000 Rubel vor das Gesicht. »Ich wollte Sie nicht erschrecken, Genosse Kassierer«, sagt er entschuldigend. »Ich bin Hypnotiseur. Es handelt sich um einen Test im Auftrag des Genossen Stalin persönlich. Verzeihen Sie mir. Hier ist das Geld zurück.«

Der Rätselhafte ist ein polnischer Kommunist jüdischer Abstammung namens Wolf Gregorewitsch Messing. Er war um Haaresbreite aus dem von Nazi-Deutschland okkupierten Polen entkommen. Neben seinen, für Tausende andere ebenso zwingenden Fluchtgründen, hatte er durch seine Prognosen einer deutschen Niederlage im Osten zusätzliches Mißfallen der Eroberer auf sich gezogen.

Wolf Messing ist Telepath und Hellseher und in seiner Heimat sehr beliebt. Aus diesem Grund wollen die Besatzer an ihm ein besonders brutales Exempel statuieren. Eine Kopfprämie von 200 000 Reichsmark soll Messings Landsleute motivieren, ihn ans Messer zu liefern. Obgleich er nicht verraten wird, spürt ihn die Gestapo dennoch in seinem Versteck auf. Er wird in das neue Gestapo-Hauptquartier gebracht, Endstation für Hunderte Unglückliche. Nicht für den Telepathen und Hellseher. Wolf Messing zwingt den Bewachern seinen Willen auf und flieht aus der ausbruchsicheren Festung. Bis nach Rußland.

Dort wird er sofort verhaftet. Ein Oberst des KGB teilt ihm mit, daß Hellseher in der UdSSR unerwünscht sind, weil es sie nicht gibt. Messing bietet den Gegenbeweis an. Sein Ruf ist so groß, daß sich sogar der sowjetische Diktator einschaltet, obgleich er in diesen Tagen anderes im Kopf hat. Stalin befiehlt eine strenge Prüfung der paranormalen Fähigkeiten des Polen. Daraufhin kommt es zur 100 000 Rubel-Abhebung mittels eines leeren Blattes Papier. Bei einem anderen Test entflieht Messing – wie zuvor der Gestapo – aus einem gesicherten Raum, den drei verschiedene Gruppen des Staatssicherheitsdienstes bewachen. Josef

Stalin ist beeindruckt, aber nicht gänzlich überzeugt, wie es seiner bekannt mißtrauischen Natur entspricht. Doch selbst die letzte Skepsis schwindet, als Wolf Messing etwas noch Unglaublicheres vollbringt.

Er dringt völlig unbehelligt in Stalins schwerstbewachte Datscha ein und überrascht den Sowjetherrscher durch sein plötzliches Erscheinen. Die Frage, wie er das gemacht habe, beantwortet er lapidar damit, daß er den Wachen suggeriert hätte, er sei Berija. Die Ähnlichkeit zwischen Messing und Berija ist Null.

Nach diesen Demonstrationen wurde dem erstaunlichen Polen gestattet, seine »mentale Arbeit« auch in der Sowjetunion auszuüben – und das sogar öffentlich. So konnte Wolf Messing bis zu seinem Tode im Jahr 1966 in zahlreichen Auftritten seinen Landsleuten und zahllosen Menschen rund um die Welt Erstaunliches vorführen.

Obwohl er diese Fähigkeit nicht hervorkehrte, wurde bald bekannt, daß Messing auch heilende Fähigkeiten besaß, vermochte er doch Schmerzen durch leichte Berührung zum Verschwinden zu bringen und Krankheiten bzw. erkrankte Organe aus der Ferne exakt zu diagnostizieren. Da Wolf Messing Zeit seines Lebens kerngesund war und Messungen jeglicher Art an seiner Physis ablehnte, war es nur ein einziges Mal möglich, ihn zu untersuchen, und das auch nur oberflächlich. Dabei stellte eine Neurologin in Belaya Tserkov fest, daß sein Kopf eine weit größere »Normaltemperatur« hatte als der Rest seines Körpers.

Vertraulichen Berichten zufolge war Wolf Messing für Stalin als »Geheimwaffe« tätig. Ob und wieweit er die Weltgeschichte beeinflußt haben mag, kann niemand beantworten. Als er im 76. Lebensjahr starb, waren ihm zahlreiche Ehrungen zuteil geworden. Seine ungewöhnlichen Leistungen hatten sogar Albert Einstein und Mahatma Gandhi tief beeindruckt.

Sein Nachfolger wurde Tofik Dadaschew. Seine besondere Fähigkeit, auch die Gedanken nicht russisch sprechender Personen lesen zu können, irritierte die wissenschaftliche Gemeinde permanent und spaltete sie schließlich in unterschiedliche Lager. Ob auch Dadaschew wie sein großer Vorgänger in der damals noch bestehenden Sowjetunion für »diskrete Aufgaben« eingesetzt wurde, ist unbekannt.

Mittlerweile scheinen Militärs und andere westliche Entscheidungsträger die Vorstellung einer »parapsychologischen Kriegs-führung« nicht gänzlich ins Reich der Fabel zu verweisen, und eigene Forschungen laufen zu haben. Und wenn vielleicht auch nur, um nicht ins Hintertreffen zu geraten; deutete doch bei-spielsweise ein Mitglied des US-Geheimdienst-Sonderausschus-ses im Repräsentantenhaus, der Kongreßmann Rose, noch im Kalten Krieg an, die Sowjets könnten »wünschelrutengestützte Satelliten« einsetzen, um Raketensilos zu orten.

1997 kam das geheime US-Programm »Stargate« an die Öffent-lichkeit: der Einsatz amerikanischer Psi-Agenten während des Kalten Krieges, die speziell »Remote Viewing« (Fernsicht) prak-tizierten.

2 Die Rätselhaften

Leben Unsterbliche unter uns?

*Die Frage nach der möglichen Anwesenheit überlegener
Intelligenzen, fremder Besucher oder geheimer Übermenschen
wird immer wieder gestellt. Gelegentlich scheint es Indizien
dafür zu geben.*

Gebannt starren Millionen Zuschauer auf die Bildschirme. Der
sympathische Pariser mit dem Namen Richard Chanfray, der
sich 1972 im französischen Fernsehen produziert, hat angekündigt, mittels eines simplem Camping-Gasofens Blei in Gold zu
verwandeln. Eine tolle Sache, die bei der Vorführung zwar als
gelungen bezeichnet, aber niemals einer wissenschaftlichen Prüfung unterzogen wurde.

Die echte Sensation des spektakulären Auftritts könnte jedoch
eine andere sein: Der junge Mann, für den der vierzigste Geburtstag noch in ziemlicher Ferne zu liegen schien, hatte nach eigener Angabe ein Alter von mehr als 3000 Jahren. Er war, so
sagte er, kein Geringerer als der legendäre Graf von Saint-Germain. Was davon zu halten ist, bleibt offen.

Auf jeden Fall ist die Lebensgeschichte dieses berühmten »Unsterblichen« rätselhaft, unergründlich und ungreifbar. Erste Aufzeichnungen über den Mann, der von sich selbst sagte, er habe
von König Cyrus von Babylon den magischen Stab des Moses
erhalten und sei dadurch einer der unsterblichen Illuminaten geworden, finden sich etwa ab dem Jahr 1740. Ein junger Adeli-
ger, der statt Geld stets eine Handvoll Diamanten bei sich trug,
exzentrisch, aber erlesen gekleidet war und eine Aura des Mysteriums um sich verbreitete, sorgte für Gesprächsstoff in den
blasierten Adelskreisen am Wiener Hof. Desgleichen wenig später in Paris.

Dort nahm die Legende (wenn sie eine solche ist) ihren Anfang.
Bei einer Soirée der betagten Gräfin von Gregory kam es zu

einem Gespräch zwischen ihr und dem Grafen von Saint-Germain, der in mittleren Jahren zu sein schien. »Graf«, fragte die Gastgeberin, »habe ich Sie nicht schon in Venedig gesehen, als mein verstorbener Mann dort Botschafter war? Oder war das Ihr Herr Vater?«

»Nein«, erwiderte der Graf, »ich selbst hatte das Vergnügen, Ihnen zu begegnen. Ihre Schönheit ist mir bis heute unvergeßlich geblieben.«

Das verwirrte seine Gesprächspartnerin. Damals war sie ein junges Mädchen gewesen, und er hatte ausgesehen wie heute. »Wie ist das möglich?« fragte sie.

»Madame«, lautete die Antwort, »ich bin kein ganz junger Mann mehr.«

Genaugenommen hätte er ein Greis sein müssen, denn die angesprochene Begegnung lag *siebzig Jahre* zurück.

Solche Begebenheiten sind Legion. Natürlich kann man leicht behaupten, mit Pontius Pilatus und den zwölf Aposteln bekannt gewesen zu sein, oder persönliche Erlebnisse aus den Kreuzzügen zum besten geben, aber eine Reihe von Faktoren unterscheiden den Geheimnisvollen von einem Scharlatan.

Der Graf von Saint-Germain beherrschte perfekt mindestens Französisch, Englisch, Deutsch, Italienisch, Spanisch, Russisch, Portugiesisch, Arabisch, Türkisch, Persisch, Chinesisch, Indisch und eine große Zahl antiker Sprachen, die nur Experten geläufig waren. Sein medizinisches Wissen, das er oft praktisch unter Beweis stellte, könnte sich auch heute sehen lassen. Er war in buchstäblich *allen* Wissenschaften nicht nur bewandert, sondern seinen Zeitgenossen weit voraus, spielte viele Musikinstrumente virtuos, war ein brillanter Juwelier und Goldschmied mit anachronistischen Kenntnissen in Metallurgie (die niemand verstehen konnte), betrieb Textilherstellung und Porzellanmanufaktur und hätte auch als Maler ein gutes Auskommen gehabt.

Eine so ungeheure Bandbreite an Kenntnissen und Fertigkeiten ist in einer normalen Lebensspanne kaum zu erlangen, schon gar nicht, wenn der Betreffende in die Artigkeiten höfischen Lebens eingespannt ist, permanent in höchsten Kreisen agiert und immer wieder diplomatisch-politische Missionen erfüllt. Die zusätzliche Ausarbeitung des vom Grafen verfaßten umfangreichen okkulten Werkes »Die heilige Trinosophie«, das als eine der be-

1 Charles Hoy Fort (1874–1932), der berühmte Chronist des Unerklärlichen, befaßte sich auch mit so gut wie allen Bereichen des Rätselhaften. Von seltsamen Regenfällen (zu »Schreckenerregendes aus den Wolken«) über Menschen und Menschengruppen, die sich in nichts auflösten (zu »Unmögliches Verschwinden«) bis hin zu außerirdischen Eingriffen (zu »Ungebetene Gäste im Sonnensystem« und »Mit einem Fuß im Weltraum«).

2 *Nicht nur im Tod soll sich der Geist vom Körper trennen, sondern von manchen Menschen bewußt auf außerkörperliche Reisen geschickt werden können (zu »Wenn der Geist auf Reisen geht«).*

3 *Lebende Akkus wie der Brite Brian Williams, der eine Glühbirne nur in die Hand zu nehmen braucht, um sie zum Leuchten zu bringen, setzen ihre Gabe nicht ein, um jemandem zu schaden. Aber nicht jeder »Hochspannungsmensch« ist so harmlos (zu »Der elektrische Massenmörder«).*

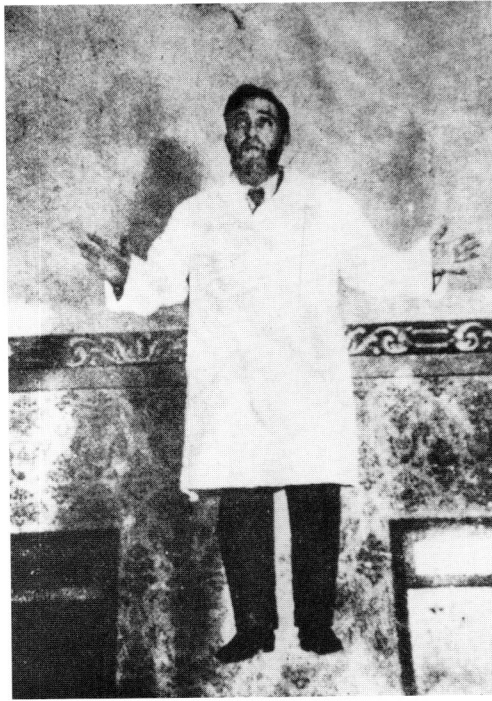

4 Hans und Gerhard Fischer, ein Zwillingspaar, das einander nicht nur äußerlich wie ein Ei dem anderen glich (zu »Das Zwillingsphänomen«).

5 Das berühmte brasilianische Medium Carmine Mirabelli legte eine Reihe von paranormalen Fähigkeiten an den Tag, darunter die seltene Gabe der »Teleportation« (zu »In Nullzeit von Ort zu Ort«).

6 Der berühmte Daniel Dunglass Home war ein echtes Para-Multitalent. Er bewies unglaubliche Kräfte bei heller Beleuchtung und vor zahlreichen Zeugen (zu »Ein viktorianischer Übermensch«).

7 Thomas Alva Edison setzte sich mit ganzer Kraft für einen Mann ein, dessen »Berufskollegen« dem berühmten Erfinder normalerweise suspekt waren: für den Hellseher Bert Reese (zu »Der Mann mit dem Röntgenblick«).

6

7

deutendsten Wissensquellen gilt, wäre weit über die Möglichkeiten jedes Normalsterblichen gegangen.

Der (unsterbliche?) Graf weist noch andere rätselhafte Züge auf. Er aß in Gesellschaft niemals auch nur das geringste (in dem Zusammenhang meinte er zu Giacomo Casanova: »Meine Nahrung ist nicht für Menschen geeignet«) und legte hellsichtige Fähigkeiten an den Tag. So sagte er die Französische Revolution voraus, machte den Schwedenkönig Gustav III. auf kommende Gefahren aufmerksam und prophezeite der Chronistin Mademoiselle d'Adhémar, daß er ihr noch weitere fünf Male gegenübertreten würde, was auch geschah. Die letzte Begegnung fand 1820 statt. Saint-Germain wirkte nach wie vor wie ein Mann um die vierzig. Die französische Sängerin Emma Calvé ist überzeugt, daß tatsächlich er es war, der sie 1897 um ein Autogramm bat.

Niemand weiß, wann dieser Grenzgänger zwischen den Zeiten geboren wurde und ob er tatsächlich gestorben ist. Es gibt mehrere angebliche Todesdaten (von 1780 bis 1874), doch keines ist offizieller Natur. Im Laufe der Jahrhunderte wurden immer wieder Anstrengungen unternommen, seiner habhaft zu werden. Eine im 19. Jahrhundert von Kaiser Napoleon III. eingesetzte Kommission scheiterte ebenso wie frühere und spätere Versuche. Der Graf, den Madame Blavatsky wiederholt als einen der verborgenen unsterblichen Meister der Welt bezeichnete, hinterließ jedenfalls eine Spur durch die Zeit.

Er könnte sogar »Karl Mays ungeliebtes Vorbild in Literatur und Leben« gewesen sein, wie der österreichische Erfolgsautor Peter Krassa in einem gleichnamigen Artikel durchaus plausibel argumentiert.

Seiner Meinung nach ist es nicht auszuschließen, daß Karl May schon in frühen Jahren das dreiteilige Bändchen des Franz Gräffer, die »Kleinen Wiener Memoiren«, untergekommen ist, in denen sich das Kapitel »Saint Germain, der Unbegreifliche bey den Wiener Adepten« findet.

Als Indiz für ein daraus möglicherweise resultierendes Interesse Mays am geheimnisvollen Grafen erscheint Krassa das von May gewählte Pseudonym Ernst von Linden. Schließlich findet sich in den »Wiener Memoiren« ein Baron von Linden, der die Bekanntschaft Saint-Germains macht.

Peter Krassa schlußfolgert recht überzeugend, Karl May könnte das Pseudonym bewußt gewählt haben, um etwaigen Kennern der Gräffer-Bändchen unterschwellig den Eindruck zu vermitteln, besagter Baron Linden käme persönlich zu Worte.

Auch in Karl Mays Manie, sich während seiner »kriminellen Phase« mit eine Reihe von Phantasienamen und Pseudotiteln auszustatten, ortet Krassa eine Parallele zum Leben des Grafen, der mit rund 80 verschiedenen Namen und mehreren weltlichen und geistigen (Adels-)Titeln in Erscheinung trat.

Mays frühe Faszination für den Grafen schlug später anscheinend in Antipathie um, die in Mays später umgearbeiteter Saint-Germain-Novelle »Fürst des Schwindels« ihren Ausdruck fand. Vielleicht weil Mays jugendliche Illusionen hinter den Gefängnismauern der unbarmherzigen Wirklichkeit Platz machen mußten. Zumindest für Karl May – für den geheimnisvollen Grafen scheinen »menschliche« Spielregeln ebenso irrelevant wie alle Versuche, seiner habhaft zu werden.

Leben Superwesen unter uns?

Manche Menschen fragen sich, ob überlegene Intelligenzen die Erde mit uns teilen. Eines ist jedenfalls sicher: Wir könnten sie niemals erkennen – es sei denn, sie ließen es zu.

Der alte Mann öffnet das durch Boten überbrachte dicke Kuvert mit ruhiger Hand. Er legt die darin befindlichen Bogen handgeschöpften Büttenpapiers vor sich auf seinen großen Schreibtisch, damit das Licht des einfachen Beleuchtungskörpers direkt auf die wohlbekannte Schrift fällt. Bedächtig holt er den Kneifer aus dem Etui, setzt ihn auf die schmale Nase und nimmt das erste Blatt zur Hand. Er muß sich konzentrieren, immer wieder beginnen die exakt geschriebenen Zeilen vor seinen Augen zu verschwimmen. Seine Sehkraft wird seit Monaten schlechter, aber noch hat er keine ernsten Probleme. Der einsame Mann in dem großen Arbeitszimmer beginnt zu lesen.

Wie schon so oft, stellt sein Briefpartner ihm – und einem weiteren der Freundesrunde, wie angemerkt ist – eine interessante

Idee vor. Diesmal stehen energetische Vorgänge im menschlichen Gehirn zur Diskussion. Die Darlegungen sind ausführlich und werden von einer Reihe präziser Gleichungen gestützt. Nachdem der Angeschriebene zu Ende gelesen hat, nimmt er den Kneifer von der Nase, lehnt sich in dem hohen Stuhl zurück und schließt die Augen.

Vor seinem geistigen Auge stehen die Kolonnen der gelesenen Gleichungen, Axiome und der anderen mathematischen Beweise. Er braucht keine Hilfsmittel, um sich damit auseinanderzusetzen, denn er besitzt das absolute Gedächtnis. Während ein Teil seines Verstandes mit der komplexen Mathematik jongliert – und das präziser, als es ein Computer könnte –, schießt ihm der amüsante Gedanke durch den Kopf, was wohl andere Zeitgenossen von dem Konzept wechselnder Energiepotentiale in der menschlichen Psyche halten würden.

Ein interessanter Briefwechsel, aber vom Thema her unter Wissenschaftlern wohl nicht außergewöhnlich. Im 20. Jahrhundert zweifellos nicht. Diese Korrespondenz, die viele weitere Schreiben mit ähnlich »modernem« Inhalt umfaßt, fand jedoch *200 Jahre* früher statt.

Der Empfänger des Briefes mit seinem anachronistischen Inhalt war der berühmte Mathematiker Leonard Euler (1707–1783), sein Verfasser der ebenso bedeutende, heute aber kaum bekannte Rudjer Boscovich (1711–1787), und der im Schreiben erwähnte »weitere der Freundesrunde« war niemand Geringerer als der berühmte Schriftsteller und Vorkämpfer der Aufklärung Voltaire (1694–1778).

Nimmt man die beiden unmittelbaren schriftlichen Diskutanten unter die Lupe, stellt man schnell fest, daß man es hier nicht mit »gewöhnlichen Genies« zu tun hat, sondern mit Superhirnen reinsten Wassers. Leonard Euler war bekannt dafür, daß er die kompliziertesten wissenschaftlichen Arbeiten in Minutenschnelle verarbeiten konnte, auch nachdem er 1766 seine Sehkraft einbüßte. Schüler Eulers berichteten, daß er bei einer Kontroverse über eine mathematische Operation, an der Zahlen mit 17 Dezimalstellen beteiligt waren, den gesamten Rechenvorgang im Kopf bewältigte und die Lösung im Bruchteil einer Sekunde nannte. Computerschnell sozusagen. Neben seinem mathematischen Genius verfügte Euler über ein komplettes Wissen über

Physik, Chemie, Zoologie, Botanik, Geologie, Medizin, Geschichte sowie in griechischer und lateinischer Literatur, wie es keiner seiner Wissenschaftskollegen auch nur in einem einzigen dieser Gebiete vorweisen konnte. Euler konnte aus jedem Buch zitieren, das er jemals gelesen hatte. Er präsentierte Erkenntnisse und Zusammenhänge, die allen Philosophen und Wissenschaftlern seit der Antike entgangen waren, beispielsweise den mathematischen Charakter der Verse von Vergil.

Fast noch übermenschlicher erscheint Rudjer Boscovich, Eulers Briefpartner. Unerklärlicherweise befähigte ihn eine Ausbildung, die ihm maximal das Wissen des frühen 18. Jahrhunderts vermitteln konnte, zu erkenntnistheoretischen Aussagen, die im 20. Jahrhundert von Physikern und Mathematikern nach wie vor als zukunftsweisend angesehen werden. Sie sind nahe an den Grenzen unseres gegenwärtigen Wissensstandes angesiedelt, vielleicht sogar darüber hinaus.

Im »New Scientist« vom 6. März 1958 kommt der Wissenschaftsjournalist Allan Lindsay Mackay aus dem Staunen über eine Arbeit nicht heraus, die Boscovich 1758 (!) in Wien veröffentlichte. Mackay und führende Wissenschaftler vertreten die Überzeugung, Boscovich sei seiner Zeit um mindestens 200 Jahre voraus gewesen.

Immerhin verfocht der Geheimnisvolle die Ansicht, es müsse eine einheitliche Theorie des Universums geben; eine umfassende Gleichung, die Mathematik, Physik, Chemie, Biologie und sogar die Psychologie einschließt. Boscovich definierte nicht nur die Erscheinungen Licht, Magnetismus und Elektrizität – welche zu seiner Zeit nur schemenhaft erkennbar waren –, sondern beschrieb Quantenphänomene, Wellenmechanik und ein durchaus modernes Atommodell aus Nukleonen. Seine Ansicht, Materie, Raum und Zeit bestünden aus winzigen Körnchen, entspricht den modernsten Erkenntnissen der theoretischen Physik über die Quantelung von Materie und Energie.

Der Wissenschaftshistoriker L. L. White ist überzeugt, daß selbst unsere computergestützte Wissenschaft die Gedankengänge von Boscovich nicht vollständig erfassen kann, weil wir die zu ihrem Verständnis unerläßliche Grundlage bis heute nicht schaffen konnten: die Verbindung zwischen Relativitätstheorie und Quantenphysik. Ähnliche Schwierigkeiten haben wir bei der von Boscovich geforderten Einheitlichen Feldtheorie der vier Grundkräfte. Boscovich sprach von ihr wie von etwas Altvertrautem.

Damit erhebt sich die Frage: Kann man das Auftreten eines Mannes, der zwei Jahrhunderte »zu früh« die Plancksche Konstante einführte oder eine statistische Theorie der damals völlig unbekannten Radioaktivität ausarbeitete, hinlänglich mit dem Begriff Genialität erklären? Haben wir es hier mit einer irdischen Lebensgeschichte zu tun oder mit etwas Fremdartigem?

Sucht man gezielt nach Geistesriesen, die sogar aus einem Kreis von Genies weit herausragen, so stolpert man neben Euler und Boscovich über Sir Isaac Newton, der viele seiner Axiome, wie er sagte, intuitiv formulierte und ihren Beweis späteren Generationen überließ, womit auch der berühmte Astronom Edmund Halley aufwarten konnte. Desgleichen Carl Friedrich Gauß, der die Gaußsche Reihe als Schüler entdeckte, um eine lästige Aufgabe abzukürzen, oder der englischen Physiker Paul Dirac, der buchstäblich aus heiterem Himmel 1930 das Konzept der Antimaterie vorlegte und durch Gleichungen derart untermauerte, daß er 1933 zum Nobelpreisträger wurde.

Je nach ihren unbekannten Absichten geben solche rätselhaften Persönlichkeiten möglicherweise zarte Hinweise auf ihr Anderssein oder wirken in totaler Anonymität. Manchmal mögen besondere Umstände sie zu Aktionen nötigen, wie vielleicht im Jahr 1937, als ein Unbekannter im Pariser Gasforschungslabor auftauchte und den Wissenschaftler und Autor Jacques Bergier bat, den Physiker André Helbronner, dessen Assistent Bergier damals war, vor den Gefahren zu warnen, die von dem Element 94 ausgehen.

Besagtes Element konnte erst vier Jahre später von dem Physiker Glenn T. Seaborg am Berkeley-Institut in Kalifornien isoliert werden und sollte weitere vier Jahre später zu einem Faktor von globaler Bedeutung werden. 1937 hätte kein Fachmann den unheilvollen Siegeszug voraussagen können, den *Plutonium* – das Element mit der Ordnungszahl 94 – antreten sollte. Zumindest kein normal-menschlicher.

Dieser festen Überzeugung war jedenfalls Jacques Bergier bis zu seinem Tod im Jahr 1979. Er hielt den unbekannten Warner für den »unsterblichen« Alchimisten Fulcanelli, was er auch in seinem Bericht über den rätselhaften Vorfall nachdrücklich betonte. Völlig haltlos können seine Ausführungen nicht gewesen sein, denn der amerikanische Geheimdienst OSS (Office of Strategic Services, die Vorläuferorganisation der CIA) nahm die Schlußfolgerungen Bergiers, der für sein fotografisches Gedächtnis bekannt war, nicht auf die leichte Schulter und machte tatsächlich Jagd auf Fulcanelli. Wenn auch ohne Erfolg.

Der verdorbenste Mann der Welt

Der Unheimliche liebte es, seine Macht über die Menschen zu demonstrieren – einmal genügten ein paar Worte, und ein Zweifler sprang aus einem Fenster im ersten Stock.

An diesem unfreundlichen Regennachmittag des Jahres 1947 scheint die Natur einem kahlköpfigen alten Mann bei seinen letzten Stunden mit Blitz und Donner ihr Geleit zu geben. Der Sterbende liegt auf einem schäbigen Bett einer heruntergekommenen Pension in Hastings in der englischen Grafschaft Sussex. Heftiger Wind rüttelt an den desolaten Fensterläden, Regen peitscht gegen die schmutzigen Scheiben, und am Himmel ballen sich Wolkenmassen wie zu einer neuen Sintflut.
Der alte Mann bekommt all das kaum mehr mit. Seine tiefliegenden Dämonenaugen, die sogar in geschlossenem Zustand der nach dem Kranken sehenden Pensionsinhaberin Schauer der Furcht über den Rücken jagen, sind glanzlos. Sein Geist weilt nicht mehr im Hier und Jetzt.
Noch einmal durchlebt er die Momente seiner größten Triumphe: Eingehüllt in die rituelle Kutte der »Goldenen Morgenröte« (Golden Dawn) steht er wieder vor seinen erregten Anhängern. Seine Augen blicken machtvoll durch die Schlitze der Kapuze, als er die Worte der Kraft in Enochisch, der »Sprache der Engel«, intoniert. Alle fühlen die erdrückende Energie, die von ihm ausgeht. Sie macht das Atemholen immer schwerer und treibt den Schweiß auf die Gesichter. Jetzt, jetzt ist es soweit: Die astrale Macht hat ihn zur Gänze durchdrungen – die okkulte Zusammenkunft kann ihren Verlauf nehmen ...

Die Erinnerung erfüllt den Sterbenden noch ein letztes Mal mit jenem dämonischen Feuer, das ihn stets zum Beherrscher der Menschen gemacht hat. Dann erlischt das Feuer und mit ihm das Leben. Der Todkranke sinkt auf das Bett zurück. Seine letzten Worte sind: »Ich bin verwirrt« und eine Verwünschung des Arztes, der ihn behandelt hat. Der Arzt stirbt noch am selben Tag, wenige Stunden nach dem Tod seines unheimlichen Patienten, der sich selbst »Das Tier« (der Apokalypse) zu nennen pflegte und dessen Name Aleister Crowley war.

Wenige vor und nach ihm erregten soviel Aufsehen, riefen solche Verehrung, aber auch derartigen Abscheu hervor wie dieser Radikal-Magier, Dichter, Alpinpionier, Kabbalist, Weltreisende, Maler, Wüstling, Drogenforscher, Philosoph, Menschenverächter und Alchimist.

1875 in eine wohlhabende, extrem religiöse englische Brauereifamilie hineingeboren, befaßt er sich seit frühester Kindheit mit dem Mystischen, besonders mit der Offenbarung des Johannes. Dort stößt er auf »Das Tier 666«, zu dem er sogleich eine tiefe Verbundenheit empfindet, die sein Leben bestimmen soll.

1904 ergreift ihn in Ägypten während einer Meditation der unwiderstehliche Zwang, das Museum von Kairo aufzusuchen. Er folgt dieser Eingebung sofort und bleibt vor der hölzernen Stele der 26. Dynastie mit der Ausstellungsnummer 666 (eine Zahl, die auch dem Anti-Christen zugeordnet wird) stehen. Auf sie ist der ägyptische Gott Horus mit dem Falkenkopf als »Ra-Hoor-Khuit« gemalt. An dieser Stelle erhält Crowley bei diesem und bei den folgenden Besuchen eine Reihe von Botschaften durch einen »Engel der höchsten Ordnung« namens »Aiwass«. Die Niederschriften dieser Eingebungen werden zum »Liber Legis« oder »Liber Al«, dem berühmt-berüchtigten »Buch des Gesetzes«.

Dieses esoterische Grundlagenwerk, das Adolf Hitler gerne zitierte, weil es sich angeblich an »ausgewählte Edle« richtete, und die daraus entwickelte »Lehre von Thelema« haben auch heute noch zahlreiche Anhänger sowie Gegner. Eine konkrete Beurteilung des »Buches des Gesetzes« scheitert an seiner überwiegenden Unverständlichkeit. Teile davon erfordern komplizierteste Rechen- und Übersetzungsoperationen in Griechisch und in Hebräisch. Ein Mathematiklehrer aus Südafrika verbrachte Jahre mit dem vergeblichen Versuch, einige der numerologischen Puzzles lösen zu wollen. Er beging Selbstmord.

In seinen Tagen gelang es Crowley jedenfalls nicht, sein Credo »Tue, was du willst, das sei das ganze Gesetz!« in England und Amerika zu verbreiten, so daß er 1920 in Cefalu auf Sizilien ein Lehr- und Übungszentrum etablierte, in dem auch Sexual-Magie nicht zu kurz gekommen sein soll. Als eines der Gruppenmitglieder unter ungeklärten Umständen stirbt, wird Crowleys »Tempel« geschlossen und er selbst deportiert. Von da an wandert er ziellos und immer verbitterter durch Europa – bis zu seinem einsamen Tod im Jahr 1947.

Seine geradezu unglaublichen Ausschweifungen, die sogar bei altrömischen Orgien unliebsam aufgefallen wären und ihm posthum den Titel »Der verdorbenste Mann der Welt« eintrugen, wie auch die Brutalität der von ihm praktizierten »Magick« – er liebte es, anderen seinen Willen aufzuzwingen und Skeptiker wie Hunde bellen und herumkriechen zu lassen – überstrahlten seinen durchaus vorhandenen intellektuellen Tiefgang.

Crowley gehörte zu den besten Kennern östlicher Philosophie. Er hinterließ zahlreiche vielbeachtete Veröffentlichungen, darunter Arbeiten über Yoga und Astrologie (er nannte sie, in Anlehnung an seine »Magick«, »Astrologick«), die immer noch als Standardwerke gelten. Seine okkulten Techniken, die er ab 1917 durch eine innovative Kombination Jungscher Analysetechniken mit germanischer Sexualmystik und tantrischem Sex ausarbeitete, ließen ihn exotische Wege beschreiten, nicht weniger außergewöhnliche Funktionen innehaben und in Kontakt mit undurchsichtigen Personen und Vereinigungen treten. Crowley war – meist führendes – Mitglied in unzähligen Geheimgesellschaften, okkulten Vereinigungen und Logen.

Gemeinsam mit Frieda Harris schuf er das Toth-Tarot-Set, zu dem auch das »Buch Toth« gehört. Karten und Buch stehen nach wie vor bei Millionen Menschen als fundierte Hilfe zum Kontakt mit dem Tarot – und damit letztlich zum eigenen Ich – in Verwendung. Die Beatles bildeten ihn auf ihrem »Sergeant Pepper«-Album als »einen von denen, die wir leiden können« ab. Charles Manson erwählte ihn zum Vorbild. Die Frage, was Aleister Crowley nun wirklich war – spiritueller Lehrer oder ganz einfach »Das Tier« –, muß offen bleiben. Vielleicht kommt die tolerante

Formulierung der »Sunday Times« dieser in jeder Beziehung exzessiven Persönlichkeit wenigstens einigermaßen nahe. Das Blatt bezeichnete Crowley als »Picasso des Okkulten«.

Die Geheimnisvollen aus dem Nichts

Gelegentlich tauchen Menschen aus dem Nichts auf. Zu dem Mysterium ihrer Herkunft gesellt sich oft das Geheimnis ihrer Fremdartigkeit.

Es geht hoch her im kleinen Dorfgasthaus in der englischen Grafschaft Suffolk. Stimmengewirr erfüllt den von Kerzen erleuchteten Raum. Bier und Wein fließen in Strömen, die Stimmung ist ausgelassen, obgleich die Menschen des ausgehenden 11. Jahrhunderts ein hartes – und meist recht kurzes – Leben führen. Plötzlich ersterben die Geräusche. Das Niederstellen von Bierkrügen dröhnt unnatürlich laut. Alle starren auf die Tür, die zur Kellerstiege führt.

Im Türrahmen stehen zwei Kinder. Sie halten einander bei den Händen und blicken ängstlich auf die eben noch fröhlichen Zecher. Das flackernde Kerzenlicht scheint den Sinnen einen Streich zu spielen, denn die Kinder sehen nicht aus wie normale Kinder. Sie sind ... *grün.*

So weit die Geschichte zurückreicht, verschwinden Menschen. Einzeln, in Gruppen oder sogar in großen Gemeinschaften. Nicht so häufig tauchen Menschen aus heiterem Himmel auf. Die wenigen bekannten Fälle, die nicht auf Gedächtnisschwund, ein Verbrechen oder auf bewußte Täuschung zurückzuführen sind, scheinen eines gemeinsam zu haben: Die Erscheinenden gehören nicht zu den gewöhnlichen Menschen.

Die berühmten grünhäutigen Geschwister aus Suffolk, deren Geschichte in der Gegend noch heute lebendig ist, fielen natürlich bereits durch ihre Hautfarbe aus dem Rahmen des Normalen. Doch nicht »nur« das. Sie unterhielten sich in einer fremdartigen Sprache, die niemand verstehen konnte. Nachdem sie Englisch gelernt hatten, erklärten sie, sie wären aus »dem Land der Dämmerung« gekommen, wo niemals die Sonne scheint.

Die »Wissenschaft« der damaligen Zeit, die primär von kirchlichen Autoritäten repräsentiert wurde, versuchte das Rätsel der grünen Kinder zu lösen, doch ohne Erfolg. Der Junge starb, ehe er erwachsen werden konnte. Seine Schwester erreichte ein durchschnittliches Alter. Sie führte eine normale Existenz – sofern man das mit grüner Hautfarbe kann –, welche von einem ausschweifenden Lebenswandel gekennzeichnet war. Wie nicht zu vermeiden, wurden die grünen Geschwister schlußendlich von der Folklore vereinnahmt. In dieser rangieren sie neben den Feen Dana o'Shea, dem kleinen Volk der Kobolde (Goblins), den Teufelchen (Imp und Nuckelavee), den Schreckgespenstern (Bogeys) und vielen anderen Sagengestalten, obgleich sie mit größter Wahrscheinlichkeit dort eigentlich nichts verloren haben. Ein verspäteter Beweis für ihre Realität kann das mündlich überlieferte Erscheinen zweier gleichfalls völlig grüner Kinder im Jahr 1887 in Spanien sein.

Der wohl am intensivsten untersuchte, am besten dokumentierte und bis dato strittigste Fall eines Menschen ohne Vergangenheit ist zweifellos der von Kaspar Hauser. Bekanntlich tauchte dieser rätselhafte junge Mann am Pfingstmontag des Jahres 1828 mit blutenden Füßen in Nürnberg auf, wo er ziellos herumirrte, kaum der deutschen Sprache mächtig. Er konnte keine Aussage über seine Herkunft machen. Tatsächlich sicher ist nur, daß er von Geburt an in einem finsteren Raum gehalten wurde. Dieser könnte sich – rein theoretisch – sogar auf einem anderen Planeten befunden haben, so unklar sind die Zusammenhänge. Kaspar Hausers Ermordung 1833 zog einen Schlußstrich unter sein Leben, nicht aber unter die Spekulationen.

Der damaligen Zeit entsprechend, drehte sich alles um die Frage einer möglichen aristokratischen Abstammung des Rätselhaften. Dafür in Frage kam in erster Linie die großherzogliche Familie von Baden. (Dieser These wurde Ende der neunziger Jahre durch DNS-Analysen das Fundament entzogen.) Das umfangreiche Memorandum, das der Kriminologe und Rechtsgelehrte Paul Johann Anselm Ritter von Feuerbach als Bericht für Königin Karoline von Bayern ausgearbeitet hat, strotzt vor möglichen Verwandtschaftsbeziehungen, morganatischen Ehen, vertuschten Fehltritten, geöffneten Vermächtnissen und geschlossenen Luftröhren unliebsamer Mitwisser. Auf ähnlichen Schienen läuft die gesamte lawinenartige Kaspar Hauser-Literatur bis heute.

Sofern überhaupt etwas anderes als hochadelige Verschwörungen Erwähnung fand, so der Umstand, daß Kaspar Hauser nicht über eine normale menschliche Perspektive verfügte, sondern alles zweidimensional, nebeneinander, wahrnahm. Eine verständliche Auswirkung seines Höhlendaseins. Mit den seltsamen *übermenschlichen* Fähigkeiten, die der junge Mann im Zuge der Untersuchungen an den Tag legte, schlug man sich nicht weiter herum.

Kaspar Hauser konnte nämlich *Infrarotlicht sehen*. Das Erkennen warmer Objekte (beispielsweise ein Ofen) in völliger Finsternis ist nichts Unerklärliches. Manche Tiere vermögen dies. Das menschliche Auge nimmt im Normalfall nur eine von 64 Oktaven des elektromagnetischen Spektrums wahr. Eine Verschiebung oder Erweiterungen in den Infrarot- bzw. UV-Bereich wäre zwar ungewöhnlich, aber in keiner Weise mysteriös. Ein Mensch, der zeitlebens in einem dunklen Raum gehalten wird, mag diese Fähigkeit entwickeln. Was jedoch überhaupt nicht ins Bild paßt und sehr wohl mysteriösen Charakter aufweist, ist die bizarre Tatsache, daß Kaspar Hauser *in totaler Finsternis lesen* konnte. Dafür gab und gibt es keine Erklärung.

Menschen in Tiergestalt

Wollen Geheimgesellschaften wie zum Beispiel die afrikanischen »Leopardenmenschen« lediglich Raubtiere imitieren – oder steckt etwas ganz anderes, Unmenschliches dahinter?

Es ist Mitternacht. Der Vollmond taucht die abgelegene Waldlichtung in ein fahles Licht, auf der sich ein einsamer Mann für ein seltsames Ritual bereit macht. Mit beschwörenden Gesten zieht er einen magischen Kreis, in dessen Mitte ein Kessel mit einem Brei aus Kräutern und Drogen über einer behelfsmäßigen Feuerstelle ruht. Dann entzündet er das Holz unter dem Kessel. Während das Gemisch sich langsam zu erhitzen beginnt, legt der Mann außerhalb des Kreises seine Kleider ab. Danach reibt er seinen Körper mit einer Salbe aus Anissamen, Opium und dem Fett einer kurz zuvor getöteten Katze ein. Als letztes bindet er einen Gürtel aus Wolfsfell um.

So vorbereitet, tritt er in den Kreis und kniet sich vor dem mittlerweile brodelnden Kessel auf den Boden. Bis der Inhalt die richtige Temperatur und Mischung erreicht hat, um konsumiert zu werden, murmelt der Mann beschwörende Zauberformeln: »Dunkle Mächte, ich bitt' um eure Gunst. In diesem Kreis, den ich gezogen, macht mich zum Werwolf, stark und kühn, zum Schreckensbild von jung und alt, groß und hager von Gestalt... Macht mich zum Werwolf – zum Menschenfresser! Ich lechze nach Blut, nach menschlichem Blut! Großer Wolfsgeist, gib es mir, und mein Herz, Körper und Seele gehören dir!« Nun ist die letzte Phase gekommen: die der Verwandlung...

Wenn dieses düstere Ritual, über das seine Vollzieher nicht sprechen und bei dem es keine Zeugen gibt (zumindest keine lebenden), tatsächlich funktionieren sollte, verwandelt es einen Menschen in einen Werwolf. Eine monströse Gestalt, halb Mensch, halb Tier, grau behaart mit langen Armen und Beinen, mit Wolfsklauen, einer spitzen Schnauze und erfüllt von unstillbarer Mordlust. Dazu verurteilt, nächtens zu jagen, zu töten und zu fressen, würde dieses unheimliche Phantom schon bald zum Schrecken seiner Umgebung werden. Und zur Quelle für alptraumhafte Legenden.

Von der Antike bis heute gibt es diese Legenden in allen Regionen und Kulturkreisen. Je nach den klimatischen Bedingungen kennen und fürchten die Menschen neben den Werwölfen Europas und Nordamerikas Werbären in Rußland, Wertiger in Indien, Werjaguare auf den Sundainseln, Werleoparden, Werhyänen und sogar Werkrokodile in Afrika und noch so manche anderen Zwitterwesen. Immer sind diese Geschöpfe aggressiver Natur. Werrehe oder Werschildkröten sucht man im Volksglauben vergeblich.

Obgleich noch keine dieser halb menschlichen, halb tierischen Kreaturen gefangen oder erlegt werden konnte, ist es erstaunlich, wie lange und wie konsequent sie schon im Bewußtsein der Völker herumgeistern. Bereits im 5. Jahrhundert vor Christi Geburt berichtete Herodot, der immerhin, so Cicero, als »Vater der Geschichtsschreibung« gilt, über sie.

Im römischen Imperium klassifizierten Ärzte eine exotische Krankheit mit dem griechischen Terminus *Lycanthropie* (Wolfsmenschtum). Der römische Satiriker und Schriftsteller Gaius Arbiter Petronius, der sich selbst tötete, um Neros Zorn und erbärmlicher Sanges- und Dichtkunst zu entgehen, schrieb von einem Soldaten, der als Werwolf eine Verwundung erhielt, die er auch in menschlicher Gestalt aufwies. Der Maler Lucas Cranach zeichnete im 16. Jahrhundert einen Werwolf bei einer Kindesentführung.

Francisco de Goya verewigte 200 Jahre später derartige Kreaturen auf einigen Gemälden. Man findet sie auf unzähligen Bildern, Mosaiken, Wandfresken, Holzschnitten und so weiter.

Im Frankreich des 16. Jahrhunderts ist es zu einer regelrechten Werwolf-Epidemie gekommen. Aus dieser Zeit gibt es Zigtausende Berichte über *Loups-garoux*, wie diese Wesen dort hießen. Einer der beachtlichsten stammt aus dem Jahr 1588, in welchem ein Werwolf in der Auvergne einen Jäger attackiert haben soll. Dabei schlug der Jäger dem Wolf eine Pfote ab. Er steckte sie in seinen Jagdbeutel.

Als er die »Pfote« im Haus eines Freundes herzeigen wollte, um sein Erlebnis zu illustrieren, holte er zum Entsetzen aller Anwesenden eine zarte Frauenhand heraus. Den größten Schock erlitt der Hausherr, denn an einem Finger der abgetrennten Hand befand sich ein Ring, der ihm nur allzu bekannt war. Gefolgt von den anderen stürmte er die Treppe hinauf zum Schlafzimmer seiner Frau, die dabei überrascht wurde, wie sie den Stumpf eines ihrer Handgelenke verband. Schnell kam die Inquisition ins Spiel, die die Frau ohnedies schon einige Zeit der Hexerei verdächtigt hatte, und erledigte nach einem hochnotpeinlichen Verhör mit anschließendem Geständnis den feurigen Rest.

Die Liste ähnlicher Beispiele ist lang und enthält sicher auch Fälle, in denen Menschen zwar nicht nachweisbar zu Raubtieren wurden, sich aber unzweifelhaft wie solche verhielten. Einer der bekanntesten war der des französischen Einsiedlers Gilles Garnier aus Lyon, der eine Reihe von Kindern zu Tode biß und ihr Fleisch roh verschlang. Unter der Folter »gestand« er, ein Werwolf zu sein, und wurde 1573 in Dôle zum Tod auf dem Scheiterhaufen verurteilt.

Interessanterweise stießen »Werwolfforscher« auf eine Begebenheit, die sich 100 Jahre später ereignet haben soll. Im Zuge der späten französischen Hugenottengemetzel rettete ein Werwolf einen Ertrinkenden und gab sich, nachdem er wieder menschliche Gestalt angenommen hatte, als Priester zu erkennen, der von einer Frau namens *Garnier* (!) in einen Werwolf verwandelt worden war. Eine verblüffende Namensgleichheit.

Die Wissenschaft versuchte und versucht, diese hartnäckigen Legenden sinnvoll zu erklären. So führte der Engländer Dr. Robert Eisler in seinem Buch »Man into Wolf« Werwolfmythen auf unbewußte Prägungen aus der Frühzeit des Menschen zurück, als unsere Vorfahren sich bei der Jagd wie Tiere verkleiden und verhalten mußten.

Nicht weniger ernsthaft sollte aber auch das Standardwerk »Übersinnliche Erscheinungen bei den Naturvölkern« bewertet werden. Darin widmet der Autor Ernesto Bozzano Tiermenschen ein ganzes Kapitel, in dem eine Reihe von seriösen Zeugen angeführt wird, die solche Vorgänge in unserem Jahrhundert bei Eingeborenen beobachtet haben wollen. Endgültige Klarstellung steht noch aus.

Doch selbst wenn durchschnittlichen Zeitgenossen bei Vollmond keine Körperbehaarung, Fangzähne und Klauen wachsen, so ist es unheimlich und unglaublich genug, wie viele von uns einen (Wer-)Wolf in sich haben, der sie veranlaßt, harmlose Mitmenschen mit menschlichen Beißwerkzeugen zu töten und ihr Fleisch zu verzehren ...

Die lebenden Toten

Zeremonien, mit Nadeln gespickte Puppen und Tieropfer sind kein »Hokuspokus«, wie viele glauben, sondern die Schatten einer bis heute nicht erforschten Magie.

Marie, ein Mädchen aus wohlhabendem Haus, lebt am Anfang des Jahrhunderts in Port-au-Prince, der Hauptstadt von Haiti. Trotz permanenter Unruhen ist das Land zu der Zeit noch nicht zum Armenhaus der westlichen Hemisphäre geworden, das es später sein wird.

Als Marie 1909 einer Krankheit zum Opfer fällt, sind ihre Verwandten und Freunde zutiefst erschüttert. Fünf Jahre später sehen Maries frühere Schulfreundinnen das junge Mädchen am Fenster eines Hauses. Die Geschichte verbreitet sich wie ein Lauffeuer. Maries Vater und andere wollen in das Haus, doch der Besitzer verwehrt ihnen den Zutritt. Schließlich schalten sich die Behörden ein.

Das Haus wird durchsucht. Der Eigentümer ist verschwunden. Man findet keinerlei Anhaltspunkte dafür, daß sich Marie je hier aufgehalten hat, lebend oder tot. Die Gerüchte verstummen nicht, im Gegenteil. Um endlich Klarheit und Ruhe zu schaffen, ordnen die Behörden eine Exhumierung an. In Maries Sarg befindet sich nicht Maries Skelett, sondern das einer viel größeren Person. Es ist regelrecht hineingepreßt worden. Darunter, in einer Ecke des Sarges, liegen Maries Kleider, die sie bei der Beerdigung getragen hat. Nun zweifelt kaum noch jemand daran, daß Marie zum *Zombie* geworden ist, ein weiteres Opfer des Voodoo-Zaubers.

Die amerikanische Schriftstellerin Zora Hurston, die Haiti besucht und sich eingehend mit dem Zombie-Phänomen befaßt hat, berichtete 1938 über Maries Fall, der heute noch erzählt wird. Zora Hurston gehört zu den wenigen Menschen aus der westlichen Zivilisation, die einem dieser Untoten von Angesicht zu Angesicht gegenübergestanden haben will.

Sie hat das Wesen berührt und sogar fotografiert. Dabei handelte es sich um eine junge Frau namens Felicia Felix-Mentor, die 1907 einem plötzlichen Leiden erlegen war. 1936 wurde sie aufgegriffen, als sie nackt eine Straße nahe der Farm ihres Bruders entlangwanderte.

Der Bruder und seine Frau identifizierten die völlig apathische Kreatur als die junge Frau, die 29 Jahre zuvor beerdigt worden war. Ihr Zustand war so schrecklich, daß sie ins Krankenhaus gebracht wurde. Felicia, beziehungsweise der weibliche Zombie, zu dem sie nach allgemeiner Ansicht geworden war, wies trotz ihrer Identifizierbarkeit kaum noch menschenähnliche Züge auf. Das Gesicht war kalkweiß, mit toten, starrenden Augen. Die Augenlider wirkten wie mit Säure verbrannt. Felicia reagierte auf nichts, jedes Tier ist weit kommunikativer. Man konnte sie nur ansehen, doch niemand hielt den grauenvollen

Anblick lange Zeit aus. Auch Zora Hurston nicht, die Felicia im Krankenhaus besuchte, wo sie im Garten von der weder Toten noch Lebendigen jenes Foto schoß, das heute noch als Grundlage für Diskussionen über die mögliche Existenz wandelnder Leichen dient.

Der Amerikaner William H. Seabrook, der sich in den zwanziger Jahren in Haiti niederließ, hat eine ähnliche Erfahrung gemacht, die seine Überzeugung aber nicht beeinflußte, Voodoo-Zauber wäre eine emotional-kulturelle Erscheinung ohne übernatürliche Komponente.

Immer wieder versucht die Wissenschaft, das nicht zu leugnende Auftreten von Zombies zu erklären. Der Gedanke, Tote würden sich wie Lebende verhalten, ist für den sachlichen Menschenverstand kaum zu verdauen. Dann schon lieber Lebende, die wie Tote wirken. Der Gedanke liegt nahe, im Koma Befindliche könnten sich aus den Gräbern befreien oder Menschen würden durch Drogen, Rituale usw. in einen Zustand versetzt, der sie wie wandelnde Leichen erscheinen läßt. Fälle wie der von Felicia lassen sich jedoch nicht so leicht rationalisieren – immerhin tauchte sie 29 Jahre nach ihrer Beerdigung ohne deutliche Alterungsmerkmale wieder auf.

Geschichte und Ursprung des Voodoo/Zombie-Kultes, der sogar im haitianischen Strafgesetz Berücksichtigung fand, sind da schon klarer. Der in Westafrika heimische Voodoo-Glaube vereinigt Elemente aus afrikanischem, christlichem und indianischem Glauben mit okkultistischen Elementen aus Europa. Er kam durch den Kolonialismus nach Haiti, und zwar im Zuge des Sklavenhandels.

Ursprünglich hatte sich das Territorium von Haiti über die gesamte Gebirgsregion der Insel »Hispaniol« erstreckt, jenem Fleckchen Erde, auf dem Christoph Columbus bei seiner Reise zur Entdeckung der Neuen Welt das erste Mal an Land ging. Nicht lange danach wurde die Insel zur spanischen Kolonie, auf der ein halbes Jahrhundert lang riesige Massaker an den eingeborenen Arawak- und Carib-Indianern stattfanden. Aus dem blühenden Eiland wurde eine Wüstenei, die durch eingeführte schwarze Sklaven eine neue Bevölkerung erhielt. Mit ihnen kam ihre Religion und damit auch Voodoo.

Voodoo hat seine eigenen düsteren Götter. Ein wesentlicher Bestandteil der ekstatischen Rituale ist Blut. Geopfert werden überwiegend Schweine und Hühner. Die akzeptierteste wissenschaftliche Ansicht zu den Zombies ist die, daß die Voodoo-Priester, »Houngans« und »Bocours« genannt, Menschen durch Gifte von Kröten und Fischen in eine Art Scheintot versetzen. Nach dem Volksglauben herrschen die Priester über riesige Scharen von Untoten, die für sie schuften und andere Dinge – nicht selten blutiger Art – verrichten.

In den Tagen nach der Französischen Revolution spielte ein mysteriöser Zauberpriester namens Boukman eine wichtige Rolle beim haitianischen Befreiungskampf gegen die französischen Kolonialherren, die im Zuge der europäischen Auseinandersetzungen an die Stelle der vorhergegangenen Okkupanten getreten waren. Boukman verwandelte mit Zaubersprüchen und Zaubertränken zahllose schwarze Sklaven in eine riesige »Zombie-Armee«, deren Krieger weder Schmerz noch Furcht kannten, wohl aber verbreiteten. Unter der Führung des Generals Toussant l'Ouverture errang Haiti schließlich seine Freiheit, nicht aber Ruhe und Stabilität. Es kam zu gelegentlichen Interventionen der Briten und Franzosen, ehe Haiti von 1915 bis 1934 von den USA beherrscht wurde.

In den vierziger Jahren erfolgten mehrere Staatsstreiche, bis der Arzt Dr. François Duvalier (Papa Doc) 1957 seine Schreckensherrschaft etablieren konnte, die 1971 nach seinem Tod an seinen Sohn Jean-Claude (Baby Doc) überging. Dessen Tyrannei endete 1986 mit der Flucht des Duvalier-Clans nach Frankreich. Um sicherzustellen, daß Baby Doc und die seinen auch dort blieben, versammelte sich ein Komitee von Zauberdoktoren in Port-au-Prince und belegte den geflohenen Ex-Diktator mit dem Bannfluch, er würde in einen Zombie verwandelt, sobald er einen Fuß auf haitianischen Boden setzt.

Die gefürchtete Privatarmee der Duvaliers wurde nach den reisenden Voodoo-Zauberern »Tontons Macoutes« genannt. Das Regime förderte den Voodoo-Glauben. François Duvalier trat als Voodoo-Hohepriester auf. Regimegegner fürchteten daher nicht nur Verfolgung, sondern die weit schlimmere Verwandlung in einen Untoten. Papa Doc nützte sogar die Ermordung von John F. Kennedy propagandistisch, hatte er doch den US-Präsidenten ein Jahr vor dessen Ermordung mit einem Voodoo-

Fluch belegt, weil die USA Haiti durch die Blockierung von Hilfsmaßnahmen zur Demokratie zwingen wollten.

In der Zwischenzeit sind große Veränderungen und verschiedene Krisen über die verarmte Insel gezogen. Sie haben viel erschüttert, auf den Kopf gestellt und verändert, dem Voodoo-Glauben aber nicht die Basis entziehen können, wie die Medien dann und wann berichten.

TEIL II

Wir sind nicht allein

*»Wir haben seltsame Fußspuren am
Ufer des Unbekannten gefunden. Wir haben
komplizierte Theorien ersonnen, um den
Ursprung der Spuren zu entdecken. Dann haben
wir die Wesen rekonstruiert, die die Spuren
hinterlassen haben. Sie sind uns ähnlich...«*

SIR ARTHUR EDDINGTON

3 Intelligentes Leben neben uns

Erstaunliche Supertiere

Professor Siegmund Schultze ist überzeugt: Den interessantesten Gedankenaustausch seines Lebens hatte er mit dem Hund Kurwenal.

Kein Abrichter wäre imstande, einem Hund beizubringen, wozu der English Setter Jim aus Sedalina im amerikanischen Bundesstaat Missouri in der Lage war. Der Hund begann 1929 als »Wunder der Rennbahn« Aufmerksamkeit zu erregen, allerdings nicht etwa als Teilnehmer bei Hunderennen, sondern als Tipgeber beim Derby.

Sein Besitzer, der grundanständige Hotelier San Van Arsdale, präsentierte Jim eine Liste der teilnehmenden Pferde, und der Setter legte die Pfote auf den Gewinnernamen. Und das mit schöner Regelmäßigkeit. Da sich derartiges nicht lange geheimhalten läßt, eilte die Fachwelt herbei, um dem »betrügerischen Hund« die Maske von der Schnauze zu reißen. Ohne Erfolg allerdings.

Bei den zahlreichen Tests stellte sich heraus, daß Jims prognostisches Talent nur die Spitze des Eisbergs war. Wie es schien, war er in Hinsicht auf Denkfähigkeit und Bildung so manchem Menschen ebenbürtig, wenn nicht gar überlegen. Professoren gaben ihm in mehreren Sprachen komplexe Anweisungen, die er buchstabengetreu befolgte. Der Hund wurde sogar von der gesetzgebenden Körperschaft von Missouri hochoffiziell unter die Lupe genommen. Um es dem Prüfling noch schwieriger zu machen, wurden ihm die Anweisungen der aus Juristen und Politikern gebildeten Untersuchungskommission in Morsecode gegeben. Dies hinderte den herausgeforderten Vierbeiner in keiner Weise, sie zu verstehen und präzise darauf zu reagieren.

1936 ging es mit dem erstaunlichen Hund zu Ende. Wie ein alternder Mensch nahm er kaum mehr Anteil an dem Trubel um ihn herum. Lediglich die Präsidentschaftswahlen rissen ihn aus seiner Lethargie. Jim nannte Roosevelt als nächsten US-Präsidenten. Damit widersprach er allen demoskopischen Aussagen, die Landon als haushohen Sieger favorisierten. Als Jim 1937 seine treuen Hundeaugen für immer schloß, war Roosevelt bereits Präsident der Vereinigen Staaten von Amerika.

Im selben Jahr stirbt in Weimar der rassereine Dachshund Kurwenal, der sich mit seiner Besitzerin, Mathilde Baroneß von Freytag-Loringhofen, in einem Bell-Alphabet regelrecht *unterhielt*. Der Hund führte Gespräche, die über dem Niveau vieler Zweibeiner lagen, rechnete schneller als die meisten Gelehrten, die ihn prüfen oder entlarven wollen, identifizierte alles und jedes und versetzte skeptische Wissenschaftler in sprachloses Staunen; unter ihnen den namhaften Berliner Universitätsprofessor Dr. Siegmund Schultze. Darauf angesprochen, was er über den Tod dächte, antwortete Kurwenal: »Ich habe keine Angst.«

Nicht weniger beeindruckend ist der Beagle-Mischling Chris aus East Greenwich, Rhode Island, USA, der 1953 als mathematisches Genie von sich reden machte. Er rechnete besser als seine Besitzer, zählte bis zu einer Million und zog Wurzeln in seinem Hundekopf. Bei einem Wettrechnen mit Mathematikern löste Chris eine Aufgabe in vier Minuten, zu der die menschlichen Rechenkünstler zehn Minuten brauchten. Auf die Frage der Fachleute, wie er dies bewerkstelligt hätte, erwiderte Chris in seinem Kommunikationscode: »Kluger Hund.«

Gelegentlich warten unsere bellenden »Superhunde« nicht darauf, als solche erkannt zu werden, sondern melden sich selbst zu Wort. Zumindest tat dies 1913 der nicht ganz rassereine Bedlington-Terrier Rolf aus Mannheim. Er tippte seiner Besitzerin Paula Mökel die richtige Lösung einer Rechenaufgabe auf den Arm, als Frau Makel ihrer Tochter falsch vorrechnete. Ein Zufall? Kein Zufall, wie die Professoren Dr. Ziegler und Dr. Schöller von der Berliner Universität herausfanden.

Mittels eines Alphabets demonstrierte Rolf, daß er komplizierte Rechnungen bewerkstelligen, buchstabieren, Farben benennen, Geldmünzen identifizieren, Wortanalysen ausführen und sogar abstrakt denken konnte. So definierte er Herbst als »Zeit für Äpfel«. Wissenschaftliche Kapazitäten bestätigten einhellig, daß dieser Hund mehr war als ein Hund – aber was?

Man wäre fast versucht zynisch zu sagen, er war ein besserer Mensch, denn es gab nur ein Wort, das Rolf nicht begreiflich gemacht werden konnte. Es lautete: Krieg.

Interessanterweise zeigte Rolfs Tochter Lola ähnliche Supereigenschaften wie ihr Vater. Auch ihr wurde von Wissenschaftlern gründlich auf den Zahn gefühlt.

Daß die Schulmeinung wenig von tierischen Supereigenschaften hält, nimmt nicht Wunder, obgleich manche der bekannten Sinnesleistungen schon sehr beeindruckend sind: Maikäfer, Vögel und einige Fische orientieren sich nach dem Erdmagnetfeld, Bienen navigieren mit Hilfe des Polarisationsmusters des Sonnenlichtes, Schlangen besitzen natürliche Infrarotdetektoren, und was es mit dem animalischen Wettersinn und der tierischen Fähigkeit der Katastrophenfrüherkennung auf sich hat, weiß überhaupt niemand.

Es scheint also in den Tieren doch das eine oder andere zu stecken, das noch der Entdeckung harrt und zu dem nur sehr wenige Menschen direkten Zugang haben. Menschen wie der Amerikaner Fred Kimball.

Man nennt ihn schlicht »Der Mann, der mit den Tieren redet«. Wie Dr. Doolittle erfuhr Kimball von einem Pferd, daß ein Splitter im Rückgrat den Grund für seine lahmenden Hinterbeine darstellte. Sehr zur Peinlichkeit zahlreicher ratloser Tierärzte war dies tatsächlich der Fall. Ein Hund »erzählte« Kimball, daß er unter der Scheidung seiner Besitzer litt (was Kimball nicht wissen konnte). Bei einem Rennen nannte Kimball nach kurzer Unterhaltung mit den Pferden 14 der 17 späteren Sieger korrekt (eine astronomisch hohe Trefferquote). Trotz intensiver Versuche, den Amerikaner als Scharlatan zu demaskieren, bleibt es rätselhaft, wie Kimball regelmäßig aus Tieren aller Art (Vögel, Reptilien, Amphibien, Säugetiere) die genauen Lebensbedingungen ihrer Besitzer herausholen konnte.

Keinen wie immer gearteten Schaubudenzauber oder Theatertricks konnte man jedenfalls dem 17jährigen Francisco Duarte aus Brasilien vorwerfen. Der körperlich und geistig zurückgebliebene Junge war offenbar in der Lage, mit allen Lebewesen (Bienen, Spinnen, Schlagen, Ratten usw.) zu kommunizieren. Wissenschaftler bestätigen, daß Francisco Bienen komplizierte

Anweisungen gab, die genau befolgt wurden, daß er Fische her-
beirufen und wilde Giftschlangen zu den absonderlichsten
Kunststücken bewegen konnte.

Der geheimnisvolle Helfer

*Einer der erfolgreichsten Lebensretter aller Zeiten konnte
weder lesen noch schreiben, und er verlangte keinen Lohn.
Seine einzige direkte »Bezahlung« war eine Kugel im Körper.
Dennoch rettete er Tausende Menschenleben und verhütete
Sachschaden von vielen Millionen Dollar, denn er war kein
Mensch.*

Nahe der Küste von Neuseeland gibt es eine gefürchtete Passage
mit wilden Wasserwirbeln, tückischen Strömungen, Untiefen
und lauernden Unterwasserfelsen, die so manchen Kiel aufge-
schlitzt hat. Man nennt sie die französische Passage. Sie führt
durch die D'Urville-Inseln und erstreckt sich von der Pelorus-
Meerenge bis zur Bucht von Tasmanien. Diese teuflische Strecke
verlor um die Jahrhundertwende vierzig Jahre lang ihre Schrek-
ken. Dank »Pelorus Jack«, dem außergewöhnlichsten Lotsen,
den es je gegeben hat.
An einem stürmischen Morgen des Jahres 1871 trat er zum ersten Mal in Erscheinung. Von Boston kommend fuhr der Schoner »Brindle« in die französische Passage ein. Er hatte eine Ladung Maschinen und Schuhe für Sydney an Bord und ma-
növrierte mit äußerster Vorsicht. Das Meer war aufgewühlt, es
goß in Strömen, und Nebel herrschte. Die Seeleute erwarteten
jeden Moment irgendeine Katastrophe. Plötzlich bemerkten sie
einen außergewöhnlich großen blauen Delphin, der vor dem Bug
des stampfenden Schiffes meterhoch aus dem Wasser sprang. Er
wirkte wie ein junger Hund, der die Aufmerksamkeit seines
Herrn erregen will.
Einige Mannschaftsmitglieder hielten ihn für einen Jungwal
und wollten ihn harpunieren, was die Frau des Kapitäns ver-
hinderte. Zum Glück der »Brindle« und zahlloser anderer
Schiffe. Abermals an einen Hund erinnernd, der diesmal sei-

nem Herrn den Weg weist, bot sich der Delphin unverkennbar als Lotse an. Der Schoner folgte ihm mangels einer besseren Orientierungsmöglichkeit. So geleitete der Delphin das Schiff durch die gefährlichen Gewässer bis in die Sicherheit des tiefen Meeres.

Seit diesem Tag wartete der hilfreiche Meeresbewohner auf Schiffe, um sie sicher durch die französische Passage zu lotsen. Vierzig Jahre lang hielten Seeleute danach Ausschau, daß sein geschmeidiger stahlblauer Körper vor dem Bug aus dem Wasser stieg. Sie wußten, daß ihnen nun nichts mehr geschehen konnte. Es dauerte nicht lange, bis der Delphin einen Namen bekam: »Pelorus Jack«.

Jack patrouillierte am Eingang zur französischen Passage und übernahm die Führung, sobald ein Schiff in diese Gefahrenzone einfuhr. Wann immer er sich zeigte, empfingen ihn Freudenrufe der Schiffsmannschaften. Man applaudierte seinen Luftsprüngen und winkte ihm zu, wenn er neben den Schiffen herschwamm, um sie viele Meilen weit bis in Sicherheit zu eskortieren. Dann drehte er ab, um seine Wache wieder aufzunehmen.

1903 schoß ein betrunkener Passagier der »Penguin« auf Jack und traf ihn. Daraufhin brach ein Empörungssturm auf dem Schiff los. Die Mannschaft konnte nur mit Gewalt gehindert werden, den Trunkenbold zu lynchen. Zwei Wochen lang zeigte sich der Delphin nicht. Man fürchtete, er sei tot. Dann, eines Morgens, war er wieder da. Die neuseeländische Regierung in Wellington verfügte, daß der Delphin in keiner Weise belästigt werden durfte; die einzige Verordnung, die von den Seeleuten mit einhelliger Begeisterung aufgenommen wurde.

Pelorus Jack war nicht nachtragend und nahm seine Lotsentätigkeit wieder auf. Die »Penguin« ließ er jedoch von nun an links liegen. Es war das einzige Schiff, dem er seine Dienste versagte. Daraufhin wollte niemand mehr dort anheuern. Ausschließlich auf die Fähigkeit menschlicher Lotsen angewiesen, erlitt die »Penguin« in den Untiefen der französischen Passage schließlich Schiffbruch. Sie versank und riß zahlreiche Menschen ins nasse Grab.

Mehr als vier Jahrzehnte lang versah der freundliche Delphin seine selbstgestellte Aufgabe, ehe auch ihn das Alter einholte. Im

April 1912 wurde er das letzte Mal gesehen. Er hinterließ eine Lücke, die niemals gefüllt werden konnte.

Er hatte keinen Vorgänger und keinen Nachfolger. Tausende Menschen verdanken ihm ihr Leben, und die Werte, die dank seiner Hilfe nicht in den Fluten verschwanden, lassen sich nicht beziffern. In den gesamten Annalen der Seefahrt gibt es keine zweite Erfolgsbilanz von dieser Größenordnung. Die Aufzählung von Jacks ungeheuren Leistungen ist auf einer Statue zu finden, die zu seinen Ehren von dankbaren Seeleuten, Passagieren und Reedern an einem Strand von Wellington errichtet wurde.

Pelorus Jack war den Wissenschaftlern seiner Tage ein Rätsel und ist es heute noch. Selbst nach den neuesten Erkenntnissen, die Delphinen eine fast menschenähnliche Intelligenz zubilligen, nimmt er eine einmalige Sonderstellung ein. Man kennt spektakuläre Rettungsaktionen, bei denen Delphine schiffbrüchige Seeleute an Land transportieren oder vor Haifischen schützen. Man hat festgestellt, daß nur der Homo sapiens und diese Meeressäuger eine besondere Relation von Gehirngröße zu Körpermasse aufweisen (was allgemein als Kriterium des Denkvermögens gewertet wird), und man weiß von ihrem komplexen Sozial- und Individualverhalten. Trotz alldem ist 40jähriger freiwilliger Lotsendienst mehr, als man sich jemals von einem Delphin erwartet hätte, sogar mehr als der von Wissenschaftlern in Israel geplante extravagante »Delphin-Hebammen-Dienst«, bei dem die geduldigen Tiere im Roten Meer Geburtshilfe leisten sollen.

Delphinen werden seit Jahrtausenden »humanitäre Akte« zugeschrieben. Bereits zahlreiche griechische Sagen erzählen davon. Auf einer Münze aus dem 3. Jahrhundert vor Christus ist die Rettung des Dichter-Königs Arion durch einen Delphin dargestellt. Die Münze ist im britischen Museum zu besichtigen.

Delphine helfen auch einander auf vorbildliche Weise. Es sind viele Fälle bekannt, in denen ein verletzter Delphin von zwei anderen gestützt und über Wasser gehalten wurde, damit er atmen konnte. Delphine besitzen ein sonares Signalsystem, mit dem sie einander zu Hilfe rufen können. Ein Taucher, der dieses Signal mehrere Male imitierte, wurde schließlich von den herbeieilenden Delphinen mit ihren Schwanzflossen »zur Strafe« durchgeprügelt. Recht sanft allerdings, denn Delphine sind keine Menschen.

Trotzdem: Wie es scheint, war Pelorus Jack mehr als ein normaler Delphin, einer von den positiven Abweichlern, die immer wieder Zweifel aufkommen lassen, ob wir den Stammbaum des Lebendigen wirklich kennen.

Die Geheimnisse der Pflanzen

Ein Sprichwort sagt: »Gänseblümchen reden nicht.« Vielleicht tun sie es doch – und mit ihnen die gesamte Flora?

Als der indianische Heiler Tommy Wadkins an den Tisch mit der exotischen Versuchsanordnung herantritt, erstirbt jedes Geräusch. Das mehrere hundert Personen umfassende Auditorium hält vor Spannung sekundenlang die Luft an. Im großen Lehrsaal des renommierten Londoner Universitätsinstitutes könnte man eine Nadel zu Boden fallen hören.

Der hochgewachsene Mann mit der rotbraunen Hautfarbe richtet seinen durchbohrenden Blick auf die Topfpflanze, die klein und unscheinbar auf dem großen Tisch steht. Das einzig Ungewöhnliche sind die Kabel, die von dem Gewächs zum daneben plazierten Polygraphen (Lügendetektor) und von diesem zu einem Transformator führen.

Wadkins beginnt auf eine bestimmte Art zu atmen. Vor den Augen der wie gebannt auf ihn blickenden Zuschauer erstarrt der Heiler zur Salzsäule. Nun befindet er sich in selbstinduzierter Trance, der Phase höchster Konzentration. Minutenlang geschieht nichts. Unsichtbare Energien fließen von Wadkins aus London über den Atlantik hin zu seinem Versuchspartner im fernen Kalifornien, der die geheimnisvollen Ströme auffangen soll. Dabei wird der Mann in den USA von einem Helfer unterstützt, der neben ihm gleichfalls meditiert.

Zuerst kaum merklich, dann immer heftiger, beginnt Wadkins zu zucken. Die Betrachter stöhnen erschrocken auf, während er sich wie von einer Riesenfaust geschüttelt dreht und windet.

Der Versuchsleiter springt vor. Er packt den Zuckenden an den Schultern, um ihn festzuhalten. Im selben Moment geschieht Unheimliches. Die Zuschauer in London verspüren einen elektrischen Schlag. Gleichzeitig brennt der Transformator knallend durch. Im Tausende Kilometer entfernten Kalifornien stirbt der Assistent des Empfängers der Energieübertragung mitten in seiner Meditation an einem Herzschlag. Einzig die Pflanze, der Schlüssel zu dem dramatischen Geschehen, zeigt keine Reaktion.

Was hat sich an diesem Maitag des Jahres 1974 wirklich ereignet? Das Experiment fand im Umfeld einer Vortragsreihe des berühmten Lügendetektorexperten, Ex-CIA-Mannes und Pioniers der Erforschung von Pflanzenkommunikation, Cleve Backster, statt. Mit Hilfe einer Pflanze als Übermittler sollte der wissenschaftlich anerkannte Wadkins einem Glaukom-(Grüner Star-) Patienten in den Vereinigten Staaten heilende Energien senden. Versuchsleiter war der ehemalige Grundlagenforschungs-Chemiker von IBM im kalifornischen Los Gatos Marcel Vogel, Backster-Mitreferent und Vertreter einer eigenen Theorie. Er wußte nicht, daß Wadkins stets von konvulsivischen Zuckungen geschüttelt wird, während er heilt. So griff Vogel unglücklicherweise im entscheidenden Moment ein und zerriß die sensible Mensch-Pflanze-Mensch-Verbindung. Die Folgen dieses Eingriffs waren verhängnisvoll.

Cleve Backsters erste Versuche zum Nachweis, daß Pflanzen Emotionen haben, miteinander und mit Menschen kommunizieren, ja sogar unsere Gedanken lesen können, erfolgten bereits in den sechziger Jahren.

Backster verband unsere grünen Freunde mit einem Lügendetektor, der Oberflächenflüssigkeit, elektrischen Widerstand und zahlreiche andere Parameter mißt, die weder Mensch noch Pflanze willentlich steuern können. Siehe da: Die Vertreter der Flora zeigten Gefühle und noch so manch anderes. Backster ließ Mitarbeiter Pflanzen zerreißen, verbrennen, auf ihnen herumtrampeln und dergleichen mehr. Nach diesen »Grausamkeiten« gab es Gegenüberstellungen in bester Polizeitradition. Die Polygraphen zeigten eindeutig, daß die mit ihnen verbundenen Gewächse »Täter« von »Unschuldigen« unterscheiden konnten.

In einem Fall stellten Pflanzen in Gegenwart eines bestimmten Wissenschaftlers alle meßbaren Aktivitäten ein. Sie hatten im strengen Wortsinn das Bewußtsein verloren. Ein begreiflicher Schock, erwies sich der Betreffende als regelrechter Pflanzenschlächter, der unter anderem damit beschäftigt war, Pflanzen in einem Ofen zu rösten.

In den seither vergangenen Jahren hat eine Reihe von außergewöhnlichen Experimenten den berühmten »Backster-Effekt« untermauert. Beispielsweise ermittelte eine Forschergruppe an der Universität von Washington unter der Leitung von Professor David R. Rhoades, daß Bäume sogleich chemische Raupenabwehrstoffe zu produzieren begannen, wenn anderen Bäumen von den Wissenschaftlern Raupen angesetzt wurden. 1967 stellte der amerikanische Chemie-Ingenieur Dr. Robert Miller in einem strengen Laborversuch fest, daß intensive geistige Konzentration mehrerer Personen auf einen Topf mit Raigras die Wachstumgeschwindigkeit des Grases um das Achtfache beschleunigte.

Sogar bizarre Vorgänge wie der bewußte Versuch, heilende Energie (was immer das naturwissenschaftlich sein mag) via Pflanzen zu übertragen, lassen sich ebensowenig wegdiskutieren wie das biodynamische Radioteleskop mit dem Namen »Stellartron« des Laseringenieurs Professor L. George Lawrence (er verfaßte das erste europäische Laser-Fachbuch), das am 5. Juni 1973 in San Bernardino in Kalifornien als erstes biologisches Kommunikations-Observatorium seinen Dienst aufgenommen hat. Es soll den Botschaften lauschen, die mögliche extraterrestrische Superzivilisationen einander auf diesem Weg vielleicht senden.

Derartige Signale, die Lawrence schon 1971 und 1972 mittels lebenden Pflanzengewebes empfangen hatte, wurden vom berühmten »Smithsonian« Institute in Washington als »Interstellare Nachricht, die nicht für uns bestimmt war« bewertet. Sie ließen sich zwar bis heute nicht entziffern, könnten aber wenigstens die immer wieder gestellte Frage beantworten, warum wir Aliens mit unseren klassischen Funkempfängern einfach nicht abhören können (letztere Vorgehensweise lehnte der Wissenschaftler Jack Sarfatti mit den Worten ab, sie wäre »elektromagnetischer Chauvinismus«).

Professor Lawrence meinte dazu: »Elektronische Vorrichtungen sind wertlos für den Versuch, Biosignale auffangen zu wollen, die außerhalb des elektromagnetischen Spektrums angesiedelt sind.«

Manche Wissenschaftler ziehen Parallelen zwischen pflanzlicher Kommunikation und menschlicher Telepathie, womit man tatsächlich ein überlichtschnelles Verständigungssystem vor sich hätte, wie es für eine »Galaktische Föderation« von Menschen oder Aliens unabdingbar sein dürfte.

Gejagt von einem Phantom

Wer gleitet lautlos durch Nacht und Wind? Es ist der »Mottenmann«, wie ein Flugzeug geschwind.

Etwa elf Kilometer außerhalb von Point Pleasant – einem beschaulichen Städtchen im Umfeld des Ohio-Tales von West Virginia – gibt es ein Areal, das TNT-Gegend genannt wird. Es verdankt seinen ominösen Namen der Tatsache, daß im Zweiten Weltkrieg dort Munition und Sprengstoff gelagert wurde. Seither war es lange Zeit still in der spärlich bewohnten Region. Bis zum November 1966.

Eines Abends ist das Ehepaar Wamsley gemeinsam mit Marcella Bennett, einer Freundin, die ihr Baby Tina bei sich hat, auf dem Weg zum Haus der Familie Thomas, das in der TNT-Gegend liegt. Schon aus der Ferne sehen sie ein seltsames rotes Licht über der Gegend kreisen, denken sich aber nichts dabei.

Beim Haus der befreundeten Thomas-Familie angekommen, will Raymond Wamsley an das Fenster klopfen. Dazu kommt es nicht. Hinter dem Wagen erhebt sich eine schreckenerregende Figur. Ein graues Etwas mit rotleuchtenden Augen, viel größer als ein Mensch.

Den Wamsleys und Marcella Bennett fährt das Entsetzen in die Glieder. Die junge Mutter ist am meisten geschockt. Die kleine Tina gleitet aus ihren Armen, und sie selbst stürzt zu Boden, für Sekunden ohne Bewußtsein. Der Schreckensbann hält nur einige Augenblicke, dann rennen alle zum Haus, auch

Marcella, die wieder bei Bewußtsein ist und ihr Kind an sich gerissen hat.

Drinnen warten die Wamsleys, Mrs. Bennett und drei anwesende Thomas-Kinder – die Eltern sind nicht daheim – in atemloser Furcht, ob der Alptraum ihnen folgen wird. Während das Ding auf der Veranda hin- und herschlurft und mit glühenden Sehwerkzeugen durch die Fenster zu der kleinen Gruppe starrt, verständigt Raymond Wamsley die Polizei. Der ungebetene Besucher wartet jedoch nicht auf das Eintreffen der Beamten und verschwindet im Dunkel der Nacht.

Die Begegnung beschäftigte alle noch lange Zeit, besonders Marcella Bennett. Sie konnte monatelang mit keinem Menschen darüber sprechen und wurde Dauerpatientin eines Psychiaters. Dies war nicht das erste und schon gar nicht das einzige Auftreten der unheimlichen Erscheinung.

Sein »offizielles« Debüt gab der »Mottenmann«, wie er schon bald heißen sollte, passenderweise auf einem Friedhof. Am 12. November 1966 schaufelten fünf Männer nahe Clendenin ein Grab, als ein »brauner Mann mit Flügeln« – so der Zeuge Kenneth Duncan aus Blue Creek – aus dem Himmel herunterflatterte. Er kreiste minutenlang über den aufgeschreckten Arbeitern, die Vergleichbares noch nie erblickt hatten. Dann verschwand er zwischen den Bäumen.

Die Horrorstory machte die Runde. Dabei stellte sich heraus, daß andere ähnliches beobachtet hatten. Eine Frau, die am Ohio nahe Clendenin wohnte, versuchte ihrem siebenjährigen Sohn seit geraumer Zeit klarzumachen, daß er einen »Engel« nicht gesehen haben konnte. Eine Arztfrau aus dem Ohio-Tal berichtete von einem riesigen Schmetterling, besser einer Motte, und war selbst erstaunt, daß sie oft genug auf Zustimmung und auf gleichartige Beobachtungen stieß.

Nur drei Tage nach seiner »Friedhofspremiere« lehrte der Mottenmann zwei junge Paare das Fürchten. Mr. und Mrs. Scarberry und Mr. und Mrs. Mallette fuhren gegen Mitternacht durch die TNT-Gegend, als ihnen am Straßenrand eine seltsame, düstere Figur auffiel. Die Schreckensgestalt starrte sie an, und sie starrten zurück.

Roger Scarberry beschrieb den Anblick später so: »Er sah aus wie ein Mann, nur viel größer. Mindestens zwei Meter oder mehr. Und er hatte große Flügel am Rücken zusammengefaltet.« Seine Augen jedoch waren es, die allen vier Zeugen für lange Zeit eine Gänsehaut über den Körper jagen sollten. Immer noch schaudernd, berichtete Linda Scarberry: »Er hatte große rote Augen, wie Autobremslichter. Sie haben uns richtig hypnotisiert.«

Auf eine nähere Begutachtung des Unheimlichen wollten es die beiden Ehepaare nicht ankommen lassen. Roger trat das Gaspedal des auffrisierten Wagens durch. Die TNT-Gegend blieb hinter ihnen zurück. Als sie mit mehr als 150 Stundenkilometern den Highway 62 dahinrasten, der nach Point Pleasant führt, rief Rogers Frau entsetzt aus: »Er folgt uns!«

Über ihnen glitt der Mottenmann dahin. Seine mehr als drei Meter messenden Flügel waren entfaltet, bewegten sich jedoch nicht. Mühelos folgte er dem schnellfahrenden Auto und drehte erst am Stadtrand ab.

Nachdem er auch dem Ehepaar Wamsley, Marcella Bennett und den Thomas-Kindern auf Monate hinaus die Nachtruhe geraubt hatte, begann die unvermeidliche Beschwichtigungskampagne der Behörden. Die »wahre Natur« des Mottenmanns wurde von Experten enthüllt. Es handelte sich bei dem rätselhaften Gleiter um einen Truthahn, eine Eule und anderes Vogelvieh, sogar der absolut nicht flugfähige Braunbär wurde verdächtigt. Favorit war der fast menschengroße Sandhill-Kranich, dessen Zeichnung an rote Riesenaugen erinnert. Zeugen, denen Fotos besagten Vogels gezeigt wurden, verneinten jede Ähnlichkeit, und Roger Scarberry meinte zynisch: »Ich möchte mal sehen, wie der unseren Wagen einholt.«

Tatsache ist und bleibt, daß der Mottenmann im Bereich der Städte Mason, Lincoln, Logan, Kanawah und in den Nicholas Counties sein Unwesen trieb, und das mehr als ein Jahr lang, ehe er sich wieder in unbekannte Gefilde zurückzog.

Der von offizieller Seite gelegentlich unwillig geäußerten Meinung, man könnte es – vielleicht – mit einem unbekannten Tier zu tun haben, widerspricht so manches. Zuerst einmal die Flugeigenschaften bzw. -leistungen. Die unbewegliche Starre der Flügel ist ebenso exotisch wie die Geschwindigkeit (einmal ließ er sogar ein verfolgendes Flugzeug hinter sich). Dazu kommt ein weiteres Phänomen, das seine Auftritte zu begleiten pflegte: Aus

Radios, Polizeifunkgeräten und anderen Empfängern drangen seltsame Störgeräusche oder Töne, vergleichbar mit einer viel zu schnell gespielten Schallplatte.

Ein weiterer Faktor vermag zwar auch nicht die Natur des Mottenmanns zu klären, könnte aber ein Indiz dafür sein, warum er sich gerade West Virginia ausgesucht hat. Jenes Fleckchen Erde scheint nämlich eine bevorzugte Spielwiese für Mächte zu sein, die man mit Fug und Recht als nichtirdisch bezeichnen muß.

Beispielsweise gehören Lichterscheinungen und Unbekannte Flugobjekte ebenso zur Tagesordnung wie die unheimliche Tierverstümmelung (Cattle mutilation). In einem solchen Umfeld dürfen auch die berühmt-berüchtigten »Man in Black« (MiB) nicht fehlen, die seit Jahrzehnten braven US-Bürgern nach UFO-Sichtungen eindringlich klarzumachen versuchen, daß es sich nur um ein Flugzeug, eine Luftspiegelung oder um reine Einbildung gehandelt haben kann. Wir werden mit ihnen noch nähere Bekanntschaft machen.

All diese Erscheinungen haben in West Virginia bereits zu Legendenbildungen geführt, die sich nahtlos an alte Indianermythen anschließen. Für die Ureinwohner Nordamerikas war das Gebiet des heutigen West Virginia immer schon tabu. Dafür gibt es keinen sachlichen Grund, denn es ist ideales Siedlungsgebiet, besonders für die genügsamen Indianer, die vor der Entdeckung Amerikas den ganzen Kontinent bevölkerten, einschließlich der menschenfeindlichsten Wüsten tief im nordamerikanischen Westen.

Es spricht einiges dafür, daß auf viele Stellen unseres Globus fremdartige – vielleicht außerirdische – Schatten gefallen sind oder gerade fallen. Manchmal lassen sie sich nicht ignorieren – wie etwa in West Virginia, einem aus nicht ersichtlichen Gründen von rätselhaften Mächten bevorzugten Gebiet. Warum sie es sich zur Spielwiese auserkoren haben, oder ob in einzelnen Regionen von West Virginia vielleicht sogar unsichtbare Besitzschilder mit der Aufschrift »Betreten auf eigene Gefahr« stehen, könnte vielleicht der Mottenmann beantworten – aber der flattert derzeit wieder im Anderswo...

Märchengestalten auf Film gebannt

*In der englischen Grafschaft Yorkshire gibt es in dem Dorf
Cottingley eine Straße mit dem Namen »Feental«. Sie heißt
nicht grundlos so, denn dort sollen tatsächlich Elfen gesichtet
worden sein. Und nicht nur gesichtet: Feenfotos, fast zu schön,
um wahr zu sein, und doch niemals widerlegt.*

In der Weihnachtsausgabe des »Strand Magazine« erregte die
Aufmacherstory 1920 weltweites Aufsehen. Die Überschrift lautete: »Eine neue Epoche bahnt sich an – Photographien von
Elfen und Feen veröffentlicht.« Damals kam eine Kontroverse in
Gang, die bis heute nicht beigelegt werden konnte.
Hauptfiguren waren zwei junge Mädchen – und natürlich die
umstrittenen »Cottingley-Fairies« (Feen). Im Sommer 1917 zog
die damals zehnjährige Frances Griffith zu ihrer drei Jahre älteren Cousine Elsie Wright nach Cottingley. Hinter dem elterli-
chen Haus erstreckt sich ein einsames und wildes Tal. Dort trafen die beiden Mädchen mit den Fabelwesen zusammen, die eine
unauslöschliche Spur in der Geschichte des Unerklärlichen hinterlassen sollten.
Frances und Elsie wurden ihre Begegnungen mit den Feen natürlich nicht geglaubt. Heute würden Psychologen von Pubertäts-
phantasien sprechen, damals begnügte man sich mit einem Ach-
selzucken. Die Kinder gaben nicht auf. Elsie bat ihren Vater um
einen Fotoapparat. Damit endlich Ruhe einkehrte, erhielten die
beiden eine Kamera mit eingelegtem Zelluloidrollfilm. Elsies
Vater erklärte die Bedienung und dachte wohl, damit endgültig
Ruhe zu haben. Er irrte sich. Eine Stunde später kamen die
Mädchen zurück. Triumphierend schwenkten sie die Kamera,
jetzt würden sie nicht länger als Lügnerinnen dastehen.
Arthur Wright entwickelte den belichteten Film. Die Bilder zeigten Erstaunliches: Geflügelte Wesen flatterten um Frances herum. Der Vater war verblüfft, aber noch lange nicht überzeugt.
Er schickte seine Tochter abermals los. Weitere Fotos wurden
gemacht, diesmal von Elsie und einer kleinen Fee mit enganlie-
gendem Wams, einer Mütze und natürlich Flügeln.
Damit schien der Fall klar: Die Kinder mußten mit ausgeschnit-
tenen Bildchen Trickaufnahmen angefertigt haben. Ziemlich

professionell allerdings. Ende des Unsinns. Die Kamera blieb daheim, und die Feen-Fotos setzten in einem Bücherregal Staub an. Dort würden sie wohl auch heute noch liegen, wäre Elsies Mutter Polly nicht im Sommer 1919 zu einem Vortrag der Theosophischen Gesellschaft in Bradford gegangen.

Einer der Redner sprach auch über Feen. Ihm erzählte Polly Wright von den Fotos. Auf diesem Weg erfuhr der Leiter der Gesellschaft, Edward L. Gardner, davon. Er bat um die Aufnahmen und später auch um die Negative. Gardner hatte großes Interesse am Unerklärlichen und eine ausgeprägte Abneigung gegen Schwindeleien, da er zurecht meinte, Tricks würden jeder ernsthaften grenzwissenschaftlichen Forschung Schaden zufügen.

Er beauftragte den Fotografen und Fälschungsexperten Henry Snelling mit der Untersuchung. Dieser mit allen Wassern gewaschene Fachmann prüfte die Negative auf Herz und Nieren. Sein Urteil lautete: »Die Negative sind nicht gefälscht. Es handelt sich nicht um Aufnahmen, bei welchen mit Papierfiguren, schwarzem Hintergrund oder anderen Montagetechniken gearbeitet wurde. Nach meiner Meinung handelt es sich tatsächlich um unverfälschte Negative.«

All das kam Sir Arthur Conan Doyle zu Ohren. Der Schöpfer von Sherlock Holmes hatte vor, in der Weihnachtsnummer des »Strand Magazine« über Feen zu schreiben. Das tat er dann auch, und er konnte den Artikel sogar mit Elfen-Fotos garnieren. Allerdings nicht ohne Rückversicherung. Doyle war zwar ein Freund des Okkulten, aber ebenso umsichtig wie sein geistiges Kind, der Meisterdetektiv Sherlock Holmes.

Auch Doyle ließ die Negative untersuchen. Darüber hinaus fuhr Gardner in seinem Auftrag nach Cottingley und bat die Mädchen, noch einige Aufnahmen zu machen. Zu diesem Zweck erhielten sie eine Kamera, in der sich ein markierter Film befand. Elsie und Frances – nunmehr 16 und 13 Jahre alt – lieferten in einem Zeitraum von 14 Tagen zwei weitere Feen-Fotos. Der markierte Film wurde mit allen Mitteln der Technik analysiert. Ergebnis: keine Fälschung. Nach diesen und noch einigen weiteren Vorsichtsmaßnahmen erschien im November 1920 der sensationelle Artikel mit dem Feen-Fotos.

Damit begann der Expertenstreit, bei dem es heute noch unentschieden steht. Zwei Fotos, die Elsie und Frances 1921 nachlieferten, konnten nichts entscheiden. Die Frage war und ist: Wurden damals *tatsächlich* Märchengestalten auf Zelluloid festgehalten oder nicht? Die Bilder könnten aus den Disney-Studios oder einer Lucas-Filmproduktion stammen. Gestochen scharf, ganz anders als bei »normalen Geisterfotos«, wiegen sich geflügelte Wesen in »Elfenkleidung« wie Schmetterlinge im luftigen Reigen um eines der beiden Mädchen oder tänzeln über den Grasboden. In der Tat: eigentlich zu schön, um wahr zu sein. Das ist auch das Hauptargument der Skeptiker, die sogleich in Legionsstärke aufmarschierten.

Die Objektivität gebietet jedoch die Gegenfrage: *Müssen* solche Aufnahmen Lug und Trug sein, nur *weil* die Feen genauso aussehen, wie man sie sich vorstellt? Wie sieht es nun mit den Gegenbeweisen aus? Im Grunde dürftig.

Wann immer jemand in einem Märchenbuch eine Illustration entdeckte, die mit den Cottingley-Feen starke Ähnlichkeit aufwies, erklärte er das Geheimnis für entschleiert. So ging es jahrzehntelang.

Anfang der siebziger Jahre (!) kam es zu spektakulären Interviews, veranstaltet vom »Nationwide Programme« der BBC und von »Yorkshire Television«. Obgleich in all den Jahren kein Betrugsbeweis gelungen war, erfolgte die Präsentation unter dem Aspekt von Humbug und Kinderstreichen. Man legte den beiden alten Damen eine Bibel vor, auf die sie schwören sollten, ließ die Interviewer von eingeblendeten Trickfiguren im Feenlook umflattern und war auch sonst nicht eben zimperlich.

Die Suche nach Belastungsmaterial ging ungebrochen weiter. Noch im August 1977 – 60 Jahre nach dem Zustandekommen der Fotos – wurden wieder einmal Elfenillustrationen als »Vorlage« für die Cottingley-Fairies präsentiert, bei denen nicht einmal die Flügelform exakt übereinstimmte. Man kann sich schlüssigere Beweise vorstellen.

Sollte es tatsächlich zwei kleinen Mädchen mit den technischen Mitteln des Jahres 1917 gelungen sein, Fälschungen herzustellen, an denen sich selbst die Computeranalysen der Gegenwart die Zähne ausbeißen, so muß man sich fragen, ob man überhaupt noch irgend etwas mit Sicherheit als echt oder gefälscht bezeichnen kann.

Unter diesem Gesichtspunkt muß man es wohl eher als eine Kapitulation denn als ein Geständnis ansehen, daß die beiden alten Ladys 1981 und 1982 schließlich zugaben, einige der Fotos dilettantisch getürkt zu haben. Nach diesem hexenjagdartigen Abnützungskrieg hätten sie wahrscheinlich auch die Versenkung der »Titanic« zugegeben, um endlich, endlich Ruhe zu haben.

Bei einer objektiven Bestandsaufnahme des Rätsels der Feen von Cottingley muß wohl zugegeben werden, daß es von seiner Lösung noch ebenso weit entfernt ist wie am Tage seiner Publizierung im »Strand Magazine« ...

Flammende Besucher

Seit Jahrhunderten gibt es Berichte über Kugelblitze und mysteriöse Feuerbälle. Seitdem sie ernsthaft untersucht werden, stellt sich die dramatische Frage: Handelt es sich dabei um ein unerklärtes Naturphänomen oder um denkende Gebilde?

Im Sommer 1921 hatte der 24jährige Reverend John Henry Lehn ein seltsames Erlebnis mit einem Kugelblitz, das sich einige Zeit später fast identisch wiederholen sollte. Während eines Gewittersturms schwebte eine gelbe, an eine Natriumflamme erinnernde Feuerkugel von der Größe einer Orange *durch* die Vorhänge des geöffneten Badezimmerfensters, ohne diese zu beschädigen. Dort rollte sie um die Füße des erstaunten Geistlichen und hüpfte in das Waschbecken, wo sie die Stahlkette des Gummipfropfens mit der Präzision eines Laserstrahls in zwei Teile schmolz. Sodann verschwand sie im Abfluß.

Wenige Wochen nach diesem Vorfall kam es zur Neuauflage. Wieder war ein Gewittersturm. Wiederum hielt sich Reverend Lehn im Badezimmer auf, als ein gleich aussehender Kugelblitz die Vorhänge des offenstehenden Fensters passierte, was diese abermals völlig intakt überstanden. Das Schauspiel wiederholte sich fast wie ein Ritual: Umkreisen der Füße des entgeisterten jungen Mannes, Sprung ins Waschbecken und Zerschneiden der mittlerweile erneuerten Stahlkette. Abgang wie gehabt. John

Henry Lehn, ein allseits geachteter und beliebter Gottesmann, an dessen Wort niemand auch nur den geringsten Zweifel hatte, meinte humorvoll: »Vielleicht wollte der zweite Kugelblitz eine eigene Kette haben, die er schmelzen konnte.«

Ackert man die zahlreichen Untersuchungen und Dokumentationen zur Kugelblitzforschung durch (an erster Stelle die umfangreichen Studien des berühmten französischen Astronomen Camille Flammarion), so findet man permanent Indizien für individuelles Verhalten der rätselhaften Feuerbälle. Sie scheinen extrem menschenfreundlich zu sein, denn Menschen kommen durch sie eigentlich immer mit dem Schrecken davon. Tiere sind nicht so gut dran. Es gibt zahllose Berichte, die dies belegen. Immer wieder werden Tiere durch explodierende Kugelblitze verletzt oder getötet, während danebenstehenden Menschen kein Leid geschieht.

Die Fälle sind Legion: Eine brennende Kugel drang durch den Schornstein in ein Bauernhaus, durchquerte den Raum, in dem sich eine Frau und drei Kinder aufhielten, rollte weiter in die Küche, Zentimeter an den Füßen des Bauern vorbei, der unverletzt blieb, und suchte schließlich den Stall auf. Dort berührte sie wie mit Absicht ein Schwein, das tot um fiel, und verschwand sodann.

Ein Kugelblitz stieß eine Tür auf und explodierte in einem Wohnzimmer. Dabei wurde die Katze auf dem Schoß eines Mädchens getötet, dem Mädchen jedoch kein Leid zugefügt.

Eine Feuerkugel erschien an der Spitze eines Baumes. Von dort hangelte sie sich mit der Bedächtigkeit einer Person, die eine unsichere Treppe hinabsteigt, von Ast zu Ast abwärts und rollte über den Farmhof, wobei sie Wasserpfützen auswich. Am Stalltor standen zwei Kinder. Eines davon gab der flammenden Kugel einen Fußtritt, worauf diese in einer heftigen Explosion zerbarst. Seltsamerweise geschah den Kindern überhaupt nichts, einige der Tiere *im* Stall jedoch wurden getötet.

Es gibt zahllose Berichte, Bilder, Stiche und andere Darstellungen – in neuester Zeit auch verschwommene Fotos – von Kugelblitzen, die in Häuser eindrangen, sich dort umsahen und dann wieder gingen oder detonierten. Manchmal fanden solche Umtriebe in Scheunen oder Ställen statt, wobei gelegentlich Tiere, nicht aber Menschen getötet wurden und Brennbares wie Stroh nicht in Flammen aufging. Das Verhalten der flammenden Besucher ist mysteriös, fast wie von einem Willen gesteuert (der Fachautor Vincent Gaddis spricht von »sich sozial verhaltenden Kugelblitzen«) und ihr Wesen rätselhaft.

Naturgesetze scheinen sie wenig zu kümmern, wie zahlreiche Berichte belegen. Beispielsweise konnte der Direktor des Blue Hill-Observatoriums während einer Europareise am 3. September 1903 in Paris beobachten, wie eine flammende Kugel gemütlich den Eifelturm abwärts rollte. Gleichzeitig traf ein Blitz die Spitze der berühmten Eisenkonstruktion. Dieser wurde, wie es sich gehörte, abgeleitet, während der Kugelblitz den natürlichen Drang zur Erdung rundweg ignorierte.

Ein Sturm von Kugelblitzen, die sich durch die Bank nicht weniger »unwissenschaftlich« verhielten, versetzte am 11. März 1946 den US-Bundesstaat Illinois in Panik. Die Ereignisse waren so bizarr, daß sogar die Versicherungen das Handtuch warfen und Schadenersatzzahlungen mit der Begründung, es hätte sich um »einen Akt Gottes« gehandelt, akzeptierten.

Am 6. März 1952 ereignete sich Vergleichbares in Santa Clara County, Kalifornien. Ein ganzer Schauer von Kugelblitzen ergoß sich über das Gebiet. Zahlreiche Feuerbälle tanzten auf Hochspannungskabeln und rollten in den Orten San José und Gilroy durch Häuser und an zahlreichen Plätzen herum. Sie richteten große Verwirrung, jedoch kaum Zerstörungen an. So sprang ein Kugelblitz von einer Fahnenstange auf ein abgestelltes Fahrrad, das weggeschleudert wurde, von dort auf die Spitze des Regenschirms, den der Postbote Walter Pager trug. Der Schirm wurde Pager aus der Hand geschlagen, weiter geschah ihm nichts...

Die Wissenschaft geht konkreten Äußerungen zu diesem unliebsamen Phänomen gerne mit dem Hinweis aus dem Weg, daß Kugelblitze und ähnliches nicht unter Laborbedingungen auftreten. Dessenungeachtet hat die Forschung zum Teil durch Deduktion einen Katalog der Eigenschaften der flammenden Gesellen zusammengestellt.

Wie es scheint, strömen diese feurigen Objekte offenbar keine große Hitze aus. Sie sind nicht magnetisch, da sie metallische Gegenstände nicht beeinflussen, werden aber ihrerseits von Metall angezogen (vielleicht haben sie einfach eine »Vorliebe«

dafür, an Drähten oder Metallzäunen entlangzurollen). Sie dringen anstandslos durch Gardinen und sogar Türen, ohne diese zu versengen, und verletzen Menschen selbst dann nicht, wenn man sie mit der Hand beiseite schiebt (nicht so bei Tieren, wie schon erwähnt).

Die Physik kann wenig dazu sagen. Man weiß nicht, ob ihre Energiequelle elektromagnetischer, elektrischer oder nuklearer Art ist. Möglicherweise ist sie gänzlich andersartiger Natur, was auch dem seltsamen Umstand ihrer energetischen Stabilität Rechnung tragen würde.

Besonders spekulationsfreudige Naturen halten sie für so etwas wie eine belebte Energieform, ein Gedankengang, den der berühmte englische Science-fiction-Autor Eric Frank Russell in seinem Klassiker »Die Todesschranke« (»Sinister Barrier«) literarisch umgesetzt hat. Soweit sollten wir aber vielleicht nicht gehen.

Wenn Computer zu leben beginnen

Optimisten hoffen, daß Computer bald schon mit selbständigem Bewußtsein an ihre Aufgaben herangehen werden – Pessimisten fürchten, daß dies bereits der Fall ist.

1989, einige Jahre vor dem sensationellen Schachduell zwischen Gari Kasparov und dem Computerprogramm »Deep Blue«, das erstmals den Sieg einer Denkmaschine über einen Schachmeister bringen sollte, findet eine Begegnung zwischen dem sowjetischen Großmeister Nikolai Gudkow und dem russischen Schachcomputer M 2-11 statt.

Das Elektronengehirn hat sich schon zweimal seinem menschlichen Gegner geschlagen geben müssen. Auch in der dritten Partie steht es schlecht für den kybernetischen Spieler.

Als Gudkow den entscheidenden Zug zum dritten Matt macht, kann er ihn nicht zu Ende führen. Ein Stromstoß rast vom Computer über das metallene Spielbrett und die Schachfigur in den Körper des Großmeisters. Mit der Hand wie festgeklebt, bäumt sich Gudkow auf. Ein konvulsivisches Zucken durchläuft ihn, er

103

verkrampft sich und fällt dann tot auf seinen Sessel zurück. Herzstillstand. Ein technischer Defekt, äußere Einwirkung oder sonst eine Erklärung dafür, wieso sich die Spielanordnung in einen elektrischen Stuhl verwandelt hatte, kann nicht gefunden werden. Trotz allem vielleicht nur ein seltsamer Unfall.

Zwei Jahre früher hatte ein Computer allerdings Faxen gemacht, die durch nichts zu erklären sind, es sei denn, man kann sich mit dem Begriff von »Computerbesessenheit« anfreunden. Ein Architekt stellte 1987 im englischen Stockport einen Amstrad 1512-Computer in seinem Büro auf. Er sollte eine Datenbank über Kunden und über Gebäudespezifikationen führen. Das erledigte er während der Arbeitszeit bestens. Nach Dienstschluß entfaltete er andere Aktivitäten: *Er träumte.*

Die Bedienstete einer Reinigungsfirma wollte den Amstrad abschalten, als sie den leuchtenden Bildschirm bemerkte. Erstaunt stellte sie fest, daß der PC gar nicht eingeschaltet war. Sie informierte den Architekten, der einige Nächte hindurch das Gerät stichprobenartig beäugte. Schließlich geschah es wieder. Der Amstrad schaltete sich ein, wobei er stöhnende Laute ausstieß. Buchstaben, die unzusammenhängende Wortfetzen bildeten, marschierten über seinen Bildschirm.

Diese groteske Vorstellung wiederholte sich einige Nächte hindurch. Experten des renommierten Technikmagazins »Personal Computer« wurden mit dem Fall befaßt. Redakteur Ken Hughes nahm sich den Patienten vor, wenn auch erfolglos. »Ich habe das Ding persönlich zerlegt und jedes Teil auf Herz und Nieren untersucht. Es war nichts Außergewöhnliches festzustellen«, lautete sein Abschlußbericht.

Damit wollte man sich nicht zufriedengeben. Hughes brachte den PC in einen Raum ohne jegliche Energieversorgung. Nicht einmal mit seinem Keyboard verbunden, thronte der Amstrad in völliger Abgeschiedenheit in seinem Kämmerchen, direkt vor einer Videokamera, die ihn keinen Moment aus ihrem Aufnahmebereich ließ. Zu jeder Sekunde befand sich das, mit keiner Steckdose verbundene, stromlose Kabel des Amstrad im Bild. Hughes hatte es neckisch um die Konsole geschlungen. Nun mußte es sich zeigen.

Und in der Tat. Die in drei Monaten lückenloser Vierundzwanzig-Stunden-Beobachtung entstandenen Videoaufzeichnungen waren dermaßen grotesk, daß sie 1988 im Rahmen einer Computerausstellung öffentlich gezeigt wurden. Einziger Akteur des bizarren Videos war der Amstrad. Obgleich er keinen Saft hatte, schaltete er sich mit lautem elektrostatischen Knistern und rot leuchtender Anzeige immer wieder ein und begann den Ladevorgang. Worte und Satzteile zuckten zuerst in der einen und dann in der anderen Bildschirmecke auf. Viele Zuschauer konnten sich des Eindrucks nicht erwehren, Traumsequenzen mitzuerleben.

Diese »elektronischen Träume« dauerten im Schnitt etwa eine halbe Minute. Danach seufzte der PC tief auf und schaltete sich ab. Vorgänge dieser Art sind in großer Anzahl auf dem Videomaterial festgehalten. Konkrete Ergebnisse erbrachte das aufwendige Experiment allerdings nicht. Ken Hughes meinte ratlos: »Ich bin verblüfft. Für all das gibt es keinen logischen Grund. Ich habe jede Möglichkeit der Einwirkung von statischer Elektrizität ausgeschlossen. Elektromagnetische Quellen wie Funkverkehr oder Flughafenradar gab es weit und breit nicht. Besonders beunruhigend finde ich die Wörter, die von selbst erscheinen. Manche von ihnen sind sehr makaber. Man hat überhaupt den Eindruck, jemand in der Maschine versucht, mit der Außenwelt Verbindung aufzunehmen, aber es gelingt ihm nicht.«

Eigenwillige PCs haben dazu geführt, daß in den geschäftstüchtigen Vereinigten Staaten von Amerika ein Informationsservice für »Computerbesessenheit« eingerichtet wurde. Die Firma ist mittlerweile so überlastet, daß es nicht selten Tage dauert, bis eine Anfrage beantwortet werden kann.

Womit man es de facto zu tun haben mag, was also *hinter* den Bildschirmen höchstentwickelter Denkmaschinen vor sich geht, wagt kaum mehr ein Fachmann mit absoluter Sicherheit zu sagen. Ein Problemkreis, mit dem sich der englische Biologe Dr. Lyall Watson speziell in seinem Buch »The Nature of Things« befaßt hat.

Auch wenn selbst die schnellsten Rechner (z. B. »Synapse 4«) erst die Kapazität von Fliegenhirnen aufweisen, weiß niemand, wohin Fuzzy Logic, Biochips, Neuralsysteme, Photonencomputer, virtuelle Maschinen, überlichtschnell arbeitende Squids und all die Neuentwicklungen führen mögen, bei deren Konzeption und Schaffung zum Teil bereits Computersysteme Pate stehen, die dem nebulösen Begriff der künstlichen Intelligenz verdächtig nahe kommen.

Wer sagt, wie ein Fachmann provokant fragte, daß Leben nur im Kohlenstoff – aus dem *organisches* Leben aufgebaut ist – seinen Sitz haben kann, und nicht auch im Silizium der Denkmaschinen? Unter diesem Aspekt mutet die Aussage, die das Massachusetts Institute of Technology (MIT) bereits 1965 nach einer Reihe von »Black Box«-Experimenten machte, ebenso prognostisch wie unheimlich an. Sie besagte, daß Objekte schon bald vor Gericht als »Personen« anerkannt werden könnten.

Noch früher, nämlich schon 1948, entwarf der große Mathematiker und Kybernetiker John von Neumann ein Konzept von »Universalautomaten«, die sich selbst programmieren und sogar selbst reproduzieren können, indem sie das ausbalancierte Wechselspiel von Ein- und Ausschalt- sowie Reglermechanismen biologischer Strukturen anwenden. Die Entwicklungen der modernen Robotik kommen Neumann-Maschinen mit künstlicher Intelligenz schon sehr nahe, und damit auch Science-fiction-Visionen von künstlichem Leben im strengen Wortsinn.

Visionen wie John Sladeks »Stählerne Horde« metallener Kästchen, die sich durch das Verspeisen von Metall und Strom ungehemmt weitervermehrt und den gesamten Mittelwesten Amerikas verwüstet, wie Antaloy Dnjeprows »Insel der (metallenen) Krebse« oder wie J. P. Hogans extraterrestrische Neumann-Automaten, die im Roman »Der Schöpfungscode« auf dem Saturnmond Titan stranden, wobei ihre ursprüngliche Programmierung zerstört wird, worauf eine fremdartige, anorganische Evolution einsetzt, deren Endprodukt eine intelligente Zivilisation von ebensolcher Komplexität und Vielschichtigkeit wie die unsere ist.

Es fehlt nicht an warnenden Stimmen, die Computer als regelrechte Bedrohung der Zivilisation ansehen. Es wird eine geistige Verödung durch Überhandnahme des Bildhaft-Vorfabrizierten an die Wand gemalt – im Gegensatz zur kreativen Geistesleistung, sich beim Konsumieren eines Buches etwas vorstellen zu müssen.

Wissenschaftler vermerken, daß sich beim Lesen Vernetzungen im Gehirn bilden, beim Bildschirmglotzen kaum, was jedoch primär für den TV-Konsum zutreffen dürfte.

Skurril muten Hinweise auf eine »dämonische Natur« der Computerwelt an. John Morris an der Brunel-Universität in England äußert in einer Studie die Ansicht, daß zu viele Querverbindungen zum Teufel oder zu Dämonen in der Computerliteratur zu finden sind, als daß man sie als zufällig werten könnte. Psychologen meinen dazu, daß dies kein Hinweis auf teuflische Elektronengehirne sein muß, sondern auf die Dämonen in den Tiefen der menschlichen Psyche. Wie der Herr, so die Maschine.

4 Die Schatten der Anderen

Begegnung mit einem unsichtbaren Etwas

Rund um die Erde gibt es die »Spuren des Teufels«. Wer sind ihre Urheber? Außerirdische Intelligenzen, unentdeckte Lebewesen oder Mächte aus dem Anderswo?

Im Jahr 1924 ist der Forschungsreisende James Alan Rennie gemeinsam mit seinem frankokanadischen Hundeführer in Nordkanada unterwegs. Beim Überqueren eines zugefrorenen Sees bemerken die beiden eine Reihe großer, paarzehiger Spuren auf dem Eis. Die Abdrücke erinnern an kein bekanntes Tier und befinden sich in fast exakt gleichmäßigem Abstand. Rennie ist erstaunt, als sich der sonst völlig unerschrockene Hundeführer bei diesem Anblick in ein zitterndes Angstbündel verwandelt, jedoch nicht sagen will, was ihm solches Grauen einflößt.
Wochen später reist Rennie ohne Begleitung zurück, was ihn abermals über den vereisten See führt. Noch eine halbe Meile vom Ufer entfernt, hat er ein Erlebnis, das ihn den Horror des Hundeführers nachempfinden läßt. Auf der spiegelnden Oberfläche erscheint die schon einmal entdeckte Spur vor seinen Augen, buchstäblich aus dem Nichts. Seine Schilderung soll später auch anderen eine Gänsehaut über den Rücken jagen: »Ohne, daß irgendein Tier, irgendein Lebewesen zu sehen gewesen wäre, entstanden diese Abdrücke nacheinander und liefen in Kiellinie unbeirrbar direkt auf mich zu. Ich stand stocksteif da und war vor Angst zu keinem klaren Gedanken fähig. Die Abdrücke waren noch 50 Meter entfernt, dann 20, dann zehn, dann klatschte es. Ich schrie laut auf, denn mir spritzte eine Ladung Wasser ins Gesicht. Ich wischte mir das Wasser aus den Augen, drehte mich um und sah, wie die Spuren über den See weiterzogen.« So seine Worte.
Nun gut, ein einsamer Mann auf einem langen Weg durch die eisigen Weiten Kanadas kann schon von Wahnvorstellungen

überfallen werden. James Alan Rennie war allerdings kein unerfahrener Sonntagsausflügler, aber trotzdem. Fragt man sich jedoch, ob diese bizarre Schilderung ein Einzelfall ist, so zeigt sich, daß Berichte, Legenden und Überlieferungen über eigentümliche Fußspuren Legion sind und bis in die Vergangenheit zurückreichen.

In der Ausgabe der »Illustrated London News« vom 14. März 1855 findet sich eine Meldung über »Teufelsspuren«, die seit undenklichen Zeiten Jahr für Jahr im Schnee und im Sand auf einem Hügel nahe der polnischen Grenze erscheinen. Ob diese mit den hufähnlichen Abdrücken zu tun haben, deren Entdeckung auf den subantarktischen Kerguelen-Inseln der Südpolforscher Sir James Ross 1846 in seinem Tagebuch vermerkt hatte, kann nur spekuliert werden. Jedenfalls existiert in der fraglichen Weltgegend kein Tier, dem solche Spuren zugeordnet werden könnten.

Wenigstens seit dem 19. Jahrhundert treibt der sogenannte »Jersey-Teufel« sein spurenhinterlassendes Unwesen an den Stränden von New Jersey und in der Umgebung. Interessanterweise gehen diese Abdrücke durch Hindernisse – z. B. Stacheldrahtzäune – hindurch. Damit kommt eine besonders exotische Komponente ins Spiel: Für die Hinterlasser von solchen »Teufelsspuren« scheinen materielle Begrenzungen nicht zu existieren. Dieser Effekt ist immer wieder festzustellen.

So stieß ein Mr. Wilson im Oktober 1950 an einem verlassenen Strand an der Küste von Devon, England, auf eine Spur, die offenbar von einem »Teufel« mit beachtlichen Körpermaßen hinterlassen wurde. Der Abstand zwischen den einzelnen Hufabdrücken betrug stattliche zwei Meter. Seltsamerweise begannen sie unmittelbar vor einer steilen Felswand und liefen geradewegs ins Meer. Dieser Umstand irritierte Wilson besonders, denn er war beim Zurückweichen der Flut sofort in die auf drei Seiten von Felsen abgeschlossene Bucht hinuntergestiegen. Der immaterielle Aspekt des Verursachers dieser Abdrücke läßt die Frage zumindest legitim erscheinen, ob er vielleicht ein größerer Verwandter des legendären »Devon-Teufels« war, der in dieser Gegend annähernd 100 Jahre früher Angst und Schrecken verbreitet hatte.

Am Morgen des 8. Februar 1855 entdeckten die Einwohner der

Grafschaft Devonshire, daß in der vergangenen verschneiten Nacht etwas Seltsames durch die Landschaft – und über Menschenwerk – gewandert sein mußte. Millionen winziger Hufabdrücke erstreckten sich mehr als 100 Meilen durch den frisch gefallenen Schnee. Von Topsham und Bicton im Norden nach Dawlish und Totnes im Süden. Die Ortschaften Lympstone, Exmouth, Teignmouth, Exeter und Devon waren übersät davon. Was immer die Teufelsspuren verursacht hatte, mußte mit Raketengeschwindigkeit durch die Grafschaft geeilt sein und hatte sich von nichts, und das im Sinne des Wortes, beirren lassen. Die Abdrücke liefen durch Heuhaufen (ohne sie zu zerwühlen) und prangten selbst an den unzugänglichsten Stellen wie Hausdächern, Giebeln, Zäunen, liefen Mauern senkrecht hinauf und überwanden Flüße wie die drei Kilometer breite Mündung der Exe, über die der »Teufel« offenbar hinübergesprungen war, ohne in seinem Lauf innezuhalten.

Zu diesen Seltsamkeiten gesellte sich der exakte, stets gleichbleibende Abstand von 21 Zentimetern zwischen den einzelnen Abdrücken und die absolute Geradlinigkeit der Spur selbst (sie hätte mit einem titanischen Lineal gezogen sein können). Sicher wäre es auch in diesen Tagen möglich gewesen, eine solche lineare Kette von Abdrücken mit irgendeinem Mechanismus zu produzieren, allerdings nicht in einer Nacht und über hohe Umzäunungen oder Dächer und schon gar nicht – ohne jedes weitere Anzeichen – durch frisch gefallenen Schnee.

Am Abend des 8. Februar befand sich die gesamte Grafschaft in Aufruhr. Männer mit Waffen durchkämmten die Gegend. Sie entdeckten nichts Verständliches, nur noch mehr Abdrücke. Auf Feldern, Dächern, an den unmöglichsten Plätzen und Örtlichkeiten. Völlig gerade, ein Abdruck nach dem anderen mit stets genau gleichbleibendem Abstand.

Es gibt bis dato keine wirkliche Erklärung über die Natur des Phänomens, das in der Nacht des 7. Februar 1855 in einem wilden, unsichtbaren Tanz mehrere Ortschaften und deren Umgebung mit Millionen und Abermillionen Fußabdrücken bedeckt hat und das nur einen einzigen erkennbaren Charakterzug aufzuweisen scheint: den Ehrgeiz, kein Fleckchen auszulassen.

Botschaft durch Zeit und Raum

*Mehrere Jahre lang war das großangelegte Projekt SETI
(Search for Extraterrestrial Intelligence) in aller Munde. Riesige
Radioteleskope suchten im All nach den Lebenszeichen fremder
Zivilisationen. Vielleicht hat sich eine schon gemeldet – vor
über sieben Jahrzehnten – und gänzlich anders als im Buch und
Film »Contact«.*

Der Funkamateur in Oslo traute seinen Ohren nicht, als den Signalen, die er 1927 von der holländischen Kurzwellenstation PCJJ in Eindhoven empfing, drei Sekunden später völlig identische Signale folgten, eindeutig eine Wiederholung der ersten. Waren seine Geräte defekt, oder war er auf ein völlig neues Naturphänomen gestoßen, das Echos von Funksignalen hervorrief? Als sich die Erscheinung mit schöner Regelmäßigkeit wiederholte, alarmierte er einige Kollegen und offizielle Stellen.

Dieser mysteriöse Widerhall trat ein ganzes Jahr lang auf und stürzte die Wissenschaft in heillose Verwirrung. Um Klarheit in den unerklärlichen Sachverhalt zu bringen, wurde eine Untersuchung vorgenommen. Am 11. Oktober 1928 gelang die gezielte Erzeugung des sonderbaren elektromagnetischen Effektes unter genau festgelegten Versuchsbedingungen. Anerkannte Physiker und Beamte der norwegischen Telegraphenverwaltung überwachten das Experiment, das so ablief: Dr. Balthus van der Pol von der Phillips-Radiogesellschaft sandte von der Kurzwellenstation PCJJ in Eindhoven ein besonders starkes Signal aus, das aus drei Punkten bestand. Darauf empfingen er und der Physiker Carl Strömer, der das Experiment von Oslo aus leitete, eine Anzahl von Echos mit unterschiedlichen Intervallen. Das war eine Neuheit.

In Sekunden gemessen, ergaben die Verzögerungen die Reihe 8, 11, 15, 8, 13, 3, 8, 8, 8, 12, 15, 13, 8, 8. Carl Strömer berichtete in der Zeitschrift »Nature« in einem Artikel mit dem Titel »Short Wave Echos and the Aurora Borealis« ausführlich über das unkonventionelle Experiment, konnte aber keine befriedigende Schlußfolgerung aus all dem ziehen.

Die Tatsache, daß sich der über ein Jahr andauernde stabile Drei-Sekunden-Verzögerungsrhythmus – offensichtlich als Antwort auf den gezielten Versuch – plötzlich in eine Art Morsecode verwandelt hatte, wirbelte einigen Staub auf. In den darauffolgenden Jahren registrierten auch andere Stationen solche Echos. Da eine Erklärung nach wie vor nicht gefunden werden konnte, wanderte die Angelegenheit schließlich dorthin, wo alles Unliebsame seine letzte Ruhe findet: zu den Akten.

Jahrzehnte vergingen, in denen wir den Mond betreten, den erdnahen Weltraum mit einer Unzahl von Nachrichten- und Spionagesatelliten sowie mit Massen von Weltraumschrott bepflastert und den Blick in die fernsten Tiefen des Weltalls gerichtet haben, bis hin zur »Roten Grenze«, die den Urknall markiert. Das Konzept, unbekannte Robotsonden zu anderen Sonnensystemen zu senden, existiert in der Theorie; und die Praxis rückt immer näher. Hand in Hand damit gehen Spekulationen, ob Außerirdische solches nicht vielleicht schon getan haben.

Professor Bracewell vom Radiowissenschaftlichen Institut der Stanford-Universität hält es für möglich, daß nichtmenschliche Zivilisationen Sonden in Sonnensysteme senden, in welchen die Voraussetzungen für die Existenz oder für die spätere Entwicklung denkender Lebensformen gegeben sind. Im Zielsystem angekommen, könnte die Aufgabe der Sonde entweder in einer reinen Erkundungstätigkeit bestehen (einschließlich der Aufzeichnung von Radioemissionen) oder eine Kontaktaufnahme vorsehen. Oder beides. Besagte Sonde würde in einer Umlaufbahn um *den* Planeten, der die optimalen Voraussetzung zur Lebensentstehung besitzt, ausharren, bis eine technische Zivilisation entstanden ist, und sich dann bei dieser melden.

Kommunikationstheoretiker wie auch die Wissenschaftler, die seit geraumer Zeit an der Entwicklung der »Lincos« (Lingua cosmica), einer Metasprache zur Kontaktaufnahme mit nichtirdischen Intelligenzen, arbeiten, sind sich ziemlich einig, daß der erste Schritt im Wiederholen aufgefangener Signale bestehen könnte. Damit sind die Echos aus den Jahren 1927/28 wieder brandaktuell. Die Eindhovener Station war damals eine der stärksten auf dem europäischen Festland und damit prädestiniert, die Aufmerksamkeit einer möglicherweise lauschenden Sonde zu erregen.

Laut Professor Bracewell müßte die Sonde – den Gesetzen universeller Logik folgend – erwarten, daß die irdischen Empfänger der

Echos Signale gleicher Art zurückstrahlten. Genau das geschah 1928 im Zuge des Experiments. Damit wäre der Kontakt hergestellt, und die eigentliche Botschaft konnte übermittelt werden, und zwar in Form variierender Verzögerungen, die im Grunde nichts anderes sind als der altbekannte Binärcode von 0 und 1, in welchem Computer »denken«. Daß man sich 1928 nicht zu solchen Vermutungen verstieg, nimmt kaum Wunder.

Fast 50 Jahre später teilte der Wissenschaftler Duncan A. Lunan von der Universität Glasgow die »Botschaft« in zwei Faktoren (in die Verzögerungen und in die Echos), die er auf die X- und Y-Achse eines Koordinatensystems auftrug. Das daraus entstehende Diagramm ergab die stellare Konstellation Bootes (des Ochsentreibers), in der jedoch der Zentralstern Ypsilon Bootis fehlte. Drehte man diesen Punkt jedoch 180 Grad um die Vertikalachse, war die Abbildung des Sternbildes Bootes wieder komplett. Diese Operation hört sich simpel an, ist jedoch für Nichtfachleute ein Buch mit sieben Siegeln.

Sofern Lunans Überlegungen nicht einen bis dato unentdeckten Irrtum enthalten, ist die Schlußfolgerung daraus zwingend: Die Sonde rechnete fest damit, die Menschen würden die augenfällige Korrektur vornehmen und die Botschaft vervollständigt zurücksenden. Für eine fortgeschrittene Zivilisation kann es nicht schwierig sein, ihr Heimatsystem so darzustellen, wie es sich von *unserem* Sonnensystem aus präsentiert.

Zusätzliches Aufsehen erregte der Umstand, daß Bootes' größter Stern Alpha Bootis (Arkturus) im Diagramm jene Postion einnahm, die er vor 13 000 Jahren gehabt hat. Dies würde bedeuten, daß die Sonde 11 000 Jahre vor Christi Geburt bei uns eingetroffen war und seither mit der zeitlosen Geduld eines Roboters in einer Parkbahn darauf gewartet hatte, daß wir technologisch heranreiften.

Vielleicht war das nicht das letzte, das wir von diesem möglichen Besucher aus Weltraumtiefen und ferner Vergangenheit gehört haben. Noch hüllt er sich entweder in Schweigen, oder es wurden – wie von manchen vermutet – bereits Informationen zwischen ihm und Regierungsstellen ausgetauscht, aber jedoch geheimgehalten, wie so manch anderes.

In den seither vergangenen Jahrzehnten hat die Wissenschaft eine Reihe von Versuchen unternommen, mittels Radioteleskоpen Lebenszeichen von besiedelten Welten zu erlauschen. Hand in Hand damit ist die Bereitwilligkeit gesunken, eine Kontaktaufnahme via Sonde für möglich zu halten. Wozu eine solche auf den Weg bringen, wenn unsere Empfangsmöglichkeiten immer präziser werden, so fragte man sich. Außerirdische bräuchten lediglich darauf zu warten, bis jemand sie hört und sich dann seinerseits bei ihnen meldet.

Mittlerweile wurde abermals umgedacht. In den Tagen der Satelliten-Kommunikation mit ihrer scharfen Strahlungsbündelung und der rapide fortschreitenden globalen Verkabelung scheint der Tag nicht mehr fern zu sein, an dem uns Aliens nicht mehr belauschen können, weil nichts mehr hinausdringt. Damit würde der erhoffte Empfang von ungerichteten Zivilisationssignalen aus Weltraumtiefen in eine Sackgasse führen. Es gäbe nämlich keine. Und die Vorstellung, Außerirdische könnten scharf gebündelte Funkwellen aus Hunderten Lichtjahren Entfernung auf uns – und damit für sie in die Zukunft – richten, ist mehr als kühn. Dann schon lieber eine Sonde, die warten kann.

Ungebetene Gäste im Sonnensystem

Im nächsten Jahrtausend werden wir vielleicht die Naturschätze fremder Planeten ausbeuten. Es gibt Anzeichen dafür, daß solches in unserem Planetensystem vielleicht schon seit langer Zeit im Gange ist.

Wie schon oft zuvor beobachtet John O'Neil, Wissenschaftsredakteur der »New York Herald Tribune«, in der Nacht des 29. Juli 1953 den Mond. Als er sein Teleskop auf das *Mare Crisium* richtet, glaubt er seinen Augen nicht zu trauen: Über eine Fläche von mindestens 30 Kilometern erstreckt sich eine brückenartige Konstruktion. O'Neil ist sich völlig bewußt, daß jede Meldung einer »Brücke auf dem Mond« wenig Glauben, dafür aber Hohn und Spott nach sich ziehen würde. Aus diesem Grund meldet er der »Gesellschaft für Mond- und Planetenbeobachtung« lediglich »eine große natürliche Brücke« im betreffenden Mondsektor.

Angriffe von seiten der Astronomen bleiben ihm trotz dieser vorsichtigen Formulierung nicht erspart. Auf dem Höhepunkt der Attacken erhält O'Neil unerwartete Schützenhilfe von einer Seite, deren Kompetenz niemand in Zweifel zu ziehen wagt.

Dr. H. P. Wilkins – zu dieser Zeit die wohl größte Kapazität in Sachen Erdtrabant – meldet, die Brücke ebenfalls in der bezeichneten Region gesehen zu haben. Im Monat darauf erfolgt durch Patrick Moore, ebenfalls eine Mond-Autorität, eine weitere Bestätigung.

Im Grunde ist die Entrüstung der Fachwelt wenig verständlich, denn seit mehr als einem Jahrhundert muß sie sich ohnedies mit rätselhaften Vorgängen auf unserem luftlosen Begleiter herumschlagen.

Schon 1869 veranlaßte eine Reihe von hellen Lichtpunkten in geometrischer Formation die »Königliche Astronomische Gesellschaft«, mehreren Astronomen den Auftrag zu erteilen, dieses Phänomen zu studieren und zu katalogisieren.

Die Experten folgten dem Aufruf und registrierten in nur zwei Jahren über 100 solcher Lichtmuster, die Rechtecke, Linien und Dreiecke bildeten, viele davon im Gebiet um das *Mare Crisium.* So ging es ungebrochen weiter. Einige der Erscheinungen sind in der Tat beachtlich:

• 1912 berichtete der amerikanische Astronom F. B. Harris von einem riesigen schwarzen Objekt mit einer geschätzten Mindestgröße von 80 Kilometer Durchmesser (!), das so nahe über der Mondoberfläche dahinschwebte, um einen Schatten auf diese zu werfen.

• 1948 beobachtete F. H. Thornton eine Lichtexplosion am Westrand von *Plato.*

• Am 30. März 1950 bemerkte der berühmte englische Astronom D. Percy Wilkins ein ovales Leuchten, das im Bereich von *Aristarchus* über dem Kraterboden schwebte. Drei Monate später sichtete sein amerikanischer Kollege Dr. James Bartlett jr. ähnliches.

Mittlerweile sind Lichterscheinungen auf der Mondoberfläche bereits eine solche Alltäglichkeit geworden, daß sie als Fachausdruck in die Sprache der Wissenschaft eingezogen sind. Man bezeichnet sie als *Transient Lunar Phenomena,* kurz TLP (Kurzlebige Mondphänomene).

Sie umfassen blinkende, pulsierende und flackernde Lichter, sternartige Lichtpunkte, rötliche Leuchterscheinungen, Blitze und Lichtexplosionen, Farben und Lichtspiele aller Art sowie Dampf, Nebel und Rauchwolken. Vulkanismus, den man ursprünglich für all das verantwortlich machen wollte, scheidet aus. Er findet laut Wissenschaftsreport der NASA SP-330 seit zwei bis drei Milliarden Jahren nicht mehr statt. Davon abgesehen, ließe sich das immer wieder beobachtete Auftauchen weißer, domartiger Objekte auf der Mondoberfläche, das die Astronomen seit Jahrzehnten beunruhigt, durch vulkanische Tätigkeit kaum erklären. Die in der Zwischenzeit durchgeführten Weltraummissionen, einschließlich mehrerer Mondspaziergänge, konnten wenig zur Lösung des Rätsels beitragen. Im Gegenteil.

George H. Leonard, der Autor des Buches »Somebody Else Is on the Moon« (Da ist noch jemand anders auf dem Mond) spricht von einer Vielzahl mysteriöser Erscheinungen auf dem Mond, die fotografisch festgehalten oder berichtet wurden, jedoch in offizielle Statements wenig Eingang fanden. Hier eine Kostprobe: NASA-Foto 67-H-1135 soll die Spuren zweier Objekte zeigen, von denen sich eines sogar aus einem Krater herausbewegt haben mußte. Auf dem Apollo 8-Foto Nr. 69-H-89 sollen künstliche Objekte erkennbar sein, darunter eine gigantische Leiter, die in die Tiefe eines Kraters führt. Mehrere Teilnehmer verschiedener Apollo-Missionen sollen Lichtblitze, Lichtstreifen und ähnliches gemeldet haben. Laut Leonard wurde ein eigener Code zur Bezeichnung unnatürlicher Objekte für die Astronauten ausgegeben. Davon soll reichlich Gebrauch gemacht worden sein, um künstlich wirkende Berge, Wände mit Bögen, die mit Markierungen versehen waren, parallele Rinnen auf Mauern und zahlreiche Anomalien dieser Art zu melden.

Was auch immer von diesen Dingen zu halten sein mag, 1981 stellte Patrick Moore jedenfalls in einem Buch über den Mond fest: »... verstehen wir diese kurzlebigen Lunaren Phänomene (TLP), die eindeutig Realität sind, trotz vieler Theorien nicht.«

Kühn, aber nicht absurd ist der Gedanke, eine außerirdische Zivilisation würde im Solarsystem Bergbau betreiben und sich den Teufel darum scheren, ob uns dies auffällt oder nicht. Eine Anmerkung zur Abrundung: Auf dem roten Planeten Mars sind ähnliche Aktivitäten zu beobachten.

Sind wir allein im Sonnensystem?

Die Wissenschaft hat »Marsmenschen«, »Venusier« und andere Planetenbewohner ins Reich der Phantasie verbannt. Trotzdem scheint Geheimnisvolles im Sonnensystem vor sich zu gehen.

Es ist kurz vor der Jahrhundertwende. Lautlos gleitet die Jacht von Guglielmo Marconi über das spiegelglatte Mittelmeer. Der Mitbegründer der drahtlosen Telegraphie sitzt im Funkraum seines Kabinenkreuzers, um Versuche mit elektromagnetischen Wellen durchzuführen. Die Anlage ist auf Empfang geschaltet. Plötzlich werden Signale aufgefangen. Extrem starke Signale auf einer Frequenz, die von keiner der irdischen Stationen benutzt wird. Auch ihre Quelle scheint nicht auf der Erde zu liegen, sondern eher irgendwo in Richtung Mars. Sie wirken wie ein Code, den Marconi aber nicht entschlüsseln kann.

Der spätere Nobelpreisträger beschließt, die Sache von einem Assistenten bei einem Vortrag vor New Yorker Geschäftsleuten erwähnen zu lassen, worüber in den Sonntagsausgaben einiger Zeitungen berichtet wird.

Bald danach sorgt der aus Österreich-Ungarn in die USA gekommene Physiker Nikola Tesla für ein wesentlich nachhaltigeres Echo in der Öffentlichkeit. Tesla behauptet, kodierte Funksignale vom Mars aufgefangen zu haben. In diesen Tagen ist die Existenz von Marsbewohnern weithin akzeptiert und wird durch den von H. G. Wells 1897 veröffentlichten »Krieg der Welten« zur regelrechten Wahn- und Horrorvorstellung.

Wissenschaftliche Argumente gegen solche Schreckensvisionen sind rar, zu sehr spuken die Marskanäle noch in allen Köpfen herum. Sie wurden von den Astronomen Angelo Secchi und Johann Herschel teilweise bemerkt und von Giovanni Virginio Schiaparelli 1877 schließlich als komplexes Netz feiner Linien entdeckt, das sich über den ganzen Planeten erstreckt. Man glaubt an künstliche Bewässerungssysteme, die das Schmelzwasser der Pole weithin transportieren. Da die »Erbauer der Kanäle« sich weder bei Marconi, Tesla oder jemand anderem wieder über Funk melden und auch keine Invasion stattfindet, verschwinden die »Marsmenschen« schließlich aus dem öffentlichen Interesse.

Jahrzehnte vergehen, bis die Marsbewohner 1938 mit einem Knalleffekt ins allgemeine Interesse zurückkehren. Orson Welles' Hörspielfassung vom »Krieg der Welten«, in welcher das gefeierte Filmgenie die marsianischen Invasoren nicht in England, sondern im US-Bundesstaat New Jersey landen läßt, stürzt das ohnedies in Kriegshysterie befindliche Amerika in helle Panik und löst ein nationales Chaos aus. Diese Wogen glätten sich schnell wieder.

Als der »Rote Planet« in der Mitte der fünfziger Jahre der Erde besonders nahe kommt, erwarten UFO-Forscher ein gehäuftes Auftreten der mysteriösen Flugscheiben, die seit der Kenneth Arnold-Sichtung von 1947 »Fliegende Untertassen« (Flying Saucers) heißen. Es gibt jedoch nicht mehr Berichte als üblich, zieht man die Meldungen von Fanatikern ab, die schon in normalen Zeiten fast täglich UFOs am Himmel bemerken und nun völlig außer Rand und Band sind.

Zu guter Letzt schien der Mars sogar als steril entlarvt zu sein. Die Marskanäle hatten sich schon viel früher als natürliche Täler entpuppt. Die Ergebnisse der US-Marssonden und Marsmissionen hatten die Fachwelt zu der Ansicht kommen lassen, der »Rote Planet« würde nicht einmal Leben auf der niedersten Stufe aufweisen und hätte auch niemals solches getragen. Allerdings nur bis zum Sommer 1996.

Am 30. Juli 1996 teilte NASA-Chef Daniel S. Goldin im Oval Office des Weißen Hauses in Washington Präsident Clinton persönlich mit, was die Weltöffentlichkeit eine Woche später erfahren sollte: NASA-Wissenschaftler waren auf Spuren außerirdischen Lebens gestoßen. Genauer gesagt, marsianischen Lebens, gefunden in einem faustgroßen, zwei Kilogramm schweren Stück Marsmaterie mit der Kennzeichnung ALH84001, das vor schätzungsweise 13 000 Jahren nahe Allan Hills am Rossmeer der Antarktis eingeschlagen war. Daß ein Stück Mars zu uns kommt, mag seltsam erscheinen. Astronomen ist dieser Vorgang jedoch wohlvertraut.

Im vorliegenden Fall vermutet man, daß vor ungefähr 15 Millionen Jahren ein riesiger Asteroid den vierten Planeten angeschrammt und Stücke der Oberfläche mit einer Wucht losgeschlagen hat, die ausreichte, um einige von ihnen aus dem Anziehungsbereich des Mars zu katapultieren. ALH84001 dürfte dann, von der Gravitation der Sonne eingefangen, Jahrmillionen lang um unser Zentralgestirn gekreist sein. Vor etwa 13 000 Jahren verließ er die Sonnenumlaufbahn – dafür kann es viele Gründe geben –, flog ins Innere des Sonnensystems, geriet ins irdische Schwerefeld und stürzte in die Antarktis. Ein solches kosmisches Mehr-Banden-Billard ist keine Seltenheit.

Die schützende Eisdecke, die ihn von irdischen Keimen freihielt, bewegte sich im Lauf der Jahrtausende gegen die Hänge und damit nach oben. Als der Meteorit knapp unter der Oberfläche angelangt war, legten ihn die scharfen Winde frei, so daß ihn der amerikanische Astronom David McKay und sein Team im Jahr 1984 entdecken konnten. Noch tiefgefroren kam er ins Meteoriten-Labor des »Johnson Space Center« (JSC) im texanischen Houston. Es dauerte ein Jahrzehnt, ehe die Analysetechniken ausgereift genug waren, um klarzustellen, daß man den zwölften Marsmeteoriten gefunden hatte. Einer hatte bei seinem Einschlag sogar ein Todesopfer gefordert: einen ägyptischen Hund.

Zwei weitere Jahre später, in welcher Zeit Teile von ALH84001 zerschnitten, verdampft, unter Rastertunnelelektronenmikroskope geschoben und auf jede nur erdenkliche Weise analysiert worden waren, stand fest: Dieser Brocken ist nicht nur der älteste Marsmeteorit, er ist auch der wichtigste, denn er enthält organische Verbindungen. Es sind dies polyzyklische aromatische Kohlenwasserstoffe (PAKs), in der Struktur primitiven irdischen Bakterien ähnlich, nur hundertmal kleiner. Sie sind nicht die Folgen irdischer Verunreinigungen, sondern auf dem Mars entstanden – vor etwa 3,6 Milliarden Jahren!

Auch wenn Befürworter interplanetarischer Großgemeinschaften in keinem Fall mit einem marsianischen Brudervolk rechnen können, entwertet die Beschränkung intelligenten Lebens auf die darunter leidende Erde den Mars keineswegs als *Betätigungsfeld* für eventuelle *außerirdische Besucher* unseres Solarsystems. Eine kühne Hypothese, die mit einem Schlag Substanz erhalten sollte. 1979 bemerkte der amerikanischen Computerspezialist Vincent DiPietro etwas sehr Ungewöhnliches auf einem der über 240 000 im »National Space Science Data Center« in Greenbelt, Maryland, archivierten NASA-Aufnahmen. Sie waren am 25. Juli 1976 von der US-Sonde »Viking Orbiter 1« aus 1873 Kilometer Höhe über der nördlichen Marshemisphäre gemacht und zur Erde gefunkt worden. Lapidar als »Kopf« gekennzeichnet, zeigt Foto Nr. 56H593 in der Cydonia-Region neben pyramidenartigen Erhebungen ein steinernes »Antlitz« von 1,6 Kilometer Länge und 450 Meter Höhe: das berühmte »Marsgesicht«.

Seither ist die Auseinandersetzung darüber, ob es sich um ein Spiel von Licht und Schatten oder um ein künstliches Objekt handelt, nicht erloschen. Die ausgefeiltesten Analysetechniken konnten weder das eine noch das andere mit Sicherheit beweisen. Kurz danach unweit festgestellte unnatürlich wirkende Formationen, z. B. das von DiPietro und Gregory Molenaar auf den Viking-Fotos Nr. 76H593/17384 und 35A72 Cydonia identifizierte »Fort« (eine klare Dreieckstruktur mit einem sauberen Winkel), sind schwer zu leugnende Indizien.

Weitere »Marsgesichter«, zwei im Gebiet Deuteronilus (Bildnummern 43A01, 43A02, 43A04) und eines im Marsgebiet Utopia (Bildnummer 86A0) tragen auch nicht zum Ende der Diskussion bei. Pyramidenähnliche Gebilde waren übrigens bereits am 8. und am 12. Februar 1972 von der US-Marssonde »Mariner 9« in der Elysium-Region fotografiert und zur Erde gesendet worden. Dieses Areal im Südpolbereich wurde »Inka-City« genannt, weil es so künstlich wirkt.

Geht man in der Geschichte der Astronomie zurück, stellt man erstaunt fest, daß nicht nur auf dem Mond schon lange rätselhafte Erscheinungen beobachtet werden, die den wissenschaftlichen Terminus TLP (Transient Lunar Phenomena, kurzlebige Mondphänomene) erhalten haben, sondern desgleichen auf dem Mars. Seit Fernrohre auf den vierten Planeten zielen, werden auch dort seltsame Farbenspiele, leuchtende Punkte und helle Streifen, wandernde und aufblitzende Lichter, minutenlang sichtbare Objekte, Brückenkonstruktionen, eine pilzförmige Wolke mit 500 Kilometer Ausdehnung und andere Seltsamkeiten beobachtet.

1986 gelangte ein 40köpfiges Forscherteam, dem unter anderen der Präsidentenberater Dr. David Webb und der ehemalige Apollo-Astronaut Dr. Brian O'Leary angehörten, zu der Schlußfolgerung, daß auf dem Mars irgendeine Intelligenz – zu welchem Zweck auch immer – am Werke war.

Gelegentlich kann man sich des Eindrucks kaum erwehren, irgendwer ließe sich nicht so gerne in die Karten schauen. In den

von sowjetischen Protonraketen getragenen Sonden »Phobos I«
und »Phobos II«, die 1989 nur wenige Meter über den Ober-
flächen der Marsmonde Phobos und Deimos Aufnahmen machen sollten, stellten aus technisch ungeklärten Gründen sämtliche Kameras ihre Funktion ein. Phobos und Deimos strotzen
von physikalischen Ungereimtheiten: Sie bewegen sich auf
»falschen« Bahnen, scheinen hohl zu sein usw. Auch das unerklärliche Verschwinden des 350 Millionen Mark teuren US-Be-
obachtungssatelliten »Landsat 6« im Herbst 1993 aus seiner
Erdumlaufbahn mag zu denken geben.

Der vom Schleier des Geheimnisses umwehte Ausfall des »Mars
Observer«, von dem man sich grundlegende Erkenntnisse versprochen hatte, ist völlig ungeklärt. Nach einer Reise von 720
Millionen Kilometern gab er am 21. August 1993 plötzlich kein
Lebenszeichen mehr von sich. Die Aktivierung der Bremsrake-
ten, die den »Observer« in den polaren Marsorbit einschwenken
lassen sollten, wurden von der Sonde nicht bestätigt. Auch wenn
sich der »Rote Planet« als tote Wüste präsentiert, so schließt das
fremdartige Umtriebe auf seiner Oberfläche und im Weltraum
offenbar nicht aus.

Bei den Erkundungsprojekten des Jahres 1997 war die Suche
nach entsprechenden Beweisen kein Thema. Die Aufgabe der
Orbitalsonde »Mars Global Surveyor« war kartographischer
Natur und bestand primär im Aufspüren von Gletschern und
Eisschichten unter der Staub- und Geröllschicht der Marsober-
fläche, während der »Mars Pathfinder« fernab von möglichen
Artefakten bei der Mündung des ehemaligen Ausströmkanals
Ares Vallis landete. Sein 10,5 Kilogramm schweres Roboterauto
»Sojourner« diente lediglich zur Erforschung der unmittelbaren
Umgebung. Eine Aufgabe, die es vorbildlich und länger als er-
wartet erfüllen sollte.

Vielleicht bringen die für das nächste Jahrtausend geplanten,
teilweise gemeinsamen Marsmissionen von Amerikanern, Eu-
ropäern, Russen und Japanern Aufklärung, speziell jene, die eine
bemannte Landung vorsehen. Sofern sie den Mars unbeschadet
erreichen und Informationen übermitteln können...

Unbekanntes am Himmel

Viele betrachten die leidigen UFOs als ein psychologisches
Phänomen. Für ein solches haben sie allerdings gelegentlich
recht handfeste Auswirkungen.

Am 29. September 1959 ist der 39jährige Schullehrer Jackie J.
Cox auf der Straße nach Buffalo unterwegs. Er lauscht den
Schlagerrhythmen aus dem Autoradio und summt den einen
oder anderen Song mit. Die Nacht ist sternenklar, die Tempera-
tur angenehm, und es herrscht so gut wie kein Gegenverkehr.
Cox befindet sich mit der Welt im Einklang. Nur noch wenige
Kilometer trennen ihn von der Stadt im US-Bundesstaat New
York, als er ein ungewöhnlich lautes Flugzeuggeräusch hört.
Das ist nichts Besonderes, wohl aber, was unmittelbar darauf
passiert und den einsamen PKW-Fahrer zutiefst schockiert.
Ein Lichtpunkt erscheint am dunklen Firmament, der sich wie in
einer lautloses Explosion blitzartig aufbläht. Das gleißende
Strahlen bedeckt den ganzen Himmel und macht die Nacht für
Sekundenbruchteile zum Tag, erfüllt mit einer Helligkeit, wie es
sie auf unserer Erde normalerweise nicht gibt. Dann wieder
Dunkelheit, in die ein Donnerschlag aus großer Höhe dröhnt.
Eine riesige Zahl kleiner Metallteile regnet auf eine große Fläche
herab. Gleichzeitig beginnen Tausende Hunde im Gebiet von
Buffalo wie ein einziger zu heulen.
Cox und andere Zeugen erfahren erst am darauffolgenden Tag
aus der Berichterstattung, daß ein Flugzeug in 5000 Meter Höhe
über Buffalo explodiert ist. Ein Flugzeug, das möglicherweise
eine tödliche UFO-Begegnung hatte. Die zerstörte Maschine
war ein Lockheed-»Electra«-Turboprop-Airliner der »Braniff Air-
ways«. Mit 28 Passagieren und sechs Besatzungsmitgliedern an
Bord sollte der Flug 542 von Houston in Texas nach New York
gehen. Die Route führte über die Ära von Buffalo, wo etwas Unbekanntes den Luftraum mit der Maschine teilte.
Das fragliche Objekt war kurze Zeit vor der Explosion von
Major R. O. Braswell gesichtet worden. Er flog mit seiner C-47
ostnordöstlich von Buffalo, als er in größerer Höhe ein dahinra-
sendes Riesengebilde bemerkte, das wie ein gigantischer leuchtender Pilz wirkte. Das Ding war auch vom Boden aus registriert

worden, beispielsweise in Centerville, Texas, wo ein Zeuge namens Billie Guyton unbeirrbar aussagte, ein kleineres Objekt sei unmittelbar vor der Flugzeugexplosion von der großen Leuchterscheinung »abgefeuert« worden und auf ein nicht erkennbares Ziel zugeschossen.

Die Untersuchung der Wrackteile bestätigte, daß bei diesem Unfall nichts war, wie es hätte sein müssen. Braniffs Operations-Vizepräsident R. V. Carleton erklärte der Presse: »Ich habe eine Menge Crashs untersucht, aber bei keinem davon wurde ein Flugzeug so total zerschmettert, der Schrott so weit verstreut und die Menschen so grauenhaft zugerichtet. Auch gibt es keinerlei Hinweise auf eine Bombenexplosion in der Maschine.«

Experten erklärten, daß Flugzeugexplosionen normalerweise 20 bis 30 große Trümmerstücke produzieren. Die Lockheed-»Electra« war jedoch in Tausende kleine Fragmente zerrissen worden. Dasselbe galt für die Körper der Personen an Bord, von denen nur noch glitschige Bröckchen vorhanden waren. Manche davon klebten so fest an Bäumen und Ästen, daß sie heruntergekratzt werden mußten.

Das Schlußergebnis der Untersuchung machte das Ereignis endgültig zum Rätsel. Es hatte weder ein Feuer noch eine Detonation im Inneren der Maschine stattgefunden. Spuren extremer Hitzeentwicklung gab es trotzdem, und zwar an den Fenstern, dem Leitwerk, dem Rumpf, den Tragflächen und den Heckflügeln – allerdings befanden sich alle *außen*!

Wie nach dem Ende des Kalten Krieges in verstärktem Maße offenbar wurde, kann auch der ehemals monolithische Ostblock reichlich mit UFO-Sichtungen und unheimlichen Begegnungen der Dritten Art aufwarten – sogar mit gelegentlichen UFO-Attacken. Eine der unheimlichsten davon war der »Tobelak-Zwischenfall« von 1961. Damals verschwand ein Transportflugzeug über Zentral-Rußland und wurde zwei Tage später im weit entfernten Sibirien nahe Tobelak aufgefunden. Die Maschine befand sich in intaktem Zustand, mit großenteils noch vollen Tanks und unberührter Fracht. Mannschaft und Passagiere waren jedoch verschwunden, und unweit der verlassenen Maschine befand sich eine runde Stelle eingedrückten Bodens mit versengtem Gras, Spuren, wie sie UFO-Forschern wohlvertraut sind.

In den Millionen von UFO-Sichtungen jeglicher Art, die sich seit Anbeginn unserer Geschichte in Legenden, Mythen, alten Texten, Augenzeugenberichten, offiziellen Reports und oftmals sehr einseitigen Untersuchungsergebnissen widerspiegeln, findet sich ein gewisser Prozentsatz an schreckenerregenden Vorgängen, darunter immer wieder Vorkommnisse wie die geschilderten. Gelegentlich holen sich unbekannte Mächte Flugzeugbesatzungen und Passagiere, oder sie klatschen irdische Flugmaschinen wie lästige Fliegen aus dem Luftraum, wobei UFOs von unterschiedlichster Größe, Gestalt und Leuchtkraft beobachtet werden.

»Jemand da oben scheint uns nicht zu mögen«, schreiben Brad Steiger und Joan Whritenour in ihrem US-Bestseller »Flying Saucers Are Hostile« (Fliegende Untertassen sind feindlich).

Der bekannte englische UFO-Experte, Sachbuchautor und Journalist John Spencer unterstellt dem Phänomen keine a priori feindlichen Absichten: »Wir wissen nicht, was UFOs de facto sind... Gelegentlich weisen UFO-Berichte eine humoristische Note auf oder beschreiben relativ bedeutungslose Vorgänge. Die meisten UFO-Aktivitäten scheinen jedoch ernsthafter Natur zu sein und haben oft genug schreckenerregende Aspekte für Einzelpersonen, möglicherweise sogar für unseren Globus als Ganzes...«

Und Erich von Däniken formuliert in seinem Vorwort zu John Spencers »Geheimnisvolle Welt der UFOs« gewohnt pointiert: »Sollten gar fünfzig, hundert oder tausend Leute dasselbe UFO-Erlebnis beschreiben – dann waren das Opfer einer ›Massensuggestion‹. Sie beobachteten eine ›Fata Morgana‹ oder die während 365 Tagen im Jahr überall auf der Erde ununterbrochen ›abstürzenden Teile von Raketen oder Raumstationen‹. Ein nicht endenwollendes Bombardement von irdischem Müll aus dem All! Und ist mit allen Tricks kein Weltraummüll herzuzaubern, so entpuppen sich die vermeintlichen UFOs als ›Leichtflugzeuge‹, als ›Drachen‹, als ›Heißluftballons‹, als ›Spiegelungen‹, als ›Halluzinationen‹, als ›Erfindungen‹ und ›Phantastereien‹, als ›Mückenschwärme‹, ›hochfliegende Wetterballone‹ oder meinetwegen auch noch als ›helleuchtende Planeten‹, die in der Sichtungsnacht gerade mit irrwitzigen Geschwindigkeiten um die Erde kurvten.«

Eines dürfte unbestritten sein: Hinter dem Wort UFO (Unbekanntes Flugobjekt) kann sich vieles verbergen. Die Interpretationen reichen vom Kugelblitz bis zur Sonnenspiegelung, von Raumfahrzeugen mit gütigen Außerirdischen in wallenden Gewändern bis zu irdischen Geheimwaffen, vom unbekannten Naturphänomen bis zum mobilen Operationssaal mysteriöser Tierverstümmler oder kleiner grauhäutiger Wesen, die gynäkologische Experimente an entführten Erdenbürgern vornehmen.

Unmögliches Verschwinden

Für unsichtbare Entführer scheint es weder Mauern noch andere Beschränkungen zu geben, die für Menschen unüberwindlich wären.

In einer Nacht des umwälzungsreichen 68er-Jahres hat ein 19jähriger, der im medizinischen Korps der US-Streitkräfte dient, ein absonderliches Erlebnis, das er sich auch Jahrzehnte später als renommierter Arzt nicht wird erklären können. Ort des unheimlichen Geschehens ist ein Militärkrankenhaus auf Hawaii. Der angehende Mediziner ist von 23.00 Uhr abends bis 7.00 morgens im Dienst. Er macht seine Runden, wobei er sich wie schon oft vorher mit dem seltsamen Patienten unterhält, der allein in einem Sechs-Mann-Zimmer liegt.

Der etwa 60jährige Mann war mit schweren Frakturen an Ober- und Unterschenkeln eingeliefert worden, nachdem er, von LSD oder anderen Rauschmitteln benebelt, in einen LKW gelaufen war. Trotz seines fortgeschrittenen Alters und seiner Teilnahme am Zweiten Weltkrieg scheint er der Hippiebewegung nahezustehen.

Nun liegt er in einem Streckverband, durch stählerne Fixierstangen, die durch die Ober- und Unterschenkelknochen seiner beiden Beine gebohrt und mit Zuggewichten versehen sind, völlig demobilisert. Jede Bewegung der ruhiggestellten Beine würde ihm unmenschliche Schmerzen verursachen. Was sich außerhalb der Reichweite seiner Arme befindet, ist für ihn so entfernt, als befände es sich auf dem Mond.

Der aufsichthabende junge Militärangehörige hatte sich schon öfter mit dem Patienten unterhalten. Meist sprachen sie über exotische Meditationstechniken. Nicht so in dieser besonderen Nacht. Als der junge Mann seine erste Runde macht, schneidet der einsame Patient im leeren Saal das Thema UFOs an. Er meint, er würde in Kürze eine Stunde in einem außerirdischen Flugkörper verbringen und lädt seinen Betreuer ein, ihn dabei zu begleiten. Dem kann der angehende Mediziner wenig abgewinnen. Er schüttelt den Kopf und setzt seine Runde leicht verärgert über diesen Unsinn fort.

Bei der zweiten Runde gibt es eine Überraschung. Der Patient ist verschwunden. Die Fixierstäbe aus Edelstahl liegen in Reih und Glied auf dem Bett, die Gewichte hängen am Ausleger – das Bett aber ist leer. Konnte der Patient die Stäbe selbst entfernen und sich kriechend davongemacht haben? Er konnte nicht. Abgesehen davon, daß der Wachraum, in dem der junge Mann während seines Nachtdienstes am Schreibtisch zu sitzen pflegt, fast unmittelbar gegenüber dem fraglichen Krankenzimmer liegt und sich außerdem der gesamte Gang im Blickfeld befindet, sind einige Schwestern, Ärzte und Militärpolizisten im Spital anwesend, denen solches unweigerlich aufgefallen wäre.

Der junge Wachhabende schlägt Alarm. Krankenhauspersonal und Militärpolizei durchsuchen die Station und die unmittelbare Umgebung. Der Verschwundene bleibt verschwunden. Ein Ding der Unmöglichkeit. Das einzige Ergebnis der Suche trägt nicht dazu bei, das Geschehene weniger mysteriös zu machen. Im Gegenteil. Andere Patienten berichten von einem hellen Licht zu dem Zeitpunkt, als sich das Verschwinden ereignet haben mußte. Eines war klar: Der Patient konnte sich auf keinen Fall selbst aus dem Streckverband befreit haben.

Die Fixierstäbe, die bei komplizierten Frakturen durch die Knochen geführt werden, haben die Aufgabe, Knochenfragmente zu fixieren, damit sie in ihrer ursprünglichen Formation wieder zusammenwachsen. Die exakte Ausrichtung des Streckverbandes wird durch Gewichte besorgt, die der Vorrichtung den notwendigen Neigungswinkel geben. Sowohl das Einsetzen, die Justierung und die schlußendliche Entfernung der Apparatur ist zeitraubend und so schmerzhaft, daß der Vorgang nur in Vollnarkose durchgeführt werden kann. Ein Patient, der auch nur den

Versuch macht, die Stäbe herauszubekommen, mußte beim ersten Rütteln vor Schmerzen ohnmächtig werden.

Der Gedanke, der Betreffende hätte die Stäbe tatsächlich entfernt, fein säuberlich nebeneinander auf dem Bett aufgereiht und wäre – mit komplizierten Brüchen an beiden Beinen – blutströmend auf den Ellbogen heimlich davongerobbt, war absurd.

Eine Stunde, nachdem im Krankenhaus und in der unmittelbaren Umgebung das Unterste zuoberst gekehrt worden war, betritt ein Angehöriger des Personals den Krankensaal und prallt zurück. Als wäre nichts geschehen, liegt der Verschwundene wieder in seinem Bett. Die Fixierstäbe stecken wieder in seinen Beinen, die Gewichte hängen, alles ist, wie es sein soll und wie es vorher auch war. Ärzte und Militärpolizisten eilen herbei. Der Streckverband sitzt völlig korrekt, als wäre er niemals entfernt worden. Bei den folgenden Befragungen gibt der Patient keine Einzelheiten von sich. Er bleibt lediglich eisern dabei, er wäre »mit Freunden unterwegs gewesen«.

Dieser Fall, dem der Autor Hartwig Hausdorf nachgegangen ist, bekommt durch die medizinisch unangreifbaren Fakten eine Beweiskraft, die über die Mehrzahl der aktenkundigen UFO-Entführungsfälle hinausgeht. Und er wirft die Frage auf, ob hier vielleicht Parallelen zu einem ähnlichen Ereignis vorliegen, das genau 200 Jahre vorher stattfand.

Im Juli 1768 verschwand der ehemalige Soldat und Schneider Owen Parfitt aus einem Krankenhaus-Rollstuhl, in dem er vor dem Eingang seines Bauernhauses in der kleinen englischen Stadt Shepton Mallet gesessen hatte. Parfitt war zwar nicht durch Stahlstangen, die seine Beine durchbohrten, immobilisiert, aber er konnte ebensowenig aus eigener Kraft den Platz wechseln wie der Patient auf Hawaii. Der 77jährige Brite Parfitt war seit Jahren völlig gelähmt und hätte seinen Körper ohne fremde Hilfe keinen Zentimeter bewegen können. Sein Verschwinden wurde unmittelbar danach bemerkt und löste eine großangelegte Suchaktion aus, die sich bis zur sechs Meilen entfernten Domstadt Wells erstreckte. Die sofort ausschwärmenden Suchtrupps durchstöberten Felder und Buschland, suchten Flüsse und Gräben mit Netzen ab, durchkämmten Wälder und leerstehende Häuser und Scheunen. Ergebnis Null.

Owen Parfitt war ebenso rätselhaft verschwunden wie der Veteran des Zweiten Weltkrieges 200 Jahre später in Hawaii – nur mit dem Unterschied, daß der Amerikaner eine Stunde danach wohlbehalten wieder da war.

Forscher, die sich mit dem Phänomen des Verschwindens von Menschen als Einzelpersonen oder in Gruppen, zu Land, zu Wasser und in der Luft befassen, unterscheiden sehr wohl zwischen dem Ehemann und Vater zahlreicher Kinder, der nur mal kurz Zigaretten holen geht und Jahre später aus Südamerika schreibt, zwischen Entführungs- und Mordopfern, die in kleinen Portionen vergraben werden, zwischen Alimentationsflüchtlingen, Steuerhinterziehern, Eheaussteigern und sonstigen Abhauern, die es darauf anlegen, erfolgreich zu verschwinden – und zwischen unerklärlichem Verschwinden.

Bei Fällen jenseits rationeller Erklärungen entsteht nicht selten der Eindruck, eine unsichtbare Kraft würde bestimmte Personen gezielt aus dem Hier und Jetzt »herauspflücken« und nur in den seltensten Fällen wieder retournieren. Wohin jene entführt werden, die verschwunden bleiben, ist ein großes und unheimliches Fragezeichen.

Niemand kann sagen, was beispielsweise mit der amerikanischen Hausfrau Martha Wright geschah, die im Winter 1975 mit ihrem Mann Jackson durch den Lincoln-Tunnel nach New York gefahren war. Jackson hielt kurz an, damit seine Frau die Autofenster von Schnee befreien konnte. Als Martha nach hinten ging, um die Heckscheibe zu säubern, kam sie dort nicht an. Sie verschwand einfach während der wenigen Schritte von der Vorderseite zur Rückseite des Wagens und wurde nie mehr gesehen.

»Luftschiffe« aus anderen Welten

Viele Lebewesen passen ihr Erscheinungsbild der Umgebung an, um vertraut zu wirken. Vielleicht findet dieses Prinzip auch bei den Flugobjekten weit überlegener Zivilisationen Anwendung.

Die beiden englischen Gentlemen, die 1909 an einem lauen Abend einen Spaziergang in den Ausläufern eines Vorortes von London machen, ahnen nicht, daß ihnen eine unheimliche Be-

8 Ein Werwolf beim Angriff – festgehalten auf einem deutschen Druck aus dem 15. Jahrhundert (zu »Menschen in Tiergestalt«).

9 Niemand weiß, ob der geheimnisvolle Graf von Saint-Germain tatsächlich unsterblich ist und vielleicht heute noch auf Erden weilt (zu »Leben Unsterbliche unter uns?«).

10 Felicia Felix-Mentor ist angeblich der einzige »echte« Zombie, der jemals fotografiert werden konnte (zu »Die lebenden Toten«).

11 Die damals zehnjährige Frances Griffith auf einem der berühmten
Feenfotos, die seit Jahrzehnten nicht endgültig als Fälschung entlarvt werden
können (zu »Märchengestalten auf Film gebannt«).

12 Feuerbälle und
Kugelblitze werden
seit Jahrhunderten be-
obachtet und doku-
mentiert, wie auf die-
sem Stich aus dem
18. Jahrhundert
(zu »Flammende
Besucher«).

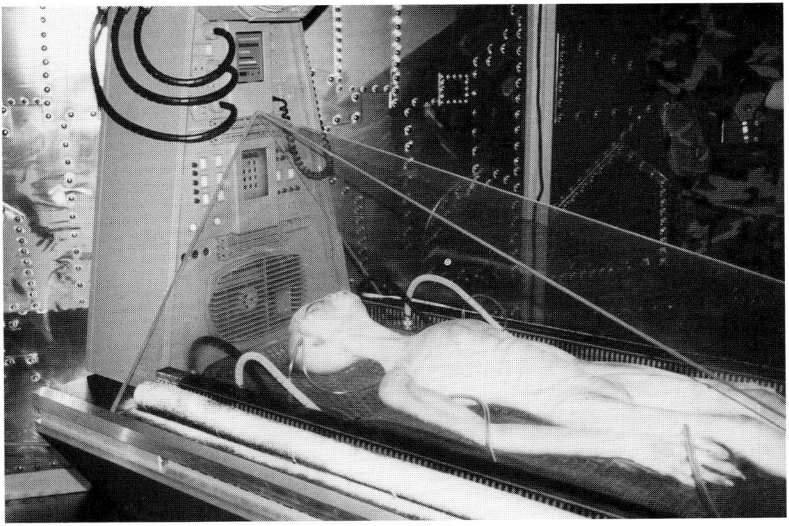

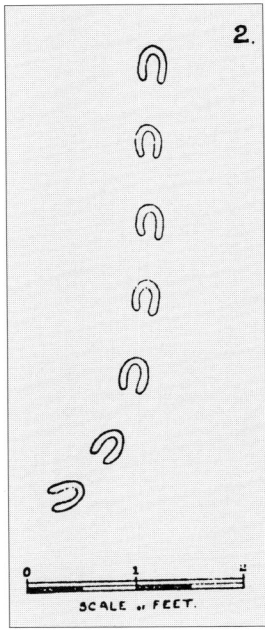

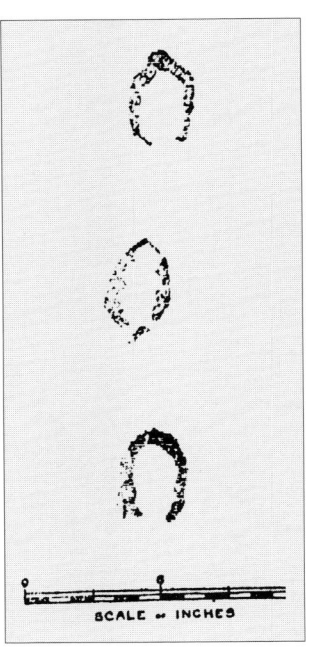

13 Das Modell eines »Alien« in einer Ausstellung versucht Antwort auf die Frage zu geben, ob sich seit Jahrhunderten Außerirdische im Sonnensystem und auf der Erde herumtreiben (zu »Ungebetene Gäste im Sonnensystem« und »Sind wir allein im Sonnensystem?«).

14 »Teufelsspuren« finden sich seit alten Zeiten rund um die Welt. Die wohl berühmtesten davon sind die des »Devon-Teufels« aus dem Jahr 1855 (zu »Begegnung mit einem unsichtbaren Etwas«).

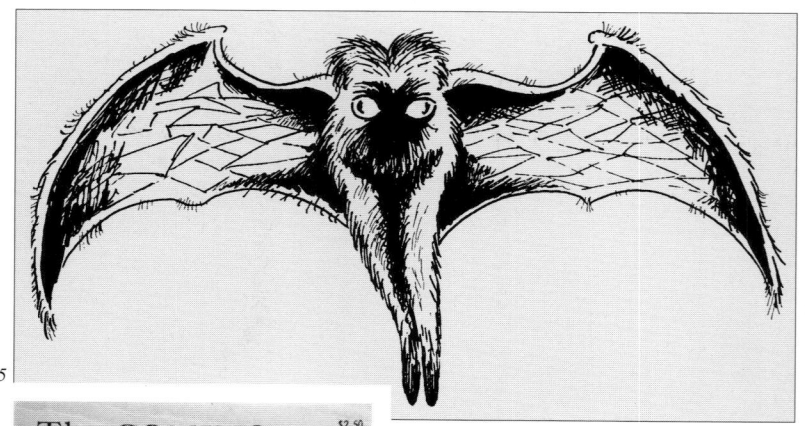

15 Ist er ein unbekannter Vogel, ein Außerirdischer oder etwas noch Fremdartigeres, der rätselhafte Mottenmann von West Virginia? (zu »Gejagt von einem Phantom«).

16 Die erste »offzielle« UFO-Sichtung von 1947 durch Kenneth Arnold hat eine Unzahl von Publikationen zur Folge gehabt. Eine der ersten war das Buch von Arnold selbst aus dem Jahr 1952 (zu »Unbekanntes am Himmel« und »Sind wir allein im Sonnensystem?«).

17 An der Wende vom 19. zum 20. Jahrhundert erschütterte eine Welle von rätselhaften Luftschiff-Erscheinungen die Welt. Waren Flugobjekte wie dieses – von Kapitän James Hooton 1897 gesichtete und in einer Zeichnung festgehaltene – Luftschiff außerirdische Raumfahrzeuge in zeitgemäßer Tarnung? (zu »Luftschiffe« aus anderen Welten).

gegnung der dritten Art bevorsteht, auch wenn es diesen Begriff erst nach Jahrzehnten geben wird.

Die beiden schlendern auf den nahe gelegenen Wald zu, der sich in einiger Entfernung jenseits der letzten Häuser der Stadt erstreckt. Die beginnende Nacht läßt den Waldrand wie eine dunkle Mauer erscheinen. Sie sind nur noch etwa 100 Meter von den ersten Bäumen entfernt, als Mr. Grahame zu seinem Freund Mr. Bond sagt: »Setzen wir uns einen Moment hin, ich habe einen Stein im Schuh.«

Die Männer lassen sich in das trockene Gras nieder. Grahame kommt nicht dazu, das störende Steinchen zu entfernen, denn plötzlich wird ein starker Summton hörbar. Wie ein entfernter Motor, der ungewöhnlich gleichmäßig läuft. Dann sehen sie das »Ding«.

Geformt wie eine riesige Spindel aus stumpfem Silber, kriecht, nein, schwebt es leise summend aus dem Waldesdunkel, knapp über dem Boden, langsam auf die erstarrt Dasitzenden zu. Gleichzeitig werden sie von einem starken Licht aus dem großen Suchscheinwerfer am Bug des »Luftschiffes« geblendet.

Bedient wird der Scheinwerfer von einem der beiden Männer in der Führerkabine an der Unterseite. Der Lichtstrahl schwenkt hin und her, als sollte verhindert werden, daß die Spaziergänger Genaueres erkennen können. Trotzdem machen die beiden Engländer Einzelheiten aus.

Grahame hält den Mann am Scheinwerfer für einen Amerikaner – nach seinen eigenen Worten für einen »Yankee« – und seinen Begleiter, der etwas weiter hinten steht und eine Kürbispfeife raucht, für einen Deutschen. Dieser Einblick ist möglich, weil die obere Hälfte der Führerkabine nicht verglast, sondern rundum mit einem geschwungenen Metallgitter versehen ist.

Grahame schätzt das mysteriöse Fluggerät auf 70 bis 80 Meter Länge.

Nun ist es mit leuchtendem Frontscheinwerfer heran. Der Boden der Führerkanzel befindet sich so knapp über dem Grund, daß er längere Grashalme streift. Die Briten sind aufgestanden und blicken zu den Piloten hinauf. Der »Yankee« sitzt vor einem Pult mit Hebeln, die an die Bierzapfmaschinen an den Theken der Londoner Pubs erinnern, nur sind sie dünner. Der »Deutsche«, ein Mann mit einem Bart und einer Fliegerkappe, steht vor einer großen, am Gitter befestigten Tafel mit einer Karte. Auf dieser sind rote Scheiben sichtbar, offenbar mit Nadeln angebrachte Markierungen. Beide Piloten tragen einteilige Anzüge, die man heute als Fliegerkombinationen bezeichnen würde.

Der Mann mit der Pfeife streckt eine Hand durch das Gitter und sagt mit nicht einzuordnendem Akzent: »Entschuldigen Sie bitte. Haben Sie etwas Tabak?« Grahame greift in die Tasche, holt seinen Tabaksbeutel heraus und überreicht ihn mit den Worten: »Hier. Behalten Sie ihn nur.« Der Fremde nickt dankend und tritt zurück.

Nun betätigt der Pilot einen der Hebel, worauf das Licht erlischt, das Summen etwas lauter wird und das Luftschiff nicht allzu schnell einige Meter senkrecht aufwärts steigt. Dann ruckt es an und zischt davon. In weniger als einer Sekunde ist es verschwunden.

Dieser Vorfall wurde in der »Irish News« vom 17. Mai 1909 abgedruckt und vom »London Star« übernommen. Solche Begegnungen sind vom Ende des vorigen und dem Beginn dieses Jahrhunderts aus den USA, aber auch aus einigen europäischen Ländern bekannt und als die »mysteriöse Luftschiffwelle zur Jahrhundertwende« in die Geschichte und in die UFO-Forschung eingegangen. Die Spitze lag 1896/97 in den USA, 1909 und 1913 in England und 1908 in Dänemark. Aber auch Frankreich und andere Länder bekamen ihre Besuche ab.

Wer mit der Entwicklung der Luftfahrt nicht näher vertraut ist, mag glauben, es hätte sich in den betroffenen Nationen um verborgene Aktivitäten von Regierungsstellen oder von Erfindern gehandelt beziehungsweise um Geheimflüge aus anderen Staaten. Ganz so leicht kann man es sich nicht machen.

Tatsächlich gab es zum Zeitpunkt der Luftschiffwellen in keinem der heimgesuchten Länder brauchbare Luftschiffe, mit Ausnahme von England. Das 1852 von einer Dampfmaschine angetriebene Ungetüm des Franzosen Henri Giffard verdient ebensowenig die Bezeichnung Luftschiff wie das 1886 vom Deutschen Karl Wolfert immerhin schon benzinbetriebene Fluggerät oder das Aluminiumgebilde des Österreichers David Schwartz, das sich nur Minuten in der Luft befand. Erst als Graf Ferdinand von Zeppelin 1900 die Bühne betrat, beschleunigte sich die Entwicklung, und die Keime der Luftschiffahrt begannen kräftig zu sprießen – bis zum Ende der lenkbaren Luftschiffe nach dem Absturz der »Hindenburg«.

Und auch die britischen Luftschiffe waren alles andere als elegante Zigarren, die jene Leuchtspuren hätten am Himmel ziehen können, die gemeinsam mit den geheimnisvollen Flugobjekten gesichtet wurden. Himmelwärts oder sonstwohin zischen hätten die primitiven Schöpfungen irdischer Technik damals schon gar nicht können.

Das erste englische Luftschiff, die »Nulli Secundus«, flog erstmals 1907 und zwei weitere mit Namen »Beta« und »Gamma« 1913. Sie waren plumpe Gebilde, sogenannte *Blimps*, abgeleitet vom englischen Wort »limp« für schlaff, was soviel wie »kein Innengerüst« bedeutet. Diese sackartigen Flugkörper besaßen nur einen bescheidenen Antrieb und bewältigten Kurzflüge nur unter Idealbedingungen, von blitzschnellen Manövern, Flügen über den Atlantik usw. ganz zu schweigen. Sie hatten mit den ominösen »Phantomluftschiffen« in punkto Leistung und Technologie soviel gemein wie ein Vorderladergewehr mit einer Maschinenpistole unserer Tage.

Nimmt man die Sichtungen in der alten und der neuen Welt unter die Lupe, so enthüllen sich Flugrouten der mysteriösen Luftschiffe. In vielen Fällen ist es möglich, Fluggeschwindigkeiten von etwa 100 bis 200 Stundenkilometern abzuleiten. In Einzelfällen sogar weit höhere. All das hat mit den besten Flugleistungen von Zeppelinen vor dem Ersten Weltkrieg nicht das geringste zu tun, die im Normalfall auf 15 bis 20, als Spitzenleistung auf etwa 30 Stundenkilometer kamen. Zudem traten die Phantomluftschiffe fast immer nächtens auf, was es den Piloten eigentlich unmöglich hätte machen müssen, ihren eigenen Standort zu bestimmen oder zu wissen, wo es langging. Es gab kein Netz von Funkfeuern oder Radiostationen, die Städte waren damals so spärlich beleuchtet, daß sie nur aus der Nähe ausgemacht werden konnten, zudem sah eine aus wie die andere. Navigation nach dem Mond wurde fast immer durch atmosphärische Bedingungen und die Wetterlage ausgeschlossen. Trotzdem flogen und landeten sie im Dunkel der Nacht.

Nimmt man die Schilderung von Grahame und Bond als Maßstab, so fällt die unglaubliche Trivialität des Geschehens sofort auf. Bei der großen amerikanischen Luftschiffwelle von 1896/97 berichtete eine Unzahl von Zeugen über einen gewissen »Wilson«, der mit einer hochtechnischen Flugmaschine unterwegs war, die mit dem sechs Jahre später kurz vom Boden abhebenden Gestell der Brüder Orville und Wilbur Wright wenig Ähnlichkeit aufwies. Besagter Wilson landete in zahlreichen US-Bundesstaaten, führte mit Farmern, Polizisten, Tankwarten und anderen Personen unverbindliche Gespräche und verschwand danach wieder in lichte Höhen. Ein vergessener Flugpionier? Wohl kaum.

Heute vermuten viele, es habe damals ein breitgestreuter, nicht erkannter Kontakt mit Außerirdischen stattgefunden. Daß Aliens nicht mit noch so ausgereiften Luftschiffen durchs All gondeln dürften, liegt jedoch klar auf der Hand.

Einen Ausweg aus dem Dilemma bietet möglicherweise die seit einiger Zeit bekannte »Mimikry-Hypothese« von Johannes Fiebag. Mimikry ist die aus der Tierwelt bekannte perfekte Anpassung an die Umwelt, z. B. durch den Farbwechsel beim Chamäleon oder dem astähnlichen Aussehen mancher Insekten. Sie wurde im Umfeld der präastronautischen Forschung aufgestellt und wird auch in der wissenschaftlichen Gemeinde diskutiert.

Besagte Hypothese lautet, man habe es mit einem sozusagen zielgruppenorientierten Auftreten von außerirdischen Besuchern zu tun. Sie würden bei Kontakten mit einer unterlegenen Spezies wie der unseren immer die Erscheinungsform wählen, die beim jeweiligen Zivilisationsstand der Kontaktierten gerade noch verstanden, aber gleichzeitig auch als weit fortgeschritten erkannt wird. Weil man nur identifizieren kann, was man schon einigermaßen kennt (ist das Neue völlig fremdartig, kommt es zu Wortschöpfungen wie der indianischen Bezeichnung »Feuerroß« für die Eisenbahn, obgleich eine Lokomotive mit einem Pferd wenig Ähnlichkeit aufweist).

In der Antike umgaben sich die Aliens daher mit der Aura des Gottkönigs, vor 100 Jahren traten sie als unerschrockene Flieger in Erscheinung, und heute pilotieren sie als Flugapparate identifizierbare Gebilde, hinter denen sich die schnellsten Abfangjäger wie lahme Enten herschleppen. Auch hier hat man es mit etwas Vertrautem zu tun, das das allgemeine Verständnis nicht überfordert, kann aber gleichzeitig erkennen, daß es jenseits des eigenen technischen Standards liegt. Wobei die Frage offenbleibt, wie wohl zukünftige Manifestationen aussehen werden – und wie weit über unserem eigenen Standard die Fremden *tatsächlich* liegen mögen.

Sadisten aus dem Weltraum

Wenn Ihnen jemand, den Sie noch nie gesehen haben, plötzlich Organe herausschneidet, kann es sich nur um einen Alien handeln, der sein Laser-Skalpell gründlich ausprobieren will.

Der Anblick der verstümmelten männlichen Leiche, die am 29. September 1988 in der Umgebung des Guarapiranga-Wasserreservoirs in Brasilien aufgefunden wird, ist ein Schock. Was einmal ein menschlicher Körper gewesen ist, sieht aus wie der Spielball eines wahnsinnigen Chirurgen mit unbekannten Instrumenten.

Die medizinische Untersuchung wirft mehr Fragen auf, als sie beantwortet. Wer hatte das gesamte Blut des Unglücklichen bis zum letzten Tropfen abgezogen und seine Augen, Ohren sowie seine Zunge und einige weitere Organe mit chirurgischer Präzision entfernt? Der Körper wies haarscharfe Schnittwunden auf. Sie waren offenbar unter Einsatz von High-Tech-Lasern entstanden, wie die kauterisierten, also bei großer Hitze verkohlten Wundränder bewiesen. In den Armen fanden sich symmetrische Löcher. Obwohl der Tod bereits vor einigen Tagen eingetreten war, gab es seltsamerweise keine Anzeichen von Verwesung. Ein grausiger Fall, aber bei weitem nicht der einzige in Brasilien.

Die Zahl der solcherart zugerichteten Opfer ist mittlerweile so groß, daß diese Verstümmelungen offiziell den Indianern zugeschrieben und als »Skalpierungen« in den Akten geführt werden. Da die bei dem grausigen Geschehen angewendete Technik dermaßen fortgeschritten ist, daß sie sich kaum in den Händen von Einheimischen befinden dürfte, die Ritualmorde vollführen, oder schlicht und einfach – und nicht ganz unverständlich – Rache am Weißen Mann nehmen wollen, wurden andere Vermutungen laut. Beispielsweise der Gedanke an eine Organ-Mafia, die reiche Organempfänger bedient.

Solche Organisationen verwenden arme Slumbewohner, Heimatlose, Flüchtlinge und andere Entwurzelte, nach denen kein Hahn kräht, als »Ersatzteillager«. Ein unmenschliches, aber extrem einträgliches Geschäft, das in vielen südamerikanischen Ländern bereits ungeheure Dimensionen angenommen hat. Allerdings ähneln unfreiwillige Organspender mehr zerfetzten, ausgeweideten Kadavern als den mit höchster Präzision zerteilten Opfern unsichtbarer Sezierer.

Weiter halten sich Organ-Mafiosi nicht mit der Entleerung des gesamten Blutes auf, besser gesagt, sie können sich nicht damit aufhalten, weil normalerweise die Zeit dafür fehlt. Da die Gefäße nach Entnahme von etwa einem Drittel der Gesamtblutmenge kollabieren, müßte unablässig Salzlösung nachgefüllt werden, um auch den Rest des Blutes absaugen zu können. Ein langwieriger Vorgang, den die unbekannten Täter irgendwie kompensiert haben müssen, da in einigen Verstümmelungsfällen nur wenig Zeit zur Verfügung stand. An eine Organ-Mafia zu denken, ist im ersten Moment verlockend, aber doch eher irreführend. Alles in allem gleicht Organraub weit mehr einer schnellen Schlächterei als einer »Präzisionsarbeit«.

Die monströs verstümmelte Leiches des Brasilianers erinnerte UFO-Forscher an den Fall von Sergeant Jonathan P. Louette, dessen Überreste im Jahr 1956 (als von Organtransplantation noch lange nicht die Rede war) in vergleichbarer Verfassung auf dem Raketenversuchsgelände White Sands in New Mexico, USA, aufgefunden wurden. Und an noch etwas anderes, schon länger Bekanntes.

Unter Bezugnahme auf die Analyse der Autopsiefotos der brasilianischen UFO-Experten Encarnacion Zapata Garcia und Dr. Rubens Goes sowie auf begleitende Berichte zieht der Forscher G. Cope Schellhorn Parallelen zu einer fast identischen Form der Verstümmelung, zu der es seit Jahrzehnten rund um die Welt an Tieren kommt. Da in der Mehrzahl Rinder und Kälber betroffen sind, hat sich in offiziellen Berichten der Fachterminus »Cattle Mutilation«, Rinderverstümmelung, etabliert. Beachtlich ist, daß die Beamten, die die Obduktionen der menschlichen Opfer in Brasilien vornahmen, nichts von den Tierverstümmelungen wußten. Trotzdem ähnelten ihre Berichte frappierend jenen über die verstümmelten Tiere.

Das Ausmaß an Tierverstümmelungen ist mittlerweile geradezu epidemisch zu nennen. In den USA, in Kanada, Mexiko, Puerto Rico, Panama, Brasilien, auf den Kanarischen Inseln, in Europa und in Australien gehen die Opfer in die Hunderttausende. Seit kurzem ist der unsichtbare Tierzerteiler auch in Japan tätig. In großem Maße hat das Gemetzel bereits vor über 30 Jahren begonnen.

An einem frühen Novembermorgen des Jahres 1963 fand ein Farmer in Gallipolis, US-Bundesstaat Ohio, auf einer seiner Weiden gräßlich verstümmelte Rinderleichen. Der Anblick war so schrecklich, daß er sich übergeben mußte.

Der Fall erregte Aufmerksamkeit, die sich wieder legte. Bis zum 9. September 1967, an dem die Leiche eines Wallachen namens »Snippy« auf der Harry King-Ranch nahe Alamosa in Colorado entdeckt wurde. Auch sie wirkte, als hätte sich ein Wahnsinniger mit einem riesigen Seziermesser über das unglückliche Opfer hergemacht, und sie war – *radioaktiv!*

Anfangs war in einigen Bundesstaaten eine regelrechte Panik ausgebrochen. Es hatte derartige Verstümmelungs-Orgien gegeben, daß der lokale Notstand ausgerufen werden mußte. Mittlerweile überschwemmt eine Welle von Rinderverstümmelungen die USA, die kein Ende zu nehmen scheint. Man hat sich in der Zwischenzeit an sie ebenso gewöhnt wie an die Rauschgiftlawine oder an die Verslummung der Städte.

Ein besonders makabres Beispiel aus der jüngeren Vergangenheit ist das der fünf verstümmelten trächtigen Kühe, die am 10. März 1989 aufgefunden wurden, wobei neben einer von ihnen die Gebärmutter inklusive dem Kälbchen lag.

Die Merkmale des unheimlichen Geschehens sind ziemlich identisch: Die toten Tiere wirken wie fein säuberlich zerlegt. Blut und Gehirnflüssigkeit fehlt zur Gänze. Gehirn, Darmteile, Hautpartien, die Genitalien, Augen, die Zunge und andere Organe wurden mit superheißen Instrumenten entfernt beziehungsweise wurden geometrische Stücke aus den Tieren herausgestanzt.

Die Art der seit einigen Jahren auftretenden Verstümmelung von Menschen deckt sich fast 100prozentig mit der bei den Tieren. Das gilt auch für den verlangsamten Verwesungsprozeß, den viele der verstümmelten Rinder, Hühner, Schweine, Rehe, Lamas, Schafe, Ziegen und anderes Getier ebenfalls aufweisen.

Es gibt keinerlei Fuß-, Reifen-, Huf- oder sonstige Spuren, nicht einmal Blutspritzer unter den Tieren. Die Opfer liegen nicht nur auf Weiden herum, sondern auf Highways, neben Häusern, Farmen und militärischen Einrichtungen (nicht selten neben Raketensilos) und überall sonst in der Gegend. Sie sind mit Stahlkabeln in Baumwipfeln oder an den höchsten Punkten von Tafelbergen befestigt. Gelegentlich werden sie in Brunnen hineingestopft. Die Verstümmelungen haben niemals am Ort des Auffindens stattgefunden. Manche Opfer wurden unter Wasser seziert, andere haben keinen heilen Knochen im Leibe, als wären sie aus großer Höhe auf ihren Fundort heruntergestürzt. Einmal fiel tatsächlich eine halbe Kuh aus heiterem Himmel zur Erde, wie der Autor Michael Harrison in seinem Buch »Vanishings« vermerkt.

Neben den verstümmelten Tieren findet man Kreise aus abgestorbenem Gras, oder Gras in der Umgebung wuchs nicht mehr. Tiere, die mit den später verstümmelten Grasfressern die Weide teilten, mutierten nach der Verstümmelung ihrer »Kollegen« zu Mißgeburten (bei einem Rind beulte sich die Stirn aus, und bei einem anderen wuchsen die Klauen so stark, daß sie sich einrollten). Blätter in der Nähe verwelkten. Fliegen, die auf einem verstümmelten Kalb gesessen waren, starben und blieben an Bäumen kleben (in der Natur unbekannte »Laborfliegen«). Manche der Opfer strahlten radioaktiv wie die Leiche des Pferdes »Snippy«.

Bäume in der Nähe waren geknickt und Zäune flachgewalzt, vergleichbar mit Anflugschneisen für Flugmaschinen, wie *wir* sie *nicht* besitzen. Tatsächlich wurden und werden bei Fällen von animalischen und menschlichen Verstümmelungen regelmäßig Lichter am Himmel und andere UFO-Phänomene gemeldet, einschließlich durch die Wälder schleichende Außerirdische.

Sonstiges wurde von den unsichtbaren Verstümmlern allerdings nicht bemerkt, obgleich Behörden, US-Farmer und Selbsthilfegruppen aller Art Planquadrataktionen durchführten, bei denen Gebiete mit Herden durch Barrikaden, Stacheldrahtverhaue und ähnliches hermetisch abriegelt wurden. Keine Maus hätte hier durchschlüpfen können – der unsichtbare Schlächter konnte es, denn die Metzelei ging auch in diesen zernierten Arealen ungehindert weiter. Immer größer werdende Belohnungen wurden ausgesetzt. Vergeblich.

Angesichts der schaurigen Tatsachen muten die behördlichen Erklärungen geradezu rührend an. »Raubtierfraß«, hieß es offiziell. Bussarde, Hyänen und sonstige Aasfresser hätten sich an den toten Wiederkäuern gütlich getan. Nicht einmal Schmeißfliegen wurden ausgeschlossen, die von all den bezichtigten Tieren wohl die größten Probleme haben dürften, Rinderleichen mit Kabeln in Baumkronen anzubinden oder in Brunnenschächte hineinzuquetschen.

Wer bei dem Gedanken schaudert, Aliens würden nicht einmal davor zurückscheuen, an der Krone der Schöpfung, dem Menschen, unheilige Experimente vorzunehmen, der erinnere sich der Bestialitäten, die wir seit Jahr und Tag an den wehrlosen Tieren und an unseresgleichen vollführen. Gemessen an den von uns begangenen Monstrositäten scheinen bei zynisch-realistischer Weltsicht einige wenige *Human mutilations* da und dort von geradezu beispielhaftem Feingefühl der nichtirdischen Skalpellschwinger zu sprechen.

Mit einem Fuß im Weltraum

UFOnauten scheinen Menschen hemmungslos zu entführen, aber nicht planlos. Was in ihren kleinen grauen Alien-Schädeln vorgehen mag, ist für die Betroffenen ebenso mysteriös wie bedrohlich.

Zu seiner größten Überraschung gelingt es dem Hausarzt von Jack Weiner aus Boston nicht, eine Zyste zu entleeren, die über Nacht über dem Knöchel des Patienten aufgetreten war. Ratlos überweist er Jack an einen Chirurgen, der den anomalen Pfropfen operativ entfernt.

Jack will aus bestimmten Gründen genau wissen, was da aus ihm herausgeholt wurde. Die Pathologen vor Ort sind nicht in der Lage, die Natur der »Zyste« herauszufinden. Darum hätten

sie das Ding zur Analyse an das »Centre for Disease Control«
(Zentrum zur Kontrolle von Krankheiten) in Atlanta, Georgia,
gesandt. Mehr können sie ihm auch nicht sagen.

Eine spätere Überprüfung der Krankenakte des Patienten verrät
jedoch, daß der Pfropfen in Wirklichkeit an Militärpathologen
in Washington geschickt und von einem Oberst der Luftwaffe
untersucht worden war. Mehr ließ sich nicht in Erfahrung bringen. Sendepause, wie so oft, wenn es um Dinge geht, die nicht
auf unserer Erde ausgeknobelt worden sein dürften.

Diese Vermutung ist nicht so kühn, wie sie sich im ersten Moment anhört, denn der anomale Pfropfen hat eine Vorgeschichte – und eine Fortsetzung. Die Story beginnt bereits in
der Jugend von Jack und seinem eineiigen Zwillingsbruder Jim
und kulminiert während einer dramatischen Flußfahrt im Jahr
1976 auf dem Allagash-River im Norden des US-Bundesstaates
Maine.

Am Freitagabend des 20. August 1976 hat sich eine kleine
Gruppe von vier jungen Kunststudenten, die Weiner-Brüder
sowie Charlie Foltz und Chuck Rak, zum Wochenendcampen in
die Wildnis aufgemacht. Ein Wasserflugzeug setzt sie am Telos
Lake auf dem Allagash-Waterway mit ihren Kanus aus. Die vier
schippern auf dem Fluß und campieren an den Ufern. Mehrere
Tage lang verläuft die abenteuerliche Fahrt wie geplant. Bis
Donnerstagabend, den 26. August, an dem sie den Eagle Lake
erreichen. Das Quartett hat das Nachtlager aufgeschlagen und
sich zum Angeln auf den See begeben. Damit sie wieder zurück-
finden, haben sie ein großes Lagerfeuer entfacht, das Stunden
brennen soll. Noch ehe die ersten Forellen anbeißen, ruft Chuck
den anderen zu, sie sollen hinter sich schauen. Sie schauen und
erstarren.

Lautlos steigt über den Bäumen ein riesiges, ovales, glühendes
Objekt auf. Seine Oberfläche scheint träge zu fließen. Areale aus
unterschiedlich farbigem, pulsierendem Licht wandern von
einem Pol der Kugel zum anderen. Es ist wie eine dicke, leuchtende und kochende Sauce, umhüllt von glühenden Fäden.

Charlie blinkt das Gebilde mit seiner Taschenlampe an. Schlagartig hört der Aufstieg auf. Statt dessen schwebt es heran. Ein
breiter Lichtstrahl schießt herunter auf die Wasseroberfläche.
Wo er auftrifft, zeigt sich ein glühender Ring mit dunklem Zen-

trum; der Strahl ist eine Röhre. Das Objekt nähert sich dem Kanu. Der Lichtstrahl läuft ihm voran.

Von Panik erfüllt paddeln die Angler, was das Zeug hält. Keine Chance. Das flammende kreisrunde Phantom fegt über den See. Es ist über dem Boot, ehe die jungen Männer das Ufer erreichen können. Das Licht schließt sie ein, und für die vier geht der Vorhang vor ihrem Bewußtsein herunter.

Als er sich wieder hebt, gibt es drei unterschiedliche Erinnerungen an das, was geschehen ist. Chuck Rak ist sich sicher, daß er – zur Bewegungslosigkeit erstarrt, das Paddel in der Hand, unfähig, den Blick von dem Objekt zu abzuwenden – im Kanu geblieben ist, während die anderen durch das seichte Wasser ans Ufer gestürmt sind. Die Erinnerung von Charlie Foltz setzt in dem Moment ein, da er mit den anderen im Lager steht und zusieht, wie sich die Kugel wieder entfernt. Das Zwillingspaar Jack und Jim hat gemeinsam die gleiche, am weitesten gehende Erinnerung. Sie umfaßt einige Augenblicke, in denen sie das Objekt fast direkt von unten sehen konnten, als es ganz nahe über dem Boot schwebte. Beide erinnern sich daran, daß der Strahl plötzlich nach oben schwenkte, worauf das Ding aufwärts schoß, im südlichen Nachthimmel zu einem Lichtpunkt schmolz und verschwand. Beim Lagerfeuer vereinheitlichen sich die Erinnerungen wieder.

Wie einem Mann ist ihnen der Schock darüber in die Glieder gefahren, daß das riesige, eben noch lichterloh brennende Feuer vollständig zu roten Kohlen heruntergebrannt war. Sie hatten besonders große Holzstämme genommen, um es mehrere Stunden voll in Gang zu halten. Für sie waren lediglich vier Minuten vergangen. Missing Time.

Seit der unheimlichen Begegnung fand keiner der vier Ruhe. Sie wachten nächtens auf und sahen fremde Wesen, oder sie schwebten selbst über dem Bett, unfähig, ein Glied zu rühren. Im Zuge der seither immer mehr die Öffentlichkeit erfassenden UFO/Abductions-Debatte entschlossen sich die vier schließlich zu Regressionshypnosen. Eine Reihe von Rückführungssitzungen förderte Unheimliches zutage.

Alle vier waren durch den röhrenartigen Lichtstrahl aus dem Boot in das UFO transportiert worden, wo ihnen entfernt humanoide Kreaturen durch Gedankenkontrolle den Willen raubten.

Sie mußten ihre Kleider ablegen und in einem weißlich-diffus erhellten Raum auf einer Kunststoffbank Platz nehmen. Die Fremden leuchteten ihnen in die Augen, legten ihnen Gurte an und beugten ihre Arme und Beine. Danach mußten sie sich einzeln auf einen Tisch legen und unangenehme Untersuchungen über sich ergehen lassen. Seltsame und furchterregende Instrumente wurden von der Decke heruntergelassen, während die Aliens ihrem jeweiligen Opfer verschiedene Proben entnahmen.

Die eineiigen Weiner-Zwillinge wurden besonders intensiv untersucht. Auch wurden ihnen mehr Proben abgeknöpft als den beiden anderen.

Als der letzte der vier die Prozedur hinter sich hatte, erhielten sie den mentalen Befehl, ihre Kleider wieder anzuziehen, in einen anderen Raum zu gehen und einer nach dem anderen ein rundes Portal zu durchqueren. Sie glitten durch den soliden Lichtstrahl in das Kanu zurück, das von dem Licht fixiert worden war.

Im Zuge von 15 Hypnosesitzungen über einen Zeitraum von 14 Monaten kamen nicht nur weitere Details während der Gruppenentführung zutage, sondern auch die Tatsache, daß die Weiner-Zwillinge seit ihrer frühesten Kindheit von Aliens heimgesucht und immer wieder entführt worden waren. Dies ging auch nach dem Allagash-Erlebnis weiter.

Beispielsweise wurde Jack Weiner im Mai 1988 gemeinsam mit seiner Frau Mary aus ihrem abgelegenen Berghaus in Townsend, Bundesstaat Vermont, entführt. Dabei unterwarfen die Aliens sie einer Prozedur, die in allen Einzelheiten mit jener während der Entführung des Camperquartetts vor zwölf Jahren identisch war. Von diesem Abductions-Erlebnis behielt Jack Brandwunden auf den Fußsohlen zurück, greifbare Beweise im Sinne des Wortes.

Darüber hinaus hatten die vier Freunde, Kunststudenten wie wir wissen, schon früher anschauliche Zeichnungen ihrer Entführer geliefert. Alle Darstellungen – jede davon individuell angefertigt – zeigten hagere Wesen mit dünnen Gliedmaßen, großen ovale Köpfen ohne Ohren, Nase und Mund, dafür aber einem dominierenden Augenpaar.

Der zehnbändige Abschlußbericht über das Erlebnis umfaßte mehr als 700 Seiten und diente als Grundlage eines von »Timelife« herausgegebenen Buches über UFO-Entführungen. Die

Kette von extraterrestrischen Ereignissen, die jene vier Amerikaner seit Jahrzehnten verbindet, gehört zu den prägnantesten Fällen aus der nicht eben kleinen Chronik außerirdischer Umtriebe auf unserer Erde.

Neben den Hypnoseergebnissen, den Zeichnungen oder Jacks Brandwunden wiegt der Umstand schwer, daß das Allagash-UFO unabhängig auch von anderen Campern beobachtet worden war. Der seriöse UFO-Forscher Raymond E. Fowler hält das Allagash-Vorkommnis für einen der bedeutendsten Entführungsfälle – besonders wegen des klar erkennbaren Interesses der Außerirdischen am spezifischen genetischen Make-up von eineiigen Zwillingen –, weswegen er ihm ein ganzes Buch gleichen Titels gewidmet hat. Außerirdische sind eben, so scheint es in diesem und anderen Fällen, nun einmal wählerisch, was »Entführungskandidaten« angeht.

Wer fürchtet sich vorm Schwarzen Mann?

Sie sind dunkel gekleidet, ebenso dunkel ist ihr Ursprung. Woher kommen sie, und was wollen sie, die unheimlichen Besucher im Leichenträger-Look?

In der Redaktion des »Messenger« ist die Hölle los. Mary Hyre weiß nicht, wo ihr der Kopf steht. Über 20 Jahre lang hat sie in der kleinen Lokalzeitung des Städtchens Point Pleasant im amerikanischen West Virginia beschaulich gewerkt. Berichte über Heiraten, Geburten und Todesfälle, ganz selten über ein Skandälchen oder gar ein Verbrechen waren ihr tägliches Brot gewesen. Und jetzt das.

Seit die Silver Bridge vor einer Woche in den Ohio-River gestürzt ist, hat sich das verschlafene Städtchen in einen Hexenkessel und die gemütliche Redaktion in ein Tollhaus verwandelt. Reporter, Kamerateams, Regierungsbeauftrage, Untersuchungskommissionen, Katastrophentouristen und ein Sortiment von Fremden aller Couleur sorgten für unentwegtes Chaos. Sie gaben einander auch in der Redaktion des »Messenger« die Klinken in die Hand. Dazu kamen noch zahlreiche verzweifelte

Stadtbewohner, die jede mögliche Stelle belagerten, wo sie Informationen über vermißte Angehörige zu erhalten hofften, die in den Fluß gestürzt und nicht wieder aufgetaucht waren.

Die Besucher, die an diesem Freitag, den 22. Dezember 1967, in Mrs. Hyres Büro kommen, gehören zu keiner der gewohnten Kategorien. Im ersten Moment fällt der Redakteurin an den beiden Männern in den schwarzen Mänteln nichts Besonderes auf. Das ändert sich schlagartig, als die zwei Fremden, die wie Zwillinge aussehen und aus der Nähe wie Orientalen wirken, abwechselnd Fragen zu stellen beginnen. Seltsame Fragen, ja geradezu unpassende Fragen.

»Stimmt es, daß in dieser Gegend häufig UFOs beobachtet werden?« will der eine »Zwilling« wissen. Was sollte das? Eine Brücke war zusammengekracht und hatte Menschen in den Tod gerissen. Seltsame Himmelsphänomene waren das letzte, was die Bewohner von Point Pleasant derzeit bewegte, Mrs. Hyre eingeschlossen.

Sie bringt das ruhig, wie es ihre Art ist, aber nachdrücklich zum Ausdruck. Die Männer in Schwarz lassen nicht locker. Um die offensichtlichen Spinner wieder loszuwerden, holt die Redakteurin einen dicken Ordner. Tatsächlich wurden in dieser Gegend oft Erscheinungen am Firmament und andere Seltsamkeiten registriert.

Ein ganzes Potpourri davon gehörte fast zum Lokalkolorit. Lichter huschten über den Himmel. Funkgeräte und Radios spielten regelmäßig verrückt. Es bildeten sich eng begrenzte Zonen, die Menschen nicht ungeschoren betreten konnten (es kam zu Panikanfällen, Nasen- und Ohrbluten usw.). Tiere starben mysteriöse Tode. Als Krönung der Heimsuchungen hatte der berühmte »Mottenmann« von West Virginia die Gegend zu seinem bevorzugten Wirkungsfeld erkoren.

Seit Jahren trieb er sich immer wieder hier herum. Er stand düster am Straßenrand – nicht selten am Highway 62, der nach Point Pleasant führt – und starrte Vorbeifahrende mit riesigen rotleuchtenden Augen an. Er verfolgte Autos mühelos, auch wenn sie mit Höchstgeschwindigkeit dahinrasten, und drehte sogar verfolgenden Flugzeugen eine lange Nase (sofern er eine solche besaß). Ein Etwas, für das es im irdischen Stammbaum der Arten keinen Platz zu geben scheint. Gegen Jahresende hatte sich der bizarre Gleiter allerdings etwas rarer gemacht. Trotzdem: All das reichte in der Tat aus, um einen dicken Ordner zu füllen. Den sie nun den seltsamen Fragestellern aushändigt.

Einer der beiden wirft einen schnellen Blick auf den darin befindlichen Berg an Zeitungsausschnitten über UFOs und sonstige bizarre Aktivitäten und fragt: »Sind Sie aufgefordert worden, nicht mehr über Sichtungen zu berichten?« Die Redakteurin verneint.

»Was würden Sie tun, wenn jemand Ihnen befehlen würde, nicht mehr über UFOs zu berichten?« läßt der Mann nicht locker.

»Ich würde ihm sagen, er soll sich zum Teufel scheren«, erwidert die mittlerweile ergrimmte Redakteurin, wobei sie die zwei dunkel gekleideten Gestalten mit einbezieht. Jetzt langt es. Demonstrativ wendet sie sich wieder ihren Vermißtenberichten zu. Als sie Sekunden später aufblickt, sind die Besucher gegangen.

Am selben Nachmittag erscheint der nächste »Spinner«. In Kleidung und Gesichtsschnitt ähnelt er seinen Vorgängern, lediglich seine Haut ist noch dunkler. Er stellt sich mit dem Namen Jack Brown vor, UFO-Forscher. Mary Hyre, die langsam genug hat von Brückenzusammenbrüchen und UFO-Interessenten und sich nur noch nach einer Mütze Schlaf sehnt, will den neuen Belästiger mit dem Hinweis loswerden, seine »Kollegen« seien bereits hier gewesen. Der Mann verneint, mit den »Zwillingen« irgend etwas zu tun zu haben.

Nach einem kurzen, ebenso unergiebigen wie mühsamen Gespräch befreit sich die Redakteurin von dem Quälgeist, indem sie ihn an einige Einwohner des Ortes verweist, die UFOs gesehen hatten. Was keine Seltenheit war. Der schwarzgekleidete Mann verschwand, um anderen auf die Nerven zu fallen.

Die unheimlichen »Männer in Schwarz« scheinen ein fixer Bestandteil im Umfeld des UFO-Rätsels zu sein. Sie erscheinen oftmals bei UFO-Zeugen kurz nach der Sichtung, meist als Paare oder zu dritt. Üblicherweise über den Vorgang selbst bestens informiert wie auch über intimste Details aus dem Leben der von ihnen Besuchten, legen sie den Betreffenden ans Herz, die ganze Sache zu vergessen. In hartnäckigen Fällen zeigen sie Ausweise bekannter oder unbekannter Bundesdienststellen oder beschatten die Einzuschüchternden in riesigen schwarzen Limousinen älterer Bauart, die auffälliger nicht sein könnten. Zwischendurch rufen sie auch immer wieder an. Zeugen, die länger mit ihnen zu tun haben, beschreiben sie als »nicht ganz menschlich«.

Der Psychiater Dr. Hopkins, der in den siebziger Jahren zwei UFO-Entführte betreut hatte, erhielt ein Jahr danach den Besuch eines Mannes in Schwarz, der buchstäblich vom Himmel gefallen sein mußte.

Der Unbekannte hatte angerufen, sich als UFO-Forscher deklariert und eine Minute später vor dem Haus des Psychiaters gestanden. Dr. Hopkins konnte keinen Wagen des Fremden entdecken, und selbst mit einem solchen hätte der Mann in diesen tristen handylosen Tagen vom nächsten, meilenweit entfernten öffentlichen Telefon nicht so schnell da sein können.

Der kahlköpfige Besucher ohne Augenbrauen forderte den Arzt auf, alle Unterlagen des Entführungsfalles zu zerstören. Während des Gesprächs begann die Sprache des dunkel Gekleideten immer mehr zu versagen. Zitternd stand er auf und schwankte auf die Tür zu. »Entschuldigen Sie«, sagte er mit unterschiedlicher Lautstärke, »meine Energie geht aus ... muß jetzt gehen.« Weg war er.

Trotz aller Surrealität, die Episoden wie dieser anhaftet, wird nicht nur im Zusammenhang mit UFOs vom Auftreten der seltsamen Männer in Schwarz berichtet. Man will sie beispielsweise vor dem tödlichen Motorradunfall von Lawrence von Arabien an der Todesstrecke gesehen haben. Sie sollen nach dem Unfalltod der Sekretärin von Senator Ted Kennedy, Mary Jo Kopechne, der sich in der Nacht zum 19. Juli 1969 bei der Insel Chappaquiddick (Massachusetts) ereignete, Marys Eltern aufgesucht und sie dazu bewegt haben, die Obduktionserlaubnis für Mary zurückzuziehen. Auch in Verbindung mit anderen Ereignissen könnten sie ihr seltsames Süppchen gekocht haben. Vermutungen, zugegeben, aber auf der Basis von Zeugenaussagen und Beobachtungen.

Ein zusätzliches Element aus dem Bereich des Bizarren ist die seltsame Wahl der Namen, deren sich die Männer in Schwarz bei vielen Auftritten bedienen. Jack Brown, wie sich der einzelne Besucher von Mrs. Hyre nannte, ist kein Deckname von genialer Originalität. Vielmehr läßt er einen Mann von deutlich asiatischem Aussehen erst recht so auffallen, wie den CIA-Agenten aus dem altbekannten Witz, der aufgrund seiner perfekten Beherrschung des Russischen und seiner umfassenden Kenntnis aller Sitten und Gebräuche in die ehemalige UdSSR eingeschmuggelt wird, aber – leider – nicht sehr weit kommt, weil er ein Schwarzer ist. Speziell die UFO-Historie ist gepflastert mit solchen »unauffälligen« Gestalten von fremdländischem Äußeren, die sich dessenungeachtet unverdrossen als Smith, Jones, Kelley, Allen, Miller, Wilson, Brown usw. vorstellen.

Für viele, die sich mit den rätselhaften »Men in Black« befassen, verkörpern die seit Jahrhunderten auftretenden dunklen Gestalten ein weit über die UFOlogie hinausgehendes Phänomen, das die Bereiche Mystik, Okkultismus, Esoterik, Fantastic, materielle Realität und Spirituelles umfaßt.

Für sie ist die mystische Bedeutung der Farbe Schwarz der Schlüssel zu den Unheimlichen. Sie verweisen auf zahlreiche Beispiele wie die schwarzen Steine des Sonnentempels am Titicacasee zwischen Peru und Bolivien, die von Orejona, der venusischen Mutter der Menschheit, überbracht worden sein sollen, auf den schwarzen Stein der Kaaba in Mekka oder auf den Schwarzen Stein des Apollo. Beispiele, die sich endlos fortsetzen lassen, ohne die Grundfrage zu beantworten: Warum fürchten wir uns seit alters her vorm Schwarzen Mann?

....

TEIL III

Leben und Tod

*»Alles, was Wissenschaft mich lehrte und
noch lehrt, stärkt meinen Glauben
an ein Fortdauern unserer geistigen Existenz
über den Tod hinaus.«*

WERNHER VON BRAUN

5 Im Grenzbereich

Sie gehen nicht den Weg allen Fleisches

In der Moreno-Familiengruft kommt es zu einer unheimlichen Entdeckung. Die schockierten Dorfbewohner wissen nicht, daß sie auf eines der seltsamsten Mysterien gestoßen sind, für das die Wissenschaft keine Erklärung hat.

Heiß brennt die Sonne auf den kleinen Friedhof des spanischen Städtchens Espartinas herunter. Schweigend bewegt sich der Trauerzug auf die alte Gruft zu. Sie ist seit Generationen zur letzten Ruhestätte für die Mitglieder der Familie Moreno geworden. Auch heute soll ein Moreno drin bestattet werden. Er war ein anständiger Mann gewesen, trotzdem hatte es das Schicksal nicht gut mit ihm gemeint.

Josef Ruiz, der hinter den Verwandten die Reihe der Freunde des Verstorbenen anführt, wischt sich mit dem Handrücken über die schweißfeuchte Stirn. Er denkt an seinen Freund, der jetzt in dem schmucklosen Sarg aus Fichtenholz liegt, und daran, daß der alte Moreno nun wieder mit seinem kleinen Sohn vereint ist, der nun schon seit über vier Jahrzehnten in der Familiengruft ruht. Elf Jahre erst war der fröhliche, immer zu Späßen aufgelegte José Garcia Moreno gewesen, als er sterben mußte. Gehirnhautentzündung sagten die Ärzte. Nichts Besonderes für sie, doch unvorstellbares Leid für den Vater des kleinen Jungen. Josef Ruiz erinnert sich an dieses schreckliche Unglück, als wäre es gestern geschehen. Er blinzelt gegen die sengende Sonne und fühlt sich aus dem Hier und Jetzt herausgelöst, mehr in der Vergangenheit als in der Gegenwart. Und er weiß, daß es nicht nur ihm so geht.

Als die Trauergemeinde vor der Gruft zum Stehen kommt, wird für Josef Ruiz das Gefühl der Unwirklichkeit noch stärker. Es ist ihm, als hätte er eine gespenstische Vorahnung. Wie aus der Ferne hört er die Worte des Priesters, das Weinen der Frauen, das nervöse Scharren einiger Füße auf dem Kiesweg und schließlich das Öffnen der Familiengruft.

Die Sargträger verschwinden in dem Gewölbe. Es würde nur einige Minuten dauern, bis die sterblichen Überreste von Moreno senior aus dem Sarg gehoben und in die Nische neben seinem Sohn gebettet waren. Dann konnte die Trauergemeinde eintreten und ihrem Freund, Nachbarn, Bruder die letzte Ehre erweisen.

Laute Rufe, die aus der Gruft dringen, lassen Josef Ruiz den kalten Schweiß ausbrechen. Er spürt das Kommende. Kreidebleich erscheinen die Sargträger am Eingang des Gewölbes. »Ein Wunder«, schreit einer von ihnen, und alle schlagen Kreuzzeichen. Freunde und Verwandte drängen ins Innere der Grabkammer. Dort erwartet sie ein phantastischer Anblick.

Der geöffnete Sarg steht neben der Nische, in der die Leiche des elfjährigen José Garcia Moreno liegt. Der kleine Junge zeigt nicht die geringsten Spuren von Verwesung. Eingehüllt in völlig zerfallene Grabkleider liegt er da wie schlafend. Es war, als hätte man ihn eben erst zur letzten Ruhe gebettet. Dabei war er nicht einmal einbalsamiert worden.

Josef Ruiz spürt, wie ein eisiger Finger über sein Rückgrat streicht. Er ist wie vom Donner gerührt. Den anderen geht es ebenso, denn es herrscht lähmendes Schweigen. Die Älteren fühlen sich wie Ruiz um Jahrzehnte zurückversetzt an jenen Tag des Jahres 1937, als der kleine Junge gestorben war. Genauso wie im Augenblick seines Todes sah er auch jetzt – Jahrzehnte später – aus. Er war *nicht* den Weg allen Fleisches gegangen. Die Zeit konnte ihm nichts anhaben…

Das Wunder des kleinen Moreno ist das Tagesgespräch von Espartinas und den angrenzenden Gemeinden. Hunderte Menschen pilgern in die Gruft.

Schließlich wendet sich eine Delegation der Dorfbewohner an den Vatikan um Heiligsprechung des kleinen Toten, der so offensichtlich himmlische Gnade empfangen hat. Der Heilige Stuhl kann diesem Anliegen nicht entsprechen, da selbst ein so phantastisches Phänomen dafür kein ausreichender Grund ist.

Was die Bewohner des Dorfes Espartinas nicht wissen konnten, ist die Tatsache, daß die Spur der Unberührbaren im Dunkel der Vergangenheit ihren Ursprung hat. Der elfjährige José Garcia Moreno war nicht der erste von ihnen und sicher nicht der letzte.

In der »Geschichte der Heiligen« finden sich zahlreiche Berichte vom Nichteinsetzen der Verwesung. Ende des 19. Jahrhunderts nahm Pater Herbert Thurston eine genaue und ausführliche Katalogisierung dieses Phänomens vor, und die Amerikanerin Joan Cruz aus New Orleans listet in ihrem 1977 erschienenen Buch »Die Nichtverwesenden« 102 solcher Fälle auf. Sie alle sind unerklärlich, doch unbestreitbare Tatsache.

Die im Jahr 177 hingerichtete heilige Cäcilia ruht heute in der Basilika, die ihren Namen trägt, in einem Sarkophag. Seine marmorne Platte zeigt die junge Frau, wie sie am Tag ihres Todes war – und heute noch ist: die Hände gefaltet und völlig unberührt vom Lauf der Jahrhunderte.

In der Warschauer Kirche werden die völlig unveränderten Überreste des Märtyrers Andrew Babola als Reliquie aufbewahrt, der 1657 von Kosaken grausam getötet worden war.

Der 1701 des Mordes angeklagte Deutschritter Christian Kahlbutz stieß vor dem fürstlichen Gericht den flammenden Schwur aus: »Wenn ich der Mörder bin, so möge der gütige Gott meinen Körper niemals verfaulen lassen!« Und in der Tat, der Körper des wegen seiner Grausamkeit gefürchteten Ritters »verfaulte« niemals.

In der Einsiedelei von St. Peter und St. Paul im Libanon versammeln sich Pilger einmal jährlich, um »Heiliges Öl« zu sammeln. Es sickert aus dem Körper des maronitischen Heiligen St. Charbel Makhlouf, der 1898 in der Gruft der Einsiedelei beigesetzt wurde.

Seit 1950 werden die Gruft und dann der Zinksarg des Heiligen jedes Jahr zur Kontrolle geöffnet, und stets bietet sich das gleiche unglaubliche Bild: ein völlig unveränderter Toter, der eine ölige / Substanz ausscheidet. Die Liste der Unberührbaren ist lang.

Die Wissenschaftler stehen diesem Phänomen ratlos gegenüber. Man versuchte, es mit dem Prozeß der sogenannten *Saponification* in Verbindung zu bringen, bei dem sich das Körpergewebe in eine Ammoniak-Seife verwandelt und die Haut unverändert bleibt, ja fester wird. Solches geschieht manchmal bei Beerdigungen in besonders feuchtem Erdreich oder in unmittelbarer Nähe von Fäulnis. Ein untauglicher Erklärungsversuch, denn nichtverweste Tote wurden auch in Massengräbern entdeckt, sozusagen Schulter an Schulter mit anderen, die sich in fortgeschrittenen Stadien der Auflösung befanden. Einige bleiben sogar unter Bedingungen unberührt, die Fäulnis und Verwesung begünstigen.

Dazu ein Pathologe: »Keine Theorie vermag das Ausbleiben der Verwesung befriedigend zu erklären. Die Tatsache, daß wie im Fall des heiligen St. Charbel Makhlouf ein – noch dazu toter – Körper laufend große Flüssigkeitsmengen zu produzieren vermag, ist überhaupt unbegreiflich ...«

Mit Theorien haben die Bewohner des kleinen Dorfes Espartinas im sonnigen Spanien wenig im Sinn. Viele von ihnen werden so lange sie leben den Anblick nicht vergessen können, der sie in der Moreno-Familiengruft erwartete: ein kleiner Junge in den zu Staub gewordenen Überresten seiner Grabkleider, unberührt vom alles verschlingenden Fluß der Zeit und der Vergänglichkeit.

Rätselhafte Kräfte

Manchmal legen Menschen unheimliche Kräfte an den Tag, wenn ihr irdisches Dasein zu Ende geht. Kräfte, die vielleicht in jedem schlummern und die über die Schwelle des Todes hinaus wirksam werden können.

Der 20. Februar 1936 ist ein Tag wie jeder andere für das Personal im »War Memorial Hospital« in Sault St. Marie im US-Bundesstaat Michigan. Die Ärzte, Krankenschwestern, Pfleger und Administratoren des Krankenhauses haben alles im Griff: die Routine des Lebens und die Routine des Sterbens. Sie sind auf alles vorbereitet – nur nicht auf die letzten Worte von Jefferey Derosier und darauf, was sie bewirken.

Der Patient legt den Handspiegel zur Seite, in den er ein letztes Mal geblickt hat, und spricht mit brechenden Augen den seltsamen Satz: »Ihr werdet diesen Spiegel nicht aufheben können.« Genau das ist der Fall. Wie einzementiert haftet der kleine Spiegel nach Derosiers Ableben auf dem Krankenhaustisch. Es gelingt auf keine Weise, ihn wegzunehmen oder auch nur zu bewegen.

Kräftige Männer attackieren ihn mit den Händen, mit Meißeln, mit Eispickeln und mit den ausgefallensten Werkzeugen. Vergeblich. 24 Stunden lang trotzt er jeglicher Gewalt, danach springt er plötzlich ohne erkennbaren Grund regelrecht in die Luft und fällt zu Boden. Ihn abermals zum Kleben zu bringen, gelingt ebensowenig wie zuvor das Gegenteil. Schließlich zerbricht man den mysteriösen Spiegel zur allgemeinen Erleichterung »zufällig«. Sein Geheimnis wird zwar nie geklärt, aber es ist wenigstens nicht mehr vorhanden, auch wenn Nachrichtenagenturen es aufgreifen und Zeitungen – beispielsweise die »Evening News« – darüber berichten.

Nicht ganz so schnell in Vergessenheit gerät ein im Prinzip ähnlicher Fall. Das ist ganz natürlich, denn er manifestiert sich nicht im lästigen Vorhandensein eines rätselhaften Faktums, sondern in einem nicht weniger rätselhaften *Nicht*-Vorhandensein.

Kann man über die Gründe nur spekulieren, die Jefferey Derosier zu seinem »Spiegeltrick« bewogen hatten, so liegt die Motivation für die letzten Worte von John Newton aus dem englischen Wales auf der Hand. Der Mann, der 1821 wegen Mordes in Montgomeryshire schuldig gesprochen und gehängt wurde, rief dem Gericht nach seiner Verurteilung zu: »Ich bin unschuldig! Kein Gras wird eine Generation lang auf meinem Grab wachsen, um es zu bezeugen!«

Dieses Zeugnis seiner Unschuld überdauerte nicht eine, sondern mehrere Generationen. Bis in unsere Tage. Auf Newtons Grab wuchs kein Gras, was immer auch unternommen wurde. Man wechselte das Erdreich, säte unverdrossen immer wieder neuen Grassamen, pflanzte, ackerte um und kultivierte. Ohne jeden Erfolg. 1941 wurden die fruchtlosen Versuche eingestellt, die kahle Stelle zu begrünen, die an ein 120 Jahre zurückliegendes Ereignis, wahrscheinlich einen Justizirrtum, erinnert.

Wissenschaftler, die zu solchen Fällen befragt werden, ziehen sich gerne mit dem kaum zu entkräftenden Argument aus der Affäre, daß sich derartige Vorgänge weder überprüfen noch im Labor nachvollziehen lassen. Bringt man auch noch den diffusen Begriff der »Lebensenergie« ins Spiel, die vielleicht noch aktiv ist, wenn ihr Träger nicht mehr unter den Lebenden weilt, so hat man endgültig die Ebene des Seriösen verlassen. Hat man das wirklich?

In den siebziger Jahren unternahm der deutsche Ingenieur Zinßer aus Idar-Oberstein jahrelang Versuche, um eben dieser »Lebensenergie« auf die Spur zu kommen (auch wenn seine Experimentalanordnungen ganz andere Bezeichnungen trugen). Zinßer war durch eine Reihe von Indizien zu der Annahme bewegt worden, daß der Mensch ungeheure Kräfte freisetzen könne, die lange Zeit am Ort ihrer Mobilisierung wirksam blieben, auch wenn derjenige nicht mehr zugegen war, der sie ausgelöst hatte (Parallelen zum unbeweglichen Spiegel und zur graslosen Grabstelle drängen sich auf).

Zinßer experimentierte mit einem komplexen System von Drehwaagen und elektromagnetischen Feldern. Dabei zeigte sich der vermutete Effekt: Personen waren in der Lage, durch ihre bloße Gegenwart Waagen zum Drehen und Schwingen zu bringen. Mehr noch, diese induzierte Bewegung dauerte Stunden an, nachdem die Testperson den Raum verlassen hatte. Zinßers Berechnungen ergaben, daß dabei Kräfte im Spiel sein mußten, die mehrere Größenordnungen über allen Energieerzeugungsprozessen liegen, die wir kennen, Kernfusion eingeschlossen. Der deutsche Ingenieur war der Ansicht, daß sich die Raumfahrt in ferner Zukunft dieser Energie bedienen würde.

Was sich denkbarerweise in Zinßers Berechnungen niederschlagen mag, die vom Stuttgarter Institut unter der Leitung Professor Peschkas aufgegriffen wurden, geisterte schon früher als *Vitalkraft, Funke des Lebens, Geiststofflichkeit, Bioplasma, Orgon, Od, Aura* und *Äther* usw. gleichermaßen durch Universitäten und okkultistische Salons. Mit diesen Begriffen hat die Physik des 20. Jahrhunderts zwar aufgeräumt, nicht aber mit der Vorstellung einer alles durchdringenden elementaren Grundkraft, die lebende Organismen unter bestimmten Bedingungen zu Leistungen befähigt, die um Zehnerpotenzen über ihren physischen und psychischen Kapazitäten liegen. Wie es scheint, kann das Herannahen des Todes ein solcher Umstand sein, der einen Zugriff auf die geheimnisvollen Kräfte in uns und um uns möglich macht.

Daß der Mensch eine Reihe von schlummernden Talenten besitzt, wird auch an jenen Fällen erkennbar, wo das eine oder andere von Haus aus offen zu Tage tritt und von seinem Besitzer als völlig normal empfunden wird. Ein bekanntes Beispiel ist

»Der Knabe mit dem Röntgenblick«, der in den sechziger Jahren Wissenschaft und Medien gleichermaßen faszinierte. 1963 machte der damals zwölfjährige Südafrikaner Pieter van Jaarsveld von sich reden, da er unterirdische Wasseradern, Grundwasser, Wasserreservoirs usw. deutlich sehen konnte. Es hatte ihn total verblüfft, als ihm klargeworden war, daß andere Menschen derartiges nicht vermochten.

Sein Grab konnte ihn nicht halten

Besorgen geheimnisvolle Mächte in seltenen Fällen die Ehrenrettung von Unschuldigen, oder besitzen manche Menschen selbst die Kraft dazu, sich posthum zu rehabilitieren?

Im Huguenot-Museum von Paarl, Cape Town in Südafrika, gibt es ein seltsames Ausstellungsstück: einen großen Grabstein aus schwarzem Marmor. Mit der Inschrift nach unten liegend war er 1956 von Picknickern auf einem Abhang des Paarl-Berges gefunden worden. Wie er dorthin kam, ist ebenso unklar wie das Geschehen nach dem Tod des jungen Mannes, dessen Name in den polierten Stein gemeißelt ist. Die Inschrift lautet: »Geweiht der Erinnerung von John Gebhard. Gesegnet seien jene, die im Herrn ruhen.« Die Vorgänge, die dazu geführt haben, daß ein gewöhnlicher Grabstein in einem Museum gezeigt wird, haben sich fast auf den Tag genau 100 Jahre früher ereignet.

Sie nehmen ihren Anfang, als der Gouverneur die kahle Zelle Gebhards im Zuchthaus von Paarl in der Kapprovinz Good Hope betritt, um den einsamen Häftling mit den letzten Formalitäten seines Lebens zu konfrontieren. Mit unbewegter Stimme liest er dem Verurteilten vor, was diesem seit Tagen ohnedies wieder und wieder durch das Bewußtsein dröhnt. Er, John Gebhard, ist für einen Mord zum Tode verurteilt worden, den er nicht begangen hat, und nun muß er unschuldig hängen. Niemals würde er erfahren, wer den Farmarbeiter Pierre Villiers tatsächlich stranguliert hatte.

»Haben Sie noch etwas zu sagen?« fragt der Gouverneur abschließend.

»Ja!« bricht es aus Gebhard heraus. »Ich bin unschuldig!«
An diesem Novembermorgen des Jahres 1856 steigt John Gebhard gefaßt die Stufen zum Galgen hinauf. Von dort blickt er auf Pater Dupre hinunter, der ihn auf dem letzten Weg begleitet hat. Der Priester will eben beginnen, die bei einer Hinrichtung vorgesehenen Worte zu sprechen, da wendet sich Gebhard an ihn: »Verschwenden Sie Ihre Zeit nicht damit, Father. Man kann meinen Körper zerstören, aber nicht meine Seele!«
Der Delinquent kann nicht weitersprechen, denn der Henker zieht ihm eine schwarze Kapuze über den Kopf, streift ihm die Schlinge über, zieht sie leicht zusammen und rückt den Knoten fachmännisch hinter Gebhards Ohr. Sekunden bevor sich die Falltür unter ihm öffnet und der lange Sturz in die Ewigkeit beginnt, ruft der Verurteilte klar und deutlich trotz der dämpfenden Kapuze: »Kein Grab wird mich halten! Hört ihr, kein Grab wird mich halten! Ihr könnt mich in keinem Grab halten, denn ich bin unschuldig.« Dann ein lautes Klicken, die Falltür schwingt nach unten.
Da diese Begleitumstände großes Aufsehen erregt haben, gehen die Zuchthausbehörden vom ersten Moment an auf Nummer sicher. Zwei Stunden nach der Hinrichtung und nach den vorgeschriebenen medizinischen Untersuchungen, die diesmal übergenau ausfallen, wird Gebhard offiziell für tot erklärt. Sein Körper kommt in einen einfachen schwarzen Sarg, dessen Deckel nicht nur besonders fest zugenagelt, sondern sogar versiegelt wird, was sonst nicht üblich ist. Unter Bewachung karrt man den Sarg zum ausgehobenen Grab hinter dem Gefängnisgebäude am Fuß des Paarl-Berges. Es ist mit dreieinhalb Metern ebenfalls tiefer als normal. Nach der Beerdigung wird auf dem Grab ein schwerer Steinhügel errichtet. Gleichzeitig beziehen bewaffnete Soldaten auf direkten Befehl des Gouverneurs Posten. Die 24-Stunden-Bewachung würde dafür sorgen, daß sich niemand an der Grabstelle zu schaffen machte, was auch nicht versucht wird.
Wenig später setzt eine dramatische Entwicklung ein. Der Farmer, für den Gebhard und auch Villiers gearbeitet hatten, entdeckt die Geldbörse des Mordopfers bei dem Knecht Peter Lo-

renz. Dieser war der Hauptbelastungszeuge bei Gebhards Prozeß. Der Verdächtige wird von der Polizei auf der Flucht verhaftet. Die Beamten durchsuchen seine Schlafstelle und finden einen Ring und die Uhr des ermordeten Villiers. Lorenz gesteht die Tat, die er Gebhard erfolgreich in die Schuhe geschoben hat.

Während diesmal der wahre Schuldige seiner Strafe entgegensieht, ordnet der Gouverneur Gebhards volle Rehabilitierung an. Seine Mutter erhält eine Entschädigungssumme von 1000 Pfund sowie lebenslang eine Jahresrente von 108 Pfund zugesprochen. Gleichzeitig wird die Umbettung von Gebhards Leiche in geheiligten Grund angeordnet. Nur – *es gibt nichts umzubetten.*

Zum grenzenlosen Erstaunen von Gebhards Mutter, mehrerer Zeugen, der immer noch Posten stehenden Wachen, der Arbeiter und des Zuchthausdirektors, die alle dabei sind, als der Sarg gehoben, die Nägel herausgezogen und die unbeschädigte Versiegelung gelöst wird, befindet sich kein Körper im Sarg. Die daraufhin vorgenommene eingehende Untersuchung ergibt: Hier liegt ein Rätsel vor, denn das Grab war keine Sekunde unbewacht gewesen. In seiner Ratlosigkeit läßt der Gouverneur sogar die Leichen in zahlreichen Gräbern der Umgebung exhumieren. Ergebnis: Null. In den darauffolgenden Jahren wird stichprobenartig in Gräbern Nachschau gehalten, doch auch dabei kommt nicht das Geringste heraus. Das Rätsel bleibt ungelöst – bis zum heutigen Tage…

Auch Gebhards Fall gehört in jenes spezifische, mit der vorhergehenden Story aufgeschlagene und in der nächsten zum Höhepunkt geführte Kapitel des Unerklärlichen über die geheimen Kräfte, die sich in Extremsituationen manifestieren können.

Über dieses Phänomen möglicher exotischer Fähigkeiten in uns allen meinte schon der deutsche Arzt, Naturforscher, Philosoph und Alchimist Paracelsus (Theophrastus Bombastus von Hohenheim, 1493–1541) vor mehr als 400 Jahren: »Der Geist des Menschen ist das mikroskopische Gegenstück des allumfassenden Geistes. Der Mensch verfügt über Kräfte, die ihm Macht über die Dinge verleihen, auch wenn er sie vielleicht nur nutzen kann, wenn ihm Besonderes widerfährt.«

Ein Toter am Steuerknüppel

Wenn ihnen Extremes zustößt, geschieht mit manchen Menschen Rätselhaftes – so auch im Fall eines amerikanischen Bomberpiloten im Zweiten Weltkrieg.

An diesem strahlenden Frühlingstag des Jahres 1943 sind die Alliierten noch weit von jener absoluten Luftherrschaft entfernt, die sie in den kommenden Monaten über Nazi-Deutschland erringen werden. Noch gibt es keine endlosen Bomberströme, und noch sind deutsche Flakbatterien und Jäger eine schwere Bedrohung für die anglo-amerikanischen Verbände.

Die Besatzung des Consolidated-B-24-»Liberator«-Bombers, von dem im Zweiten Weltkrieg über 18 000 Stück vom Band gingen und der von den Streitkräften der USA und des Commonwealth sowie der Royal Air Force (RAF) eingesetzt wurde, kann ein Lied davon singen, besonders Flugkapitän Dan Perrone.

Der Pilot hat 20 B-24-Einsätze hinter sich. Beim letzten war er in derart heftiges Abwehrfeuer geraten, daß die massiv beschädigte Maschine es um ein Haar nicht mehr zur britischen Basis zurück geschafft hätte. Perrones Kopilot war so schwer verwundet worden, daß er für Wochen ausfiel. Das ist der Grund dafür, daß Perrone nun in einem neuen »Liberator« in Richtung Frankfurt dahindröhnt.

Neben ihm im Cockpit sitzt der Ersatzkopilot, ein junger Flugleutnant mit rosigen Gesichtszügen, der nervös an Kontrollen und Bedienungsinstrumenten herumfingert. Seine Unerfahrenheit mit Kampfbedingungen ist nicht zu übersehen. Es ist sein erster Einsatz im Feindgebiet. Fast wie durch ein Wunder erreicht die Maschine ihr Zielgebiet im Großraum Frankfurt ohne Gegenwehr und kann ihre tödliche Ladung abwerfen. Dann endet das Glück.

Kaum hat der Bombenschütze über Interkom »Bomben unterwegs« gemeldet, setzt vom Boden heftiger Flakbeschuß ein. Perrone zieht die Maschine in einer steilen Kurve hoch, direkt vor die Maschinengewehre einer deutschen Messerschmitt Me-109, die wie ein Falke auf die B-24 herabstürzt. Einem feuerspeienden Phantom gleich rast die Me-109 in Sekundenschnelle vorbei. Ihr Geschoßhagel hinterläßt eine Reihe gestanzter Löcher

im Rumpf und in der Kanzel des »Liberator«. Mehrere der groß-
kalibrigen MG-Geschosse treffen den Flugkapitän voll.

Mit von Entsetzen geweiteten Augen starrt der Kopilot auf seinen Vorgesetzten, der verkrümmt in den Gurten hängt. Perrones
Körper ist mit Einschußlöchern übersät, seine Fliegerkombina-
tion blutgetränkt. Der junge Mann fällt in helle Panik. Er weiß
nicht, was zu tun ist. Die Instruktionen, die gar nicht ausreichen
würden, ihn die Maschine allein fliegen zu lassen, sind wie weg-
geblasen. In seiner ratlosen Verzweiflung erhält er unerwartete
Hilfe.

»Was zum Teufel ist los mit Ihnen?« sagt eine Stimme. Kapitän
Perrones Stimme. »Haben Sie noch nie einen dieser Kriegspro-
pagandafilme gesehen? Für uns sind das nur Kratzer, verstanden! Fliegen Sie schon den gottverdammten Eimer!« Der Leutnant ist einen Augenblick lang erleichtert, dann drängt er seinen
Kapitän, nach hinten zu gehen und sich hinzulegen.

»Quatsch«, antwortet der Schwerverwundete unwirsch. »Hören
Sie mir lieber zu.« Er beginnt seinem Kopiloten detaillierte Flug-
anweisungen zu geben, gemischt mit Zuspruch und patrioti-
schen Appellen. 75 Minuten lang redet Perrone auf seinen Ne-
benmann ein, der alle Instruktionen genau befolgt und die
schwerst beschädigte Maschine tatsächlich auf Heimatkurs halten kann.

Kaum ist der Funkkontakt mit der Heimatbasis in England hergestellt, bricht Dan Perrones Redeschwall ab. Sein Körper sinkt
in sich zusammen. Noch im Anflug weist der Leutnant das Personal im Tower via Funk an, eine Ambulanz für seinen regelrecht durchsiebten Kapitän bereitzustellen. Erst nach der Landung kann der Kopilot das Ausmaß der Zerstörung erkennen.
Der »Liberator« ist reif für den Schrottplatz. Während sich die
Crew um ihn schart, werden anerkennende Worte über seine
tolle Leistung, die Maschine allein zurückzubringen, laut. Der
junge Mann wehrt ab: »Ich war das nicht. Kapitän Perrone hat
es geschafft, er hat mir von Frankfurt bis hierher genaue Anweisungen gegeben.«

Währenddessen wird Perrones lebloser Körper auf einer Bahre
in die Ambulanz gehoben. Ein Mediziner steigt mit ein. Minuten
später verläßt er den Wagen wieder und begibt sich mit einem
seltsamen Gesichtsausdruck zu dem Flugleutnant. Freundlich

legt er dem Kopiloten die Hand auf die Schulter und fragt wie beiläufig: »Sie haben gesagt, Kapitän Perrone hätte mit Ihnen nach dem Angriff über dem Zielgebiet bis nahe unserer Basis ununterbrochen gesprochen?«

»Das ist richtig.«

Darauf meint der Arzt: »Ich glaube, wir sollten Sie einige Tage zur Beobachtung in ein Krankenhaus bringen, Leutnant, damit Sie wieder in Form kommen, körperlich und ... äh ... geistig.«

»Das ist nicht notwendig«, widerspricht der junge Flieger. »Es geht mir gut, ich habe nicht einmal einen Kratzer abbekommen.«

»Ich weiß«, erwidert der Mediziner, »ich glaube nur, daß Ihr erster Kampfeinsatz eine große psychische Belastung für Sie war, unter diesen Umständen wohl eine zu große, denn sehen Sie ...«, er sucht nach den richtigen Worten, »... Kapitän Perrone *kann* nicht mit Ihnen gesprochen haben. Er war nach dem Angriff augenblicklich tot wie ein Stein. Daran gibt es überhaupt keinen Zweifel.«

Dieser belegte Fall demonstriert die Problematik einer Klassifikation des Unerklärlichen. War Kapitän Perrone tatsächlich sofort tot gewesen, wie es nach allen Erkenntnissen der Medizin ein Mensch sein mußte, der von panzerbrechenden MG-Kugeln buchstäblich zerfetzt wurde, und hatte daher sein Geist zu dem verzweifelt herumfummelnden Kopiloten gesprochen? War er, vielleicht durch übermenschlichen Willen, erst dann gestorben, als sich die Maschine wieder in Sicherheit befand? Oder besitzt unser Organismus unbekannte Kräfte?

Für jede der Thesen gäbe es Beispiele. Es gibt zahlreiche Jenseitsbotschaften, die sich nicht wegrationalisieren lassen. Man kennt menschliche Superleistungen: von einem Arbeiter, der auf einem ausgeschalteten Förderband schlief, das Schutt in einen Abgrund kippte und der in die entgegengesetzte Richtung zu laufen begann, als es eingeschaltet wurde, wobei er alle Sprintrekorde weit überbot, bis zum dämonischen Mönch Rasputin, den seine Attentäter fast nicht töten konnten, obgleich sie sich redlich bemühten.

Und man kennt die Macht des Geistes über den Körper – vom berühmten Fall des Mannes, der in einem nicht eingeschalteten Kühlwaggon erfror, weil er daran glaubte, bis zu den Arbeitern eines Chemiekonzerns, die mit schweren Säureverbrennungen in die Intensivstation kamen, weil sie nicht wußten, daß die Flüssigkeit, die aus dem geplatzten Säurebehälter auf sie spritzte, ausnahmsweise nur Wasser war.

Ob Dan Perrones Geist durch seinen toten Mund sprach, ob geheime Kräfte in ihm schlummerten oder ob nackter Wille seinen verwüsteten Körper am Leben hielt, eines ist unstrittig: Es ist unerklärlich!

Die geduldige Kugel

Verletzungen können noch nach Jahren fatale Nachwirkungen haben. Solche Spätfolgen sind tragisch, aber nicht unerklärlich. Eine Spätfolge jedoch war tragisch und unerklärlich.

Für John Russell Makinson und Tausende seiner Kameraden scheinen sich die Pforten der Hölle geöffnet zu haben. Das Donnern der Geschütze, das unaufhörliche Gewehrfeuer, die kaum verständlichen Befehle der britischen Unteroffiziere und der gegnerischen Kommandanten sowie die Schreie der Verwundeten vermischen sich zu einer einzigen Kakophonie des Grauens.

Nun kommt das Angriffssignal. Laut brüllend verlassen die Soldaten des englischen Expeditionskorps die schützende Mulde. Das Gewehr mit dem aufgepflanzten Bajonett in den ausgestreckten Armen, stürmen sie die steile Anhöhe hinauf, wo sich die türkischen Truppen verschanzt haben.

Makinson hat erst einige Schritte gemacht, als er getroffen wird. Die Gewehrkugel schlägt in seinen Brustkorb ein. Der Aufprall ist so stark, daß er bewußtlos nach hinten in den Graben geschleudert wird, den er eben verlassen hat. Kurz darauf ist der englische Sturmangriff im Abwehrfeuer zusammengebrochen.

Als Krankenträger John Russell Makinson finden und auf die Tragbahre legen, würden sie keinen Penny auf sein Überleben verwetten. Ein weiteres Opfer eines der größten militärischen Fehlschläge des Ersten Weltkriegs, der verhängnisvollen Schlacht von Gallipoli im Jahr 1915.

Winston Churchills strategisch brillante Absicht, in den Dardanellen zu landen, Konstantinopel zu nehmen und damit einen Korridor nach Rußland zu schlagen, durch den das russische Millionenheer gegen die Mittelmächte strömen konnte, mündete in einem Desaster. Und führte zu einer Wende in der gesamten Strategie der kriegführenden Mächte. Die Armeen gruben sich nun ein, und die Schrecken der Schützengräben sollten bis 1918 anhalten.

Angesichts dieser speziellen Tragödie, die in die noch größere Katastrophe des Ersten Weltkriegs eingebettet war, fanden einige Seltsamkeiten im Umfeld der Gallipoli-Offensive keinen Eingang in die Geschichtsbücher. Nicht das Verschwinden der 266 Soldaten des Norfolk-Regiments, die bei Hügel 60 der Sulva Bay in eine Wolke hineinmarschierten und nicht mehr herauskamen (ein Vorfall, der wenigstens in der grenzwissenschaftlichen Literatur ausführlich erwähnt wird), und schon gar nicht das seltsame Schicksal des britischen Soldaten John Russell Makinson.

Mehr tot als lebendig wird Makinson auf den blutbefleckten Operationstisch des mobilen Feldlazaretts geworfen. Den Ärzten genügt ein Blick. Die Geschoß steckt in einer Herzkammer, in diesen Tagen ein sicheres Todesurteil. Hier zahlte sich eine Operation nicht mehr aus, schon gar nicht in Kriegszeiten. Man versorgt Makinson notdürftig und legt ihn auf ein Feldbett, damit er in Ruhe sterben kann. Doch der junge Soldat stirbt nicht.

Er kommt in ein reguläres Krankenhaus. Entgegen allen Erwartungen erholt er sich tatsächlich. Nach einiger Zeit wird er aus dem Krankenhaus und aus der Armee entlassen. Die Kugel nach wie vor im Herzen, setzt er sein Leben fort. Über 20 Jahre lang führt er in seiner Heimatgrafschaft Surrey ein kleines Hotel.

In all dieser Zeit plant er, gemeinsam mit seiner Frau den Platz zu besuchen, wo er im Ersten Weltkrieg beinahe den Tod gefunden hätte, doch aus Arbeitsüberlastung kommt das Paar nicht dazu. Im Sommer 1936 ist es dann endlich soweit. Makinson kehrt an den Ort seiner Begegnung mit dem Tod zurück.

Arm in Arm mit seiner Frau schlendert er über das zerklüftete Terrain, das mit dem Blut von Hunderttausenden Soldaten beider Seiten getränkt ist. John blickt immer wieder suchend um sich. Er will seiner Frau die genaue Stelle zeigen. Plötzlich weicht sein angespannter Gesichtsausdruck erkennbarer Erleichterung. Er hat es gefunden. Hier ist der Graben, in dem er und seine Kameraden vor dem Angriff gekauert hatten. »Sieh mal, Maggie«, ruft er und macht ein paar Schritte hügelauf. »Genau hier haben mich die Burschen erwischt.«

Mehr kann er nicht sagen, denn seine Knie geben plötzlich nach. Er stürzt nieder, tot, noch bevor er den Boden berührt. Die Autopsie ergibt, daß die seit über zwei Jahrzehnten in seiner Herzkammer steckende und bereits verkapselte Kugel sich unerwartet gedreht und ihn getötet hat. Und zwar exakt in dem Moment, als er genau dort stand, wo sie ihn damals getroffen hatte.

6   Die Jenseits-Connection

Verschwörung im Totenreich

Fünf Männer schmieden ein Komplott. Das wäre nichts Besonderes – nur: Sie sind bereits tot, und ihr Plan entsteht nicht in unserer Welt.

Es ist ein ruhiger Herbsttag am Beginn unseres Jahrhunderts, als Mrs. A. Verrall im Arbeitszimmer ihrer eleganten Wohnung hinter dem Schreibtisch Platz nimmt. Ein wohlbekanntes Gefühl hat der Lehrerin am Newnham College von Cambridge gesagt, daß es wieder einmal so weit ist. Sie legt ihre rechte Hand, in der sie einen Bleistift hält, auf den großen Bogen Papier über der Schreibtischplatte.
Die Vorhänge sind zugezogen. Bis auf den hellen Kreis, den die Tischlampe um ihre entspannt ruhende Hand zieht, ist der Raum dunkel. Mrs. Verrall atmet tief und ruhig. Sie weiß, daß bald eine fremde Kraft wieder ihre Hand lenken wird, um ihr Informationen aus dem Anderswo zu übermitteln. Zwanzig Minuten vergehen. Zuerst unmerklich, dann stärker, läuft eine Bewegung durch ihren Arm. Die Finger ziehen sich zusammen, fassen den Bleistift fester, drücken ihn auf das Papier. Ihre Hand beginnt sich zu bewegen. Eine krakelige Linie entsteht. Sie formt sich zu Buchstaben, diese zu Worten, Worte zu Sätzen.
»Schreiben Sie die Teile auf«, liest Mrs. Verrall und weiter: »Zusammengefügt werden sie ein Ganzes ergeben.« Eine solche kryptische Botschaft hatte sie in all den Jahren automatischen Schreibens noch niemals erhalten. Es wird noch rätselhafter, denn was sie gleich darauf niederschreibt, kann sie selbst nicht lesen, ja nicht einmal entziffern. Die Zeichen sind Altgriechisch.
Ein später hinzugezogener Sprachwissenschaftler übersetzt sie als ein wenig bekanntes Zitat von Aristoteles über metaphysische Unsterblichkeit durch ewige Beständigkeit der Grundform

des Menschlichen. Der »Absender« ist wieder lesbar: Frederic Myers.

Ihn kannte Mrs. Verrall sehr gut, doch er hatte sich seit seinem Tod im Jahr 1901 noch niemals bei ihr gemeldet.

Mrs. Verrall leitet die Niederschrift wie üblich an die »Society for Psychical Research« weiter, zu deren Begründern auch ihr Mann gehörte. Erst viel später erfährt sie, daß sie bei einer Verschwörung mitgewirkt hat, die – eine andere Erklärung gibt es nicht – offenbar im Jenseits geschmiedet und fast sieben Jahrzehnte lang im Diesseits ausgeführt wurde.

Die »astralen Verschwörer« sind Frederic Myers, Henry Sidgwick, Edmund Gurney, Henry Butcher und der Altphilologe und Literaturwissenschaftler Arthur Woolgar Verrall, der sich nach seinem Tod im Jahr 1912 anscheinend dem Jenseits-Komplott seiner Ex-Kollegen angeschlossen hatte. Alle fünf waren angesehene Wissenschaftler und Mitglieder der renommierten »Society for Psychical Research« gewesen.

Diese durch und durch seriöse Vereinigung war 1882 unter dem Vorsitz des Cambridger Professors Henry Sidgwick zur wissenschaftlichen Erforschung paranormaler Phänomene ins Leben gerufen worden. Die Gesellschaft besteht heute noch und ist über jeden Zweifel erhaben. Ein Mitglied ihres Council war beispielsweise Arthur Koestler. In der Reihe ihrer Präsidenten finden sich drei Nobelpreisträger, elf Angehörige der Royal Society, ein englischer Premierminister sowie 18 Professoren, fünf davon Physiker. Die Society wird von Scharlatanen gefürchtet, da ihre Spezialisten Betrugsmanöver trotz kompliziertester Vorrichtungen und raffiniertester Tricks mit schöner Regelmäßigkeit aufzudecken pflegten.

Die von den jenseitigen Urhebern gesandten Bruchstücke wurden – wie von ihnen offenbar beabsichtigt und erwartet – durch die Society als solche erkannt. Die für Jenseitsbotschaften via automatisches Schreiben zuständige Mitarbeiterin Alice Johnson bemerkte, daß eine Reihe von Niederschriften bekannter Schreibmedien (darunter Mrs. Holland aus Indien, Schwester des Schriftstellers Rudyard Kipling, Mrs. Leonora Piper aus Boston, Massachusetts, und Dame Edith Lyttleton aus England sowie die von Mrs. Verrall und später ihrer Tochter Helen, verheiratete Slater) erstaunliche Ähnlichkeit aufwiesen, obgleich sie aus verschiedenen Ländern, ja Kontinenten, stammten.

Gemeinsam mit dem Forscher J. G. Piddington und anderen filterte Mrs. Johnson Puzzlesteine mit eindeutigen Gemeinsamkeiten heraus. Beim Zusammensetzen der in mehreren Sprachen abgefaßten Fragmente – die für die Empfänger unverständlich waren und zudem in der Regel weit über ihrem Bildungsstand lagen – zeigten sich klare Verläufe.

So wurden einige lateinische Sätze, die Mrs. Verrall empfangen hatte, kurz darauf von Mrs. Holland, die nichts von Mrs. Verralls Aufzeichnungen wußte, fortgesetzt und ergaben zusammen eine kurze Geschichte Roms, eines der Lieblingsthemen von Frederic Myers. W. A. Verrall wiederum erwähnte in einer Botschaft »Das Ohr des Dionysios«, eine in den Felsen von Syrakus gehauene Grotte und Flüstergalerie, wo der Tyrann Gefangene gehalten hatte, um sie zu belauschen, und mit der Verrall seine Frau aufzuziehen pflegte, weil sie die Geschichte nicht gekannt hatte.

Das Raum-und-Zeit-Puzzle umfaßt insgesamt mehr als 3000 Teilbotschaften und erstreckte sich über mehrere Jahrzehnte. Die letzte Nachzüglerbotschaft vom Myers ging im Jahr 1972 an den jungen englischen Sensitiven Matthew Manning und schloß mit den Zeilen: »Versucht weiter das Geheimnis des Lebens nach dem Tode zu finden. Wenn ihr es aber findet, wird euch niemand glauben.«

Treibende Kraft bei all dem dürfte Frederic Myers gewesen sein, der auch die erste Botschaft sandte. Er war ein überzeugter Anhänger des Lebens nach dem Tode, hatte sich auf den Bereich des automatischen Schreibens konzentriert und wußte wie kein zweiter über alle Schreibmedien, ihren Bildungsstand und andere Einzelheiten Bescheid.

Um das Leben nach dem Tod auf eine Art zu beweisen, die den naheliegenden Gedanken ausschaltete, es könnte unbewußte Telepathie zwischen den Schreibmedien vorliegen, brüteten die ehemaligen führenden Mitglieder der Society diesen komplexen Plan aus. Und das anscheinend im Jenseits, denn es läßt sich kein »irdischer« Hinweis darauf entdecken, ausgenommen die posthumen Niederschriften. Sie sind so hieb- und stichfest ausgetüftelt, daß dieser einmalige Vorgang in die Annalen der Parawissenschaft und der Geschichte als *Cross Correspondences/ Kreuz-Korrespondenz* eingegangen ist.

Sollte es sich bei diesem feinmaschigen Netz aus Informationsbausteinen, das Kontinente und Jahrzehnte umspannt, um ein Betrugsmanöver handeln, würde darauf die dauernd mißbrauchte Bezeichnung »Weltverschwörung« wohl zutreffen – Gewinn brächte diese Verschwörung allerdings niemandem.

Auch wenn Jenseitsbotschaften im 19. Jahrhundert fast als normal betrachtet wurden, so gab es dennoch niemals vorher oder nachher einen ganzen »Betriebsausflug ins Diesseits« wie den der fünf toten Verschwörer.

Tote Zeugen sagen aus

Im März 1928 erhält Sir Conan Doyle, Schöpfer des weltberühmten Romandetektivs Sherlock Holmes und begeisterter Spiritist, aus dem Jenseits den Auftrag, eine Warnung weiterzuleiten. Sie ist der Auftakt zu einem bis heute ungelösten Rätsel der Luftschiffahrt, das nicht das einzige seiner Art bleiben sollte.

Um zwei Uhr morgen des 5. Oktober 1930 wird der 57jährige Eugene Rabouille bei seiner nicht ganz legalen Tätigkeit des Fallenstellens in den Feldern des französischen Departements Oise gestört. Ein vom Himmel kommendes Dröhnen läßt ihn beim Auslegen einer Schlinge erstarren. Während er wie versteinert nach oben starrt, sieht er einen riesigen Körper gemächlich abwärts taumeln.

Als das unheimliche Etwas auf einem etwa 100 Meter entfernten kleinen Hügel aufschlägt, bricht um den Franzosen buchstäblich die Hölle los.

Gleißender Feuerschein und ein ungeheurer Explosionsknall betäuben seine Sinne, eine loderndheiße Druckwelle wirft ihn zu Boden. Sekundenlang gellen schreckliche Schreie aus dem Inferno, schattenhafte Gestalten winden sich wie im Feuer ewiger Verdammnis.

Rabouille rappelt sich auf und flieht von Furien gehetzt. Er ist der einzige Zeuge der letzten Sekunden des ehemals stolzen Luftschiffs »R 101«, das in einer Regennacht unweit Beauvais in Nordfrankreich ein flammendes Grab gefunden hat. Damit endete für Großbritannien die Ära der Zeppeline, die für Deutschland noch sieben Jahre – bis zur Katastrophe der »Hindenburg« in Lakehurst – dauern sollte. 1924 hatte die englische Regierung den Bau einer riesigen Flotte von Zeppelinen in Auftrag gegeben, um das britische Weltreich auch im Luftraum über allen Kontinenten hochzuhalten.

Flaggschiffe sollten die beiden Riesen »R 100« und »R 101« sein. Gebaut von der Vickers-Tochter »Airship Guarantee Company«, würden sie mit 140 000 Kubikmeter Wasserstoff, einem Eigengewicht von 90 Tonnen und einer Lastkapazität von 60 Tonnen alles übertrumpfen, was die Lüfte mit ihnen teilte.

»R 100« erfüllte diese Anforderungen auch glänzend. Über ihrem späteren Schwesterschiff »R 101« waltete jedoch von Anfang an ein schlechter Stern. Aus Konkurrenz- und Geheimhaltungsgründen entstand dieser Zeppelin nicht in Howden, wo das erfahrene Vickers-Team werkte, sondern in der ehemaligen Militärluftschiff-Basis in Cardington, nahe Bedford.

Dort agierte eine Mannschaft des Luftfahrtministeriums. Sie war nicht ganz so erfahren, dafür aber so selbstsicher, daß man sogar auf die Mitarbeit des legendären »R 100«-Konstrukteurs Barnes Wallis dankend verzichtete. Eine Kette weiterer Unterlassungen und Stümpereien folgte.

All dies wurzelte im Druck, den der Luftfahrtminister Lord Thomson of Cardington auf den Bau ausübte. Er wollte der nächste Vizekönig von Indien werden und versprach sich eine große Propagandawirkung davon, wenn er bei der Empire-Konferenz in London seinem Luftschiff entsteigen würde, das eben von einem Indientrip zurückkehrte. Da sich Unmögliches auch nicht befehlen läßt, war der Gigant der Luft erst Anfang Oktober fertig. Der Zeitplan konnte gerade noch – wenn auch unter Verzicht auf so manche Sicherheitskontrolle – gehalten werden.

Um 18.36 Uhr am Abend des 4. Oktober 1930 löste sich die »R 101« von ihrem Verankerungsmast und machte sich auf ihre Reise ins Verderben. In viel zu geringer Höhe überquerte sie London und den Ärmelkanal und erreichte Frankreich in der

Nähe von Dieppe. Ihre letzte Meldung an die Basis in Cardington kam etwa 24 Kilometer südlich von Abbeville. Die hochgestellten Passagiere befänden sich wohlauf, so hieß es launig, und alle wichtigen Systeme funktionierten zufriedenstellend. Die nächste Nachricht kam aus – dem Jenseits.

Genaugenommen war es schon die zweite Jenseitsbotschaft im Zusammenhang mit der »R 101«. Nicht ganz drei Jahre zuvor hatte sich der während einer Atlantiküberquerung verschollene Kriegsheld Captain W. R. Hinchcliffe bei einer Séance gemeldet und wörtlich gesagt: »Ich muß etwas über das neue Luftschiff (R 101) sagen. Es wird die Belastung nicht aushalten.« Hinchcliffs Geist drang darauf, daß sein alter Freund Staffelführer Johnston informiert werden sollte, da er als Navigator der »R 101« vorgesehen war.

Die Vermittlerrolle beim Zustandekommen dieses sinistren Dialogs hatte Conan Doyle gespielt, der sich auch für eine Weitergabe dieser Warnung einsetzte wie auch der folgenden. Vergeblich, denn 1928 war die Zeppelineuphorie auf dem Höhepunkt, und die Männer von Cardington hätte nicht einmal ein leibhaftig erscheinender Geist von ihrer Akkordarbeit abbringen können. So kam die Katastrophe vorprogrammiert, wenn auch völlig unerwartet.

Zwei Tage nach dem Absturz, der ganz England in einen Schock gestürzt hatte, fand im »National Laboratory of Psychical Research« in West-London eine Séance statt. Sie hatte nichts mit dem Zeppelinabsturz zu tun, sondern sollte den Geist von Conan Doyle beschwören, der vor einigen Monaten gestorben war. Der Initiator der Séance, ein Privatgelehrter namens Harry Price, war ein guter Freund Conan Doyles gewesen und hielt wenig bis nichts von Jenseitsbotschaften. Der Schriftsteller hatte Price einen posthumen Beweis versprochen, der nun angetreten werden sollte. Wie es für ihn typisch war, bestimmte Price ein Medium von untadeligem Ruf und lud weitere Zeugen ein, darunter den australischen Journalisten Ian Coster.

Wer sich nicht meldete, war Conan Doyle, dafür begann das Medium Mrs. Eileen Garrett plötzlich mit einer fremden Stimme und wie in Panik einen Bericht hervorzusprudeln: einen Augenzeugenbericht über die letzten Momente des Flugschiffs »R 101«, gegeben von Fliegerleutnant H. Carmichael Irvin, dem toten Captain der »R 101«.

Danach ging es Schlag auf Schlag: Der Journalist veröffentlichte die Story. Fachleute – darunter einer der Erbauer der »R 101« – waren frappiert. Drei Wochen später wurde Major Oliver Villiers vom Luftfahrtministerium durch einen unheimlichen Traum dazu getrieben, eine Séance zu arrangieren, bei der sich tatsächlich Captain Irvin meldete. Mehrere Séancen folgten, in denen weitere tote Mannschaftsmitglieder aussagten.

Die aus dem mysteriösen Dialog entstandenen Protokolle brachten eine Vielzahl von Informationen über Ursachen und Verlauf des Absturzes zu Tage. Informationen, die zum Großteil erst hinterher als völlig korrekt eingestuft werden konnten. Sie enthüllten technische, aerodynamische, geodätische, geographische und sogar politische Fakten, von denen ein Großteil zum Zeitpunkt der Séance noch nicht – oder nur einem kleinen Kreis von Geheimnisträgern – bekannt war.

In den mittlerweile verstrichenen fast sieben Jahrzehnten versuchten Experten immer wieder, die »R 101«-Jenseitsprotokolle natürlich zu erklären, doch ohne Erfolg. Das Unerklärliche war stärker.

In den siebziger Jahren hatte sich inzwischen ein Vorfall mit unheimlichen Parallelen zu den »R 101-Botschaften« ereignet. Crew-Mitglieder eines Jumbojets der Eastern-Arlines, der 1972 in den Everglades, Florida, USA, abgestürzt war, materialisierten mit schöner Regelmäßigkeit auf den Flügen besagter Luftlinie. Diese Vorgänge führten beim Flugpersonal schließlich zu Panikreaktionen, darunter Exorzismen in 10 000 Meter Höhe und Séancen. Im Zuge der Séancen gaben die Toten – in erster Linie der Pilot Bob Loft und sein Flugingenieur und zweiter Offizier Don Repo – Auskünfte über den Absturz, das Verhalten der Mannschaft, Materialprobleme usw., die hinterher verifiziert wurden.

Der amerikanische Journalist John Fuller glaubte nichts von all dem, recherchierte verbissen und gab schließlich in einem von ihm verfaßten Buch zu, daß die »Geister von Flug 401« nicht wegzurationalisieren sind.

Die einzige Erkenntnis, die bleibt, ist wohl jene, daß Warnungen wie die abschließende von Captain Hinchcliff vielleicht doch nicht in den Wind geschlagen werden sollten. Sie erfolgte, als sich die »R 101« bereits Frankreich näherte und lautete: »Der Sturm erhebt sich ...«

Informationen aus dem Jenseits

Was tut man, wenn man eine Aufgabe bewältigen soll, die nicht zu bewältigen ist? Man resigniert – oder man wendet sich an astrale Mächte.

Als der 43jährige Architekt, Archäologe und Experte für gotische Gebäude, Frederick Bligh Bond, im Jahr 1907 den ehrenvollen Auftrag erhält, die Überreste der legendären Abtei von Glastonbury ausfindig zu machen, weiß er, daß er keine Chance hat. Die im 5. Jahrhundert vom heiligen Patrick gegründete, im westenglischen Somerset gelegene Abtei ist so gut wie unauffindbar. Soldaten von Heinrich VIII. hatten den Großteil der Gebäude 1539 zerstört und auf ausdrücklichen Befehl des Monarchen geschleift. Wetterkatastrophen und Kriege besorgten den Rest.
Die für ihre wunderbare Ausgestaltung und architektonische Schönheit weltberühmte Abtei war restlos vom Erdboden verschwunden. Man hätte den ganzen Landstrich buchstäblich Meter für Meter umgraben müssen, um mit Glück etwas zu finden. Davon konnte Bond nicht einmal träumen. Er stand auf verlorenem Posten – zu wenig Zeit, zu wenig Information, zu wenig Geld.
Jeder andere hätte aufgegeben und dem Projekt den Rücken gekehrt. Nicht so Frederick Bligh Bond. Von dem Gedanken regelrecht besessen, das Unmögliche wenigstens zu versuchen, tritt er die Flucht nach vorne an, und das auf einem mehr als unorthodoxen Weg.
Der erste Schritt besteht darin, seinen Freund Captain John Allan Bartlett einzuschalten, der sich mit Okkultismus befaßt und einen gewissen Ruf als Schreibmedium besitzt. Eine Séance wird vereinbart, die im November 1907 stattfindet.
Nach einigen Versuchen stellt Bartlett die Verbindung mit einem Mönch namens Johannes Bryant her. Der Kontaktierte hat von 1497 bis 1533 gelebt und gibt an, im Namen einer Gruppe »astraler Bewahrer der Abtei von Glastonbury« zu sprechen, die sich selbst »Gesellschaft von Avalon« nennt. Dabei denkt man sofort an die Artussage, in welcher der spätere Herr der Tafelrunde sein Zauberschwert Excalibur auf der legendären Apfel-

insel erhielt und zu der er in seiner Todesstunde zurückkehrte, um an der Seite seiner Gattin Guinevra für immer zu ruhen. Avalon ist aber nicht einmal in der Sage eine greifbare Insel, sondern ein mythischer Begriff. Überall und nirgendwo beheimatet, ist Avalon auch mit dem Heiligtum der keltischen Druiden identisch, das die Legende nahe der Abtei von Glastonbury ortet und wohin Joseph von Arimanthia den Heiligen Gral gebracht haben soll.

Durch die Hand des Mediums Bartlett zeichnet der tote Mönch den Grundriß der vernichteten Abtei und gibt ihre ehemalige Lage exakt an. Obgleich die Pläne äußert präzise sind, kann sich Bond nicht ohne weiteres mit ihnen anfreunden, da sie seinem Fachwissen über alte Klöster ebenso zuwiderlaufen wie allen sonst gängigen Lehrmeinungen. Da er nichts zu verlieren hat, entschließt er sich zum Sprung ins kalte Wasser. Bei seinem lächerlichen Budget- und Zeitrahmen war es im Grunde gleichgültig, wo er nichts fand.

Er weist die Arbeitscrew an, nach den seltsamen Plänen zu graben. Schon in der ersten Woche kommt ans Tageslicht, womit niemand gerechnet hat. Man entdeckt Grundmauern, Wände, Türme, Torbögen, bunte Glasstücke und weiteres. Zum Jahresbeginn 1908 ist die berühmte Edgar-Kapelle dem Schoß der Erde entrissen. Stück für Stück beginnt die verschollene Abtei von Glastonbury in einer Ausgrabungszeit von insgesamt elf Jahren komplett wiederzuerstehen. Dabei wird auch anderes entdeckt, das der astrale Mönch erwähnte, beispielsweise der Schädel des sächsischen Grafen Eawulf aus dem 11. Jahrhundert.

Frederick Bligh Bonds Ruf steigt in schwindelnde Höhen. Nach seinem Erfolgsrezept befragt, antwortet er beharrlich vage, da er sich keiner Illusion darüber hingibt, wie die offiziellen Stellen und die wissenschaftliche Gemeinde reagieren würden, wenn er seine Informationsquelle preisgab. Ausweichend spricht er von einem Zusammenwirken von Know-how, Intuition und Glück.

Zehn Jahre später macht Bond den verhängnisvollen Fehler, seine Karten auf den Tisch zu legen. Seine Reputation ist weltweit und scheint unantastbar. Er fühlt sich sicher genug, um in seinem Buch »The Gate of Remembrance« (Die Pforte der Erinnerung) zu verraten, woher die Pläne stammen, die die Schaufeln seines archäologischen Teams geführt haben. Nach dieser Enthüllung hätte nicht einmal der sprichwörtliche Hund einen Knochen von ihm genommen.

Frederick Bligh Bonds Ruf ist vernichtet. Man entzieht ihm die Leitung über jede Art von Ausgrabungen, seine Mittel versiegen, und sein Gehalt wird auf zehn Pfund die Woche gekürzt. Nachdem sich die ungeheure Aufregung endlich völlig gelegt hat, zieht das immer noch unversöhnliche wissenschaftliche Establishment den letzten Strich durch die kaum noch vorhandenen Überreste von Bonds Karriere: Die »Gesellschaft für die Erforschung und Restauration der Glastonbury-Abtei« löst sich still und heimlich auf, verbunden mit einem Verbot, dessen Grausamkeit nur noch von seiner Ungerechtigkeit übertroffen wird. Frederick Bligh Bond darf in Zukunft nicht einen Fuß mehr auf das Gelände jener Abtei setzen, die ohne ihn kein Mensch jemals wieder zu Gesicht bekommen hätte.

Voll Wut und Enttäuschung geht der Architekt und Archäologe nach Amerika, wo er die letzten Jahre seines Daseins in tiefster Verbitterung verbringt. Hätte er geschwiegen, wäre er zeitlebens im Rampenlicht des Ruhms geblieben. Sein Name würde heute noch in goldenen Lettern in den Annalen der Archäologie prangen. Die Wahrheit hatte ihn zum Verfemten gemacht. Über den störenden Umstand, daß er den Beweis für seine ketzerischen Behauptungen im Sinne des Wortes ausgegraben hatte, wurde keinen Moment diskutiert (auch nicht über die, bei einer der späteren Séancen gemachte, düstere Voraussage des Mönchs Bryant, ein weltumfassender Krieg stünde ins Haus, obgleich der Erste Weltkrieg nicht lange nach dieser Prophezeiung ausgebrochen war).

Zweifellos muß die Vorstellung einer »Archäologie durch Jenseitskontakt« manchem – aber nicht jedem – Fachmann den Magen zusammenkrampfen. Tatsachen nehmen jedoch bekanntlich wenig Rücksicht darauf, ob es sie geben darf oder nicht, und man stößt auch immer wieder auf Wissenschaftler von Weltrang, für die das Jenseits kein leeres Nichts ist, sondern ein Platz für die Weiterexistenz von Verstorbenen. So meinte Wernher von Braun, der Vater der amerikanischen Raumfahrt: »Alles, was die Wissenschaft mich lehrte und noch lehrt, stärkt meinen Glauben an ein Fortdauern unserer geistigen Existenz über den Tod hinaus.«

Das Geistermanuskript

Mystery-Storys führen den Leser in eine Welt der Rätsel. In einem Fall war die Story selbst das Rätsel.

Der Verleger traut seinen Augen nicht, nachdem er die ersten Seiten des eingereichten Manuskriptes gelesen hat. Was hier auf seinem Schreibtisch liegt, ist nicht mehr und nicht weniger als die Erfüllung des Herzenswunsches von Millionen Lesern diesseits und jenseits des Atlantiks: die siebente bis zwölfte Fortsetzung der sensationellen Story »The Mystery of Edwin Drood«.

Der Herausgeber könnte die ersten sechs Folgen auswendig vorsingen. Er ist mit dem Stil des Autors vertraut und kann nicht den geringsten Bruch beim Übergang vom Bekannten zum Neuen entdecken. Alle Folgen stammen aus derselben Feder, daran gibt es keinen Zweifel. Nur – der Autor ist vor drei Jahren gestorben. Und hat nicht die geringsten Aufzeichnungen über den Rest der Geschichte hinterlassen. Verzweifelt hatten die Leser beim Herausgeber um Hinweise gebettelt, wie es mit »The Mystery of Edwin Drood« weitergehen sollte. Vergeblich. Der berühmte Autor Charles Dickens (1812–1870, Pseudonym Boz) hatte die Antwort mit ins Grab genommen.

Mystery-Storys waren ein relativ neues Genre gewesen, als der nicht weniger berühmte Schriftsteller Wilkie Collins seinen Freund Charles Dickens dazu anregte, seine Talente in diese Richtung zu lenken. Der Autor sozialkritischer Romane wie »Oliver Twist« und »David Copperfield« dachte einige Monate über diesen Vorschlag nach. Dann machte er sich an seine erste und einzige Mystery-Novelle »The Mystery of Edwin Drood«. Er verkaufte sie an das Monatsheft von Chapman & Hall, London, zum Erscheinen in zwölf monatlichen Folgen. Die erste kam im April 1870 zum Preis von einem Shilling heraus und fand reißenden Absatz.

Das erste Mal in seiner Schriftstellerlaufbahn hatte Dickens vertraglich vereinbaren lassen, daß seine Erben im Falle seines Todes die Tantiemen erhalten sollten. Was ihn zu dieser ungewöhnlichen Vorgangsweise veranlaßte, ist unbekannt. Vorausschauend war sie jedenfalls, denn am 2. Juni 1870 starb

Dickens in Gadshill Place bei Rochester. Er hatte zu dem Zeitpunkt erst sechs der vorgesehenen zwölf Folgen verfaßt. Über den Fortgang der Story fand sich keine einzige Zeile.

Verzweiflung machte sich in seiner riesigen Lesergemeinde breit, die Monat für Monat nägelbeißend und mit Neugierde nach der nächsten Folge gelechzt hatte. Wie es schien, würde das Geheimnis von Edwin Drood niemals gelüftet werden. Und nun unerwartet diese groteske Wende.

Wie konnte der junge Thomas P. James, ein gutaussehender Tramp, Gelegenheitsdrucker, Nichtstuer und Schürzenjäger, ein Restmanuskript präsentieren, das offenbar aus der Feder von Charles Dickens stammte? Wie war er dazu gekommen? Die Antwort darauf machte das Geheimnis von Edwin Drood *noch* geheimnisvoller. James verhehlte nichts.

Beim Herumziehen war er in das Städtchen Brattleboro, US-Bundesstaat Vermont, gekommen, wo ihm ein hübsches Mädchen auffiel. Er ging ihr bis zu ihrem Heim nach. Dort kratzte er seine letzten Münzen zusammen und bezog ein kleines Zimmerchen genau gegenüber, das glücklicherweise vermietet wurde. Die Hausfrau war eine ältere Dame mit einem Hang zum Spiritismus. Aus reiner Neugier und Langeweile nahm er an einigen der Séancen teil, die seine Vermieterin regelmäßig veranstaltete. Die nebulosen Tranceaussagen, Klopfgeräusche und das sonstige Brimborium hatte ihn nicht sonderlich beeindruckt, möglicherweise aber tief in seinem Inneren ein Tor aufgestoßen, durch das Unerwartetes eindringen konnte.

Am 3. Oktober 1872 informierte er seine tief beeindruckte Hauswirtin, der tote Charles Dickens hätte sich mit ihm aus dem Jenseits in Verbindung gesetzt und ihn beauftragt, die weiteren Fortsetzungen der unvollendeten Mystery-Novelle nach Diktat niederzuschreiben. Die alte Dame war völlig aus dem Häuschen darüber, daß sich der Geist des berühmten Charles Dickens in ihrem bescheidenen Heim manifestierte, um ihren Logiergast mit einer so wichtigen Aufgabe zu betrauen. James scheute das erste Mal in seinem Leben nicht vor einer längeren regelmäßigen Tätigkeit zurück.

Verläßliche Zeugen berichteten, daß er in seinem Zimmer im Stuhl zusammensank und Stunden in Trance verharrte. Danach sprang er auf, eilte zum Schreibtisch und kritzelte wie besessen los. Freunden erklärte er wiederholt, er würde gar nichts erdichten, sondern den Text in seinem Geist hören.

Die »Lieferungen« waren uneinheitlich. Manchmal umfaßten sie mehrere Seiten, dann wieder nur einige Zeilen. Daran hatte der junge Empfänger einen gewissen Anteil. Dachte James nämlich intensiv an ein Mädchen – was oft genug der Fall war –, mußte der berühmte Dickens eben warten oder sich mit einem Kurzdiktat zufriedengeben.

Noch ehe das vollständige »Mystery of Edwin Drood« am 31. Oktober 1873 im Buchhandel auflag, war durchgesickert, wie die Komplettierung des Manuskriptes zustande gekommen war. Sofort stürzten sich Entlarver wie eine Meute Wölfe darauf. Ein Zetergeschrei erhob sich. Die Hetzjagd auf den »Betrüger« Thomas P. James hob an.

Dessenungeachtet erschien nicht nur den ausgehungerten Dickens-Fans die komplette Story wie aus einem Guß, völlig authentisch, sondern auch namhaften Literaturexperten. Sie erkannten nahezu einhellig Dickens' Stil, Syntax und Storyaufbau. Computeranalysen schlossen sich dieser Beurteilung Jahrzehnte später an. Der zuerst heruntergemachte Tramp wurde zum Literaturwunder hinaufstilisiert.

Eine Zeitung in Springfield, Massachusetts, nannte ihn überschwenglich »den würdigen Nachfolger von Charles Dickens«, und ein Blatt aus Boston stellte fest: »James kann das Buch nicht ohne die Hilfe von Dickens geschrieben haben. Ob sie spirituell war oder nicht, wissen wir nicht.«

Den endgültigen Schiedsspruch sprach Jahre später der berühmte Autor Conan Doyle. Er besaß in Sachen Jenseitsbotschaften große Erfahrung und hatte mehrere Fälle mit derselben Logik analysiert, die seine literarische Schöpfung Sherlock Holmes auszeichnet.

In der Dezemberausgabe des Magazins »Fortnightly Review« des Jahres 1927 schrieb Doyle, daß sich bei James weder vor noch nach der Komplettierung des Dickens-Manuskriptes das geringste schriftstellerische Talent feststellen ließ. Seine Schulbildung war dürftig. Sie hätte James niemals zum Stil, zum Vokabular, zum Wissen, zu den Denkprozessen und zu einer Handlungsführung auf Dickensschem Niveau befähigt, welche Elemente das Manuskript kennzeichneten. Tatsächlich war

Thomas P. James schon bald nach dieser Sensation wieder in Vergessenheit geraten. Er starb schließlich unbeachtet und ohne Mittel.

Das Buch, das heute als die »James-Version of The Mystery of Edwin Drood« bezeichnet wird, ist nur noch in einigen Exemplaren vorhanden, jedes davon ein gesuchtes Sammlerstück. »Das Geheimnis von Edwin Drood« ist immer noch der meistdiskutierte Kriminalfall der Literaturgeschichte. Mehr als 200 Lösungsvorschläge wurden bislang eingereicht.

Wenn der Kosmos spricht

Nachrichten aus dem Jenseits oder kosmische Botschaften sind keine Seltenheit und werden meist als Unfug abgetan. Gelegentlich aber können auch Wissenschaftler sie nicht auf die leichte Schulter nehmen.

An einem Septemberabend des Jahres 1963 setzt sich die Lyrikerin Jane Roberts aus Elmira im US-Bundesstaat New York an den Tisch, um an einigen Gedichten zu arbeiten. Vor ihr stehen Kaffee und Zigaretten bereit, neben ihr döst Familienkater Willy auf seiner blauen Decke. In dieser entspannten Atmosphäre erfolgt ein Donnerschlag aus heiterem Himmel, den die junge Frau jedoch nur in ihrem Geist wahrnimmt.

Mit ungeheurer Wucht ergießen sich plötzlich nie gekannte Ideen – Vorstellungen von absoluter Fremdartigkeit – in Janes Gehirn. Ihr Denkapparat scheint sich in eine Empfangsstation verwandelt zu haben, in die Informationen wie ein Sturzbach hereinströmen. Sie hat keine Kontrolle mehr über sich. Während ihr Schädel wie eine riesige Glocke dröhnt, von unbekannten Eindrücken und Gefühlen zutiefst aufgewühlt, sitzt sie starr aufrecht. Ihre Hand schreibt unaufhörlich, geführt von einem fremden Willen.

Die Schriftstellerin stürzt durch feste Gegenstände hindurch ins Universum hinein, befindet sich zugleich an mehreren Orten. Jeden Moment davon ist das Empfinden, gewaltiges Wissen würde allen Zellen ihres Körpers eingepflanzt, der beherr-

18 Der radioaktiv verstrahlte(!), chirurgisch ausgeweidete Kadaver des Wallachs »Snippy« lenkte 1963 die Aufmerksamkeit auf die unheimlichen Tierverstümmelungen, die heute immer noch weitergehen (zu »Sadisten aus dem Weltraum«).

18

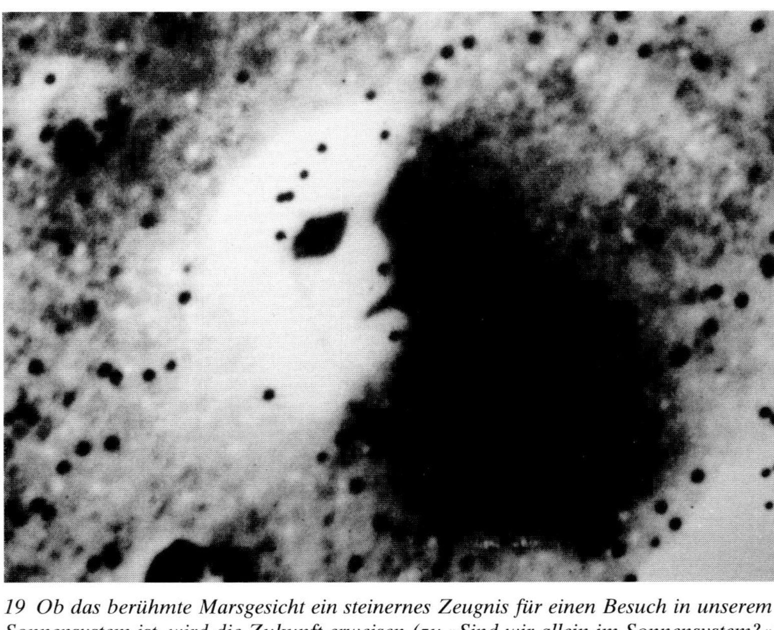

19

19 Ob das berühmte Marsgesicht ein steinernes Zeugnis für einen Besuch in unserem Sonnensystem ist, wird die Zukunft erweisen (zu »Sind wir allein im Sonnensystem?«).

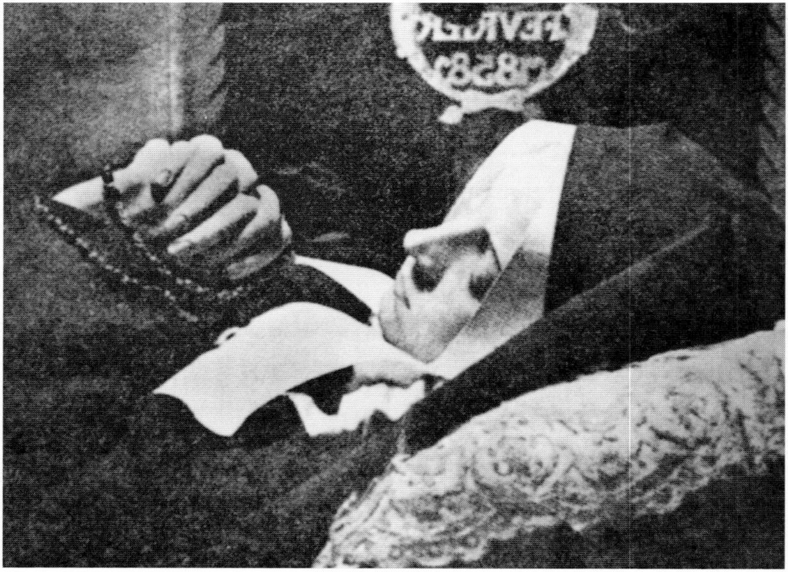

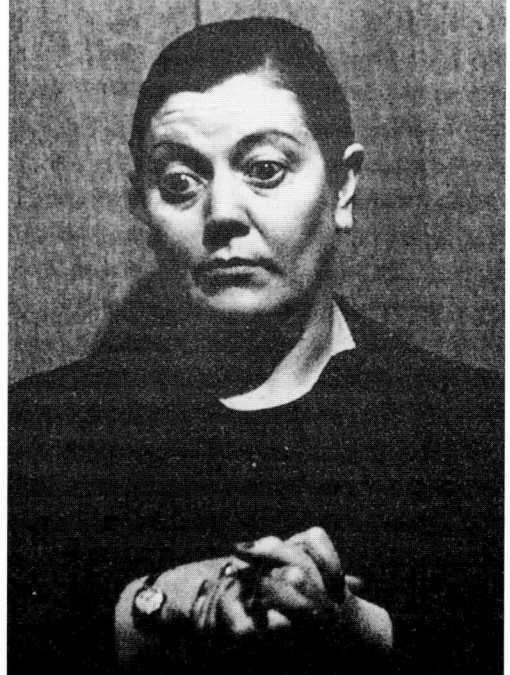

20 Bernadette Soubirous (1843–1879), die als Vierzehnjährige in der Grotte von Masabielle in Lourdes zwischen 11. Februar und 16. Juli 1857 achtzehn visionäre Begegnungen mit einer »strahlenden Frau« hatte, die ihr die berühmte Heilquelle zeigte, gehört zu den rätselhaften Toten, die nicht verwesen. Verstorbene, denen die Zeit nichts anhaben kann (zu »Sie gehen nicht den Weg allen Fleisches«).

21 Das berühmte Schreibmedium Eileen Garrett erhielt den ersten Teil der Botschaft aus dem Jenseits, die als Kreuz-Korrespondenz in die Geschichte des Paranormalen eingehen sollte (zu »Verschwörung im Totenreich«).

22 Geisterhafte Crewmitglieder des Zeppelins »R 101« meldeten sich aus der anderen Welt und gaben Aufklärung darüber, wie es wirklich zum Absturz des Giganten der Lüfte gekommen war (zu »Tote Zeugen sagen aus«).

23 Charles Dickens konnte seine einzige Kriminalstory auf Erden nicht beenden. Aus dem Jenseits diktierte er die fehlenden Fortsetzungen (zu »Das Geistermanuskript«).

No. I.]　　　　　APRIL, 1870.　　　　　[Price One Shilling.

THE MYSTERY OF EDWIN DROOD.
BY CHARLES DICKENS.
WITH ILLUSTRATIONS.

LONDON: CHAPMAN & HALL, 193, PICCADILLY.
Advertisements to be sent to the Publishers, and ADAMS & FRANCIS, 59, Fleet Street, E.C.
[The right of Translation is reserved.

24 Der britische Archäologe Fredrick Bligh Bond setzte alles auf eine Karte. Er fragte Geister, wo er nach der zerstörten Abtei von Glastonbury graben sollte. Mit ihrer Hilfe fand er sie tatsächlich (zu »Informationen aus dem Jenseits«).

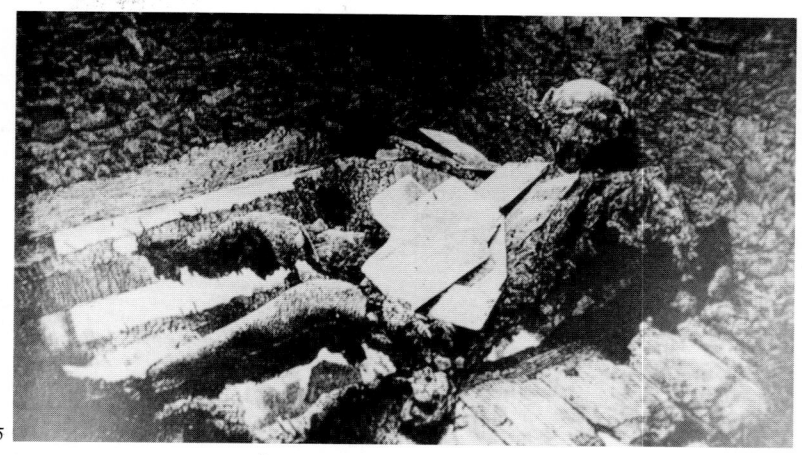

25 Das sind die grausigen Überreste eines alten Soldaten. Er fiel einem der rätselhaftesten und schrecklichsten Phänomene zum Opfer, das die Wissenschaft kennt, aber nicht erklären kann: Spontane Selbstverbrennung (zu »Wenn Menschen von innen verbrennen«).

schende Eindruck. Dann reißt die dröhnende Verbindung mit der anderen Seinsebene so jäh wieder ab, wie sie begonnen hatte.

Die parapsychologische Forschung kennt zahlreiche »Offenbarungen«, die sich mit dem Erlebnis von Jane Roberts durchaus vergleichen lassen. Gelegentlich sind sie ebenfalls von »automatischem Schreiben« begleitet. Janes »Offenbarung« unterschied sich jedoch beträchtlich von den meisten anderen. Und zwar in einer Weise, die sogar nüchterne Naturwissenschaftler auf den Plan rief.

Als das Bewußtsein der jungen Frau zurückkehrt, entdeckt sie ihre eigene Niederschrift. Es sind mehrere Seiten mit einem kryptischen Titel. Er lautet »Das physische Universum als Gedankenkonstruktion«. Ein Thema, auf das sie von sich aus ebensowenig gekommen wäre wie auf den Inhalt der seltsamen Aufzeichnungen.

Obgleich Jane dem Okkulten nicht zugetan war, beeindruckte sie das Ganze so sehr, daß sie gemeinsam mit ihrem Mann Rob, der sich dafür bis dato auch nicht interessiert hatte, spiritistisch zu experimentieren begann. Zu Beginn verwendeten die beiden ein sogenanntes *Ouija-Brett,* mit dessen Hilfe man geistige Botschaften niederschreiben können soll. Tatsächlich buchstabierte das Brett Botschaften. Ein Irgendetwas meldete sich aus dem Irgendwo unter dem Namen *Seth.* Ziemlich schnell etablierte sich zwischen Jane und ihrem astralen Gesprächspartner ein so enger Kontakt, daß auf das Brett verzichtet werden konnte. Sobald *Seth* kommunizierte, verfiel Jane in Trance, und die Niederschriften konnten ablaufen.

Was wie einer der altbekannten Okkultberichte begann, sollte schließlich zu einem der größten Rätsel unserer Zeit werden.

Der körperlose *Seth* erklärte, die ursprünglich diktierten ersten Seiten seien nur der Beginn eines umfangreichen Manuskriptes. Mit über 6000 Schreibmaschinseiten wurde es in der Tat ein umfangreiches Werk. Es ist als das *Seth-Material* in die Esoterik eingegangen.

Anfangs glaubte Jane Roberts, ihr eigenes Unterbewußtsein würde alles diktieren, doch schon bald überstieg das Niedergeschriebene ihr eigenes Wissen um Potenzen. Sie kam zu der Ansicht, daß sie nicht der Ursprung der Botschaften, sondern wirklich und wahrhaftig die Empfängerin eines unbegreiflichen Informationsstroms aus dem Nichts war.

»Das physische Universum als Gedankenkonstruktion« setzt sich mit dem Wesen von Materie und Energie, von Raum und Zeit, von Realität und Kausalität, mit der Struktur der menschlichen Psyche, mit Kosmogonie, Wahrscheinlichkeit, Gottesbegriff, Reinkarnation und mit anderen Themen auseinander, von denen man üblicherweise in Séancen wenig hört; schon gar nicht in Form eines umfassenden Weltbildes.

Der unsichtbare Autor beschrieb sich selbst so: »Ich bin frei von Raum und Zeit, mein Wesen ist mehrdimensional. In meiner Psyche gibt es eine multidimensionale Öffnung, durch die andere Realitäten – zum Beispiel eure – wahrgenommen werden können.« Das Buch, das *Seth* durch Jane Roberts in unsere Realität transportierte, wurde ein Weltbestseller.

Jane Roberts akzeptierte das Unglaubliche nicht ohne weiteres. Sie ließ sich von Ärzten und Psychologen untersuchen, die ihr völlige geistige Gesundheit attestierten. Lediglich eine starke Begabung für Außersinnliche Wahrnehmungen (ASW) war festzustellen, deretwegen hatte sie aber *Seth* nach eigenen Aussagen ausgewählt.

Die einzige Möglichkeit, dem *Seth-Material* ernsthaft auf den Zahn zu fühlen, ist das Überprüfen der darin enthaltenen Informationen. Dazu konnten sich schließlich sogar Naturwissenschaftler aufraffen. Dabei stellten sie zu ihrer grenzenlosen Verblüffung fest, daß sie eindeutig mit Aussagen über neueste Erkenntnisse der theoretischen Physik konfrontiert wurden. Mehr noch: Vieles davon wurde auf eine so anschauliche Weise dargelegt, wie man sie sich in Fachbüchern nur wünschen kann.

Zahlreiche der wissenschaftlichen Inhalte haben mit den bekannt naiven Jenseitsbotschaften so viel gemein wie die Hohlweltlehre mit den »Großen vereinheitlichten Theorien« der modernen Kosmogonie. Wo immer die erstaunlichen Informationen auch herstammen mögen, eine Quelle scheidet jedenfalls aus: der persönliche Wissensschatz der Lyrikerin Jane Roberts.

Eine Fußspur der Seele

Jahrtausende schon fragen sich die Menschen: »Gibt es ein Leben nach dem Tod?« Als ein Arzt, ein Physiker und ein Neurologe darauf vor über zwei Jahrzehnten eine Antwort gaben, nahm die Welt kaum Notiz davon. Wurde damals wirklich gefunden, wonach Philosophen und Wissenschaftler Ausschau halten?

Seit der englische Mediziner Dr. Walter Grey eine Maschine konstruiert hatte, die auf Gedankenwellen reagierte (er nannte sie *machina spekulatrix*), verfolgte der Physiker und Kybernetiker Jean Jacques Delpasse die Arbeiten des Mannes aus Bristol mit Aufmerksamkeit. So auch ein interessantes Experiment Dr. Greys, bei dem er Testpersonen immer und immer wieder denselben Handgriff (Einschalten eines Fernsehers) ausführen ließ, während ihre Hirnströme von Elektroden aufgezeichnet wurden. Dabei zeigte sich, daß *vor* der Handlung jedesmal ein unverwechselbarer Stromstoß, eine *Bereitschaftswelle*, durch das Gehirn lief.

Das Beachtliche an diesem Versuch bestand darin, daß Dr. Grey noch einen Schritt weiterging: Er verband die Elektroden direkt mit dem Fernseher. Nun waren die Testpersonen in der Lage, den Fernseher einfach dadurch einzuschalten, daß sie daran dachten, dieses zu tun. Die Bereitschaftswelle war der Auslöser.

Bei der Beschäftigung mit diesem originellen Versuch durchzuckte Professor Delpasse wie ein Blitz die Erkenntnis, daß sich hier die Chance offenbarte, einen wissenschaftlichen Beweis für das Leben nach dem Tode zu erbringen. Er würde zwar besondere Rahmenbedingungen erfordern, prinzipiell sprach aber nichts dagegen.

Wie konnte das vor sich gehen? *Gedächtnismoleküle*, die der Gehirnforschung heute bekannt sind, würden der Schlüssel sein. Der Mensch wird – traurig, aber wahr – so gut wie ohne Geist geboren. Auch wenn Elternpaare mit leuchtenden Augen schwärmen, welche großen Fähigkeiten und edlen Charaktereigenschaften in dem kleinen Bündel Mensch schlummern mögen, so hält die Neurophysiologie wenig von dem poetischen Vergleich eines Neugeborenen mit einer Knospe, die alle Anlagen in sich trägt und nur noch der Entfaltung harrt. Tatsächlich beinhaltet die Großhirnrinde des Säuglings nur einen Bruchteil der späteren Nervenzellen, und die sind nicht einmal miteinander vernetzt. Erst durch Informationen von außen bilden sich bevorzugte Bahnen, die aus einem Zellhaufen einen Zell*verband* machen. Informationstransport hebt an, der Geist entsteht. Schlußendlich besitzt der Erwachsene über 100 Milliarden Neuronenzellen mit mehr Verknüpfungsmöglichkeiten, als es Atome im gesamten Universum geben dürfte.

Auch wenn die Wissenschaft meilenweit davon entfernt ist zu wissen, was wirklich unter unseren Schädeldecken vor sich geht, so gibt es schon einen erklecklichen Berg an Erkenntnissen, beispielsweise das Wissen um die angesprochenen Gedächtnismoleküle. Sie entstehen unter anderem, wenn ein Vorgang lange genug wiederholt wird, etwa das Einschalten eines Fernsehers wie im Grey-Experiment.

Vorausgesetzt, das Ich würde sich nach dem Tod nicht als ungeordnete Wärmestrahlung im All verlieren, sondern bliebe in seiner diesseitigen Struktur erhalten, dann, ja dann müßte seine Spur mit Hilfe der durch die Bereitschaftswelle gebildeten speziellen Gedächtnismoleküle *bis ins Jenseits* zu verfolgen sein, mutmaßte Professor Delpasse. Soviel zur Theorie.

An eine Praxis war nicht zu denken. Kein Wissenschaftler in einer Demokratie zieht es auch nur in Betracht, an Sterbenden herumzuexperimentieren, und eine freiwillige Mitarbeit auf der Basis »Sterben Sie erst einmal, dann werden wir weitersehen« war kaum zu erwarten. Hier führte der Zufall, wie oft bei großen Entdeckungen, Regie.

Im Rahmen eines kybernetischen Symposiums, bei dem der Neurologe Professor William Jongh van Amsynck sprach, stieß Professor Delpasse auf die mögliche Lösung. Van Amsynck war einer der ersten, der Biofeedback-Techniken in der Medizin angewandt hatte, und berichtete nun über seine diesbezüglichen Fortschritte. Heute bereits anerkannte Therapien, waren Amsyncks Methoden (beispielsweise zur Feedback-Kontrolle überhöhten Blutdrucks) in den siebziger Jahren Vorreiter.

Was Delpasse sofort faszinierte, war der Umstand, daß Amsyncks Patienten durch die Bank an Hypertonus litten; eine Krankheit, die nicht selten zum Tod führt. Bei freiwilliger Mitarbeit war die Wahrung aller humanitären und ethischen Gesichtspunkte garantiert. Die Feedback-Techniken konnten die Markierung der Gedächtnismoleküle einer Testperson verstärken, und das natürliche Ende würde die ewige Menschheitsfrage beantworten.

Wenn Professor Amsynck bereit war, in sein Feedback-Trainingsprogramm auch den Walter Grey-Versuch einzubauen und die Patienten zustimmten, waren die idealen Bedingungen für das *Delpasse-Experiment* gegeben. Professor William Jongh van Amsynck war bereit. Seine Patienten auch. Es machte ihnen großen Spaß, durch reine Willenskraft einen Bildschirm zu aktivieren. Dabei kam es zu dem für Biofeedback typischen zeitweiligen Ermüdungseffekt. Doch Abhilfe ist möglich. An der Universität des früheren Leningrad wurde die Aufhebung durch Übertraining bewirkter Gehirnblockaden mittels einer elektromagnetischen Strahlungsquelle erfolgreich praktiziert. Auch das Delpasse/Amsynck-Experiment konnte dadurch regelmäßig wieder angekurbelt werden.

Und dann geschah das Unvermeidliche. Angeschlossen an ein EEG-Gerät und an die Walter Grey-Apparatur erlitt eine 67jährige Patientin eine hypertone Massenblutung. Trotz aller Bemühungen war das Ende nicht aufzuhalten. Im Moment des Hirntodes tauchte die Bereitschaftswelle auf, der Fernsehmonitor schaltete sich ein. Nun fehlte der endgültige, alles entscheidende Beweis für das *Weiterbestehen* des menschlichen Bewußtseins, wenn die drei Stufen des Sterbens (Gehirntod, klinischer Tod, Zelltod) abgeschlossen waren.

In dieser dramatischen Phase entschloß sich Professor von Amsynck, die bewährte Strahlungsquelle zur Wiedererweckung der Fähigkeit zur Erzeugung der Bereitschaftswelle einzusetzen. Das Unvorstellbare wurde Wirklichkeit: Der Delpasse-Effekt trat auch dann noch durch das Aufleuchten des Bildschirms ein, wenn der Körper Stunden tot war und die Verwesungs-Enzyme ihre Auflösungsarbeit begonnen hatten. Kontrollversuche mit Patienten, die niemals nach dem Walter Grey-System geschult worden waren, zeigten, daß es der vorhergehenden Bildung entsprechender Gedächtnismoleküle bedurfte.

Das Watseka-Wunder

Ein Nachbarskind zu Besuch ist nichts Besonderes –
es sei denn, im Körper dieses Logiergastes wohnt der
Geist der eigenen verstorbenen Tochter.

»Du bist ganz ruhig, ganz entspannt. Jetzt wirst du müde, ganz müde. Und nun schläfst du ein ...« Die Stimme des Arztes und Spiritisten Dr. E. Winchester Stevens ist sanft und eindringlich. Behutsam löst der in Hypnose erfahrene Mediziner bei dem jungen Mädchen auf der Couch des Hauses der Familie Vennum die Trance aus. Die dunkelhaarige zarte Dreizehnjährige aus der Kleinstadt Watseka im US-Bundesstaat Illinois atmet nun ganz flach. All ihre hektische Unruhe hat sie verlassen. Die Hypnose hat voll eingesetzt.

»Und jetzt erzählst du mir ganz genau, welche bösen Geister dich beherrschen, Lurancy. Du brauchst keine Angst zu haben. Deine Eltern und euer Nachbar sind bei dir. Wir werden dir alle beistehen.«

Der bekannte Arzt weiß, wie er vorgehen muß. Seine Praxis in Janisville im amerikanischen Bundesstaat Wisconsin wird regelmäßig nicht nur von körperlich Kranken aufgesucht, sondern auch von Menschen mit spiritistischen Problemen, darunter Besessenheit wie bei der kleinen Lurancy Vennum. Ein durchaus üblicher Vorgang im ausgehenden 19. Jahrhundert, als der Spiritismus in den Vereinigten Staaten seinen Siegeszug anzutreten begann.

An diesem 31. Januar des Jahres 1878 sollte der erfahrene Spiritist Dr. Stevens eine Form von Besessenheit erleben, die sich nicht mit Einbildung oder Hysterie erklären ließ.

In der Hypnose wiederholt das Mädchen jene Vorkommnisse, die ihre Eltern und Nachbarn so sehr in Aufregung versetzt hatten, daß Dr. Stevens für eine Behandlung geholt worden war. Die Ereignisse, die sich zu einem der beeindruckendsten Fälle in der Geschichte der Erforschung des Kontaktes zwischen Diesseits und Jenseits auswachsen sollten, hatten im Juli 1877 schlagartig begonnen. Damals hatte Lurancy ihren Eltern an einem Morgen geklagt: »In der Nacht waren Leute in meinem Zimmer. Sie haben gerufen: ›Rancy! Rancy!‹, und ich habe ihren Atem gespürt.«

Von dem Tag an wurde das Mädchen regelmäßig von immer stärkeren hysterischen Anfällen und Verzweiflungsausbrüchen überwältigt, bei denen sie in einen tranceähnlichen Zustand verfiel. Danach erzählte sie, daß Menschen, die sie kannte, die aber schon tot waren, mit ihr gesprochen hätten und daß manche von ihnen in ihren Geist hineingeschlüpft seien. Da ihr Zustand immer schlimmer wurde, entschlossen sich die Vennums schließlich, gemeinsam mit dem Nachbarn Mr. Roff, den berühmten Dr. Stevens aus Janisville kommen zu lassen.

Soweit ist der Arzt mit der Vorgeschichte vertraut. Auch Lurancys Schilderung, es gäbe auch gute Geister, die ihr gegen die bösen Geister, die sie beherrschen wollen, beistünden, ist dem Mediziner im Prinzip nicht fremd. Doch dann passiert's. Lurancy nennt den Namen des guten Geistes: Mary Roff. Sofort ruft der Nachbar laut aus: »Das ist meine Tochter, Mary Roff, das ist mein Mädchen. Sie ist ja schon zwölf Jahre im Himmel. O ja, laß sie kommen, wir freuen uns, sie bei uns zu haben.«

Die Tochter der Familie Roff war kurz vor ihrem 19. Geburtstag 1865 in Watseka gestorben, ein Jahr nach der Geburt von Lurancy Vennum im April 1864. Da auch Mary Roff von ähnlichen Heimsuchungen geplagt gewesen war wie nun Lurancy, ist Nachbar Roff sofort davon überzeugt, seine tote Tochter würde Lurancy tatsächlich beistehen.

Mehr noch, übermannt von den Ereignissen und von der Vorstellung, seine Tochter Mary wieder zurückzubekommen, schlägt Roff vor, Lurancy solle zu ihm und seiner Frau ziehen. In dem danach ausbrechenden Chaos aus hochschwappenden Emotionen muß die Hypnosesitzung abgebrochen werden. Aufgewühlt und durcheinander trennt man sich. Damit ist die Sache beileibe nicht ausgestanden. Sie beginnt erst.

Eine Woche nach der dramatischen Enthüllung besuchen Mary Roffs Mutter und ihre Schwester die Vennums. Als sie die beiden auf das Haus zugehen sieht, ruft Lurancy aus: »Da kommen meine Mutter und meine Schwester Nervie.« Im Laufe des Nachbarschaftsbesuchs gerät Lurancy völlig aus dem Häuschen. Fast schon rasend bittet sie, mit den Roffs »nach Hause« gehen zu dürfen.

Die Situation ist dermaßen unhaltbar, daß die ratlosen und verzweifelten Vennums sich schließlich nicht anders zu helfen wissen, als dem Wunsch zu entsprechen. Zur Freude der Roffs und zum Elend der Vennums zieht Lurancy als Mary Roff am 11. Februar 1878 im Nachbarhaus ein.

Dort lebt sie das Leben eines Mädchens, das seit zwölf Jahren tot ist. Ihr Verhalten ist in allen Details mit dem von Mary identisch. Sie erkennt jeden Bekannten oder Verwandten von Mary oder der Roff-Familie augenblicklich – auch wenn ihr diese Personen als Lurancy fremd sein mußten – und bemerkt sogar Veränderungen an deren äußeren Erscheinungen. Sie erinnert sich mit allen Einzelheiten an Vorkommnisse aus dem Leben der Betroffenen, darunter Ereignisse, die nicht selten vor Lurancys Geburt stattgefunden hatten, manche liegen ein Vierteljahrhundert zurück. Dafür weiß sie nichts mehr über ihr Leben als Lurancy Vennum.

Wenn die unglücklichen Vennums bei den Roffs zu Besuch sind, um festzustellen, wie es dem Mädchen geht, das nicht mehr ihre Tochter ist, gibt es kein Wiedererkennen. Sie sind »Mary« ebenso fremd wie alle Bekannten und Freude von Lurancy. Dieser groteske Zustand dauert fast genau 100 Tage.

Am 7. Mai 1878 sagt »Mary« zu Frau Roff: »Lurancy kommt jetzt zurück.« Danach schließt sie kurz die Augen. Als sie sie wieder öffnet, schaut sie sich verwirrt um und ruft aus: »Wo bin ich? Das kenn' ich hier gar nicht!«

Den Roffs gelingt es, auf »ihre« Tochter so einzuwirken, daß Marys Persönlichkeit wieder von ihr Besitz ergreift. Doch sie bleibt immer kürzere Zeitspannen, um Lurancy Platz zu machen, wie sie in diesen Phasen erklärt.

Schließlich schreibt Mr. Roff am 21. Mai nieder: »Mary soll heute den Körper von Rancy verlassen. Sie sagt, so ungefähr um 11 Uhr. Sie verabschiedet sich von Nachbarn und Freunden. Rancy kehrt heute zurück. Gestern abend kam Mary aus ihrem Schlafzimmer zu uns herunter. Sie umarmte uns und weinte, weil sie sich von uns verabschieden muß. Sie bat uns, Rancy alle ihre Bilder, Murmeln, Postkarten und 25 Cent zu überlassen, und nahm uns das Versprechen ab, Rancy oft zu besuchen.«

Kurz danach zog das junge Mädchen wieder bei ihren leiblichen Eltern, den Vennums, ein. Sie war und blieb Lurancy und führte bis zu ihrem Tode ein völlig normales Leben.

Dieser Fall ist als das »Watseka-Wunder« in die Geschichte der

Parapsychologie eingegangen. Die erste ausführliche Untersuchung veröffentlichte Dr. Stevens, der nicht nur Lurancy, sondern auch Mary Roff bis zu ihrem Tod behandelt hatte. Er führte gründliche Aufzeichnungen während der über drei Monate dauernden Dominanz von Mary. Nach Lurancys Heimkehr interviewte er alle Beteiligten und veröffentlichte schließlich eine ausführliche Studie mit dem Namen »Das Watseka-Wunder«.

Der ebenso berühmte wie kritische Parapsychologe Dr. Richard Hodgson, der betrügerische Medien und falsche Geister am laufenden Band zu entlarven pflegte, nahm auch dieses Wunder unter die Lupe. Im Dezember 1890 schrieb er: »Ich hege keinen Zweifel daran, daß sich die Ereignisse so zugetragen haben, wie sie in den Aufzeichnungen von Dr. Stevens beschrieben werden... Meiner persönlichen Meinung nach ist der Fall des Watseka-Wunders ein fundamentales Beispiel der spiritistischen Hypothese« (also jener, daß Marys Geist von Lurancy Besitz ergriffen hat).

Der Fall des Watseka-Wunders ist zwar nicht so bekannt wie der wohl berühmteste Reinkarnations-Fall Bridey Murphy/Ruth Simmons, aber er kann sich mit diesem durchaus messen – auch, was seine Unerschütterlichkeit gegen alle konventionellen Erklärungsversuche betrifft.

Das verhexte U-Boot

Im Ersten Weltkrieg machte ein deutsches Kriegsschiff dem berühmten »Fliegenden Holländer« Konkurrenz und rief sogar Geisterjäger auf den Plan.

Am Morgen des 10. Juli 1918 steht der Ausgang des ersten großen Krieges im 20. Jahrhundert fest. Die Entscheidungsschlachten sind geschlagen, die Niederlage der Mittelmächte Deutschland und Donaumonarchie sowie der mit ihnen verbündeten Türkei ist besiegelt. Obwohl nur noch ein Wunder den Alliierten den Sieg streitig machen könnte, ist Leutnant Paul F. Foster, der Kommandant des amerikanischen U-Bootes L-2, bei seiner Patrouillenfahrt im östlichen Atlantik dennoch auf der Hut.

Der geschlagene Gegner hat immer noch gefährliche Zähne. Besonders die gefürchteten kaiserlichen Unterseekreuzer durften nicht auf die leichte Schulter genommen werden. Die sieben Millionen Bruttoregistertonnen Schiffsraum, die allein im Jahr 1917 von der gegnerischen U-Bootwaffe auf den Grund des Meeres geschickt wurden, stecken den Westmächten noch in den Knochen. Ehe der stattliche Rest der ehemals 273 deutschen Unterwasser-Frontboote schließlich an die Sieger übergeben wurde (105 an England, 46 an Frankreich, zehn an Italien, sieben an das damals auf der Gegenseite stehende Japan und sechs an die USA), sollte die Gesamtzahl der im Ersten Weltkrieg auf alliierter Seite versenkten Bruttoregistertonnen ganz nahe an die Zwölf-Millionen-Marke herankommen.

Daher erfolgt sofort Alarm, als in der Umgebung von Cape Clear, Irland, ein aufgetauchtes deutsches U-Boot im Periskop sichtbar wird. Der schlanke dunkle Schiffskörper liegt wie verlassen im Wasser. Auf dem Turm ist deutlich die Zahl 65 zu lesen. Und noch etwas ist zu erkennen: die aufgerichtete Gestalt eines Offiziers, der mit verschränkten Armen auf dem Deck steht und reglos über den Bug hinwegblickt.

Captain Foster zerbricht sich nicht lange den Kopf über die bizarre Szene, sondern läßt die U.S.S. L-2 in Angriffsposition manövrieren. Doch die amerikanischen Torpedos bleiben in ihren Schächten. Ohne Vorwarnung zerreißt eine titanische Explosion das deutsche Boot buchstäblich in seine Atome. Gänzlich unwirklich wird das Erlebnis für die Besatzung des U.S.-Bootes, als trotz intensiver Suche weder Wrackteile noch Überlebende, ja nicht einmal der obligate Ölfleck zu entdecken sind. Damit endete die Geschichte eines Geisterschiffs ebenso dramatisch und mysteriös, wie sie vor zwei Jahren begonnen hatte.

Das deutsche U-Boot U 65 war im Herbst 1916 in der Werft von Brügge, der Hauptstadt der belgischen Provinz Westflandern, hergestellt worden. Mit einer Besatzung von drei Offizieren und 31 Seeleuten sollte es einer Einheit von insgesamt 24 U-Booten der flandrischen Flotte angehören, die vom U-Boothafen Zeebrügge aus operierte.

Unheimliche Vorkommnisse verhinderten dies jedoch vorerst. Während des Baues kamen fünf Männer ums Leben. Ein sechster beging vor dem ersten Probetauchen auf dem freien Meer durch einen Sprung ins Wasser Selbstmord. Der Tauchversuch selbst endete in einem Desaster. U 65 konnte sich zwölf Stunden lang nicht vom Meeresboden lösen. Wieder im Hafen, wurde Proviant und Munition für den ersten Einsatz an Bord genommen. Dabei detonierte ein Torpedo ohne ersichtlichen Grund und tötete fünf Matrosen und einen Leutnant.

Der ums Leben gekommene Leutnant machte aus dem Unglücksboot ein Geisterschiff, denn er pflegte die U 65 nach seinem Tod bei ihren Feindfahrten regelmäßig heimzusuchen. Schweigend schritt er durch die engen Gänge oder stand wie eine Statue unmittelbar vor dem Bug auf dem U-Boot-Deck. Er war es offenbar auch, den der amerikanische U-Boot-Kommandant im Periskop gesehen hatte.

Die deutsche Seekriegsleitung wollte sich nicht zusätzlich mit herumspukenden Offizieren befassen müssen und befahl der Mannschaft des »verhexten U-Bootes«, sich am Riemen zu reißen. Die gefechtsgestählten Seeleute waren keineswegs bereit, sich wie abergläubische Waschweiber behandeln zu lassen. »Wir sind keine hysterischen Memmen«, schrieb ein Maat an einen Vorgesetzten, »aber wir haben den Geist gesehen. Wir haben uns nichts eingebildet, aber was wir gesehen haben, haben wir gesehen. Das ist die Wahrheit.«

Der kommandierende Offizier des Marinekorps in Brügge, Admiral von Schröder, wollte nicht noch mehr Zeit verschwenden. Er ordnete eine unorthodoxe, aber, wie er hoffte, zielführende Radikalmaßnahme an: einen feierlichen Exorzismus. Ein Geistlicher ging an Bord, führte die vorgesehenen Rituale durch und teilte der Admiralität mit, daß der Spuk nunmehr ein Ende haben müßte. Was hinter der Sache auch stecken mochte, die offizielle Geisteraustreibung schien jedenfalls das richtige Mittel zu sein, um die Seeleute ein für allemal zu beruhigen. Dem war nicht so.

Der Spuk nahm kein Ende, und die Seeleute beruhigten sich nicht. Der erste Kanonier Eberhardt beging Selbstmord, nachdem er dem Phantom begegnet war. Maat Richard Meyer sprang aus demselben Grund über Bord. Als der U-Boot-Kommandant darauf beharrte, dem Geist ebenfalls begegnet zu sein, wurde die gesamte Besatzung ausgetauscht. Offensichtlich beendete selbst das die Heimsuchungen nicht, denn keine zwei Wochen später zerstörte sich die U 65 in Gegenwart des amerikanischen U-Bootes auf unergründliche Weise, wobei eine Gestalt reglos an Deck stand.

Der deutsche Marinepsychologe Professor Hecht untersuchte den Fall eingehend. Sein Bericht wurde niemals veröffentlicht, aber seine Meinung ist trotzdem bekannt. Er gab zu, keine alternative Erklärung zur »Geistertheorie« anbieten zu können.

TEIL IV

Unbekannte Kräfte und Mächte

»Niemals noch gab es den Mann, und
nimmer wird es ihn geben, der
die Wahrheit erkannt von den Göttern und
allem auf Erden.«

XENOPHANES

7 Attacken aus dem Anderswo

Von einem körperlosen Phantom zerfleischt

Unsichtbare Sadisten treiben rund um die Erde ein grausames Spiel. Niemand ist vor ihnen sicher, niemand weiß, woher sie kommen und worauf sie es abgesehen haben.

Dunkelheit liegt über Manila, dem wichtigsten Hafen und der Hauptstadt der Philippinen. Der Zweite Weltkrieg ist schon sechs Jahre vorbei, doch die Folgeerscheinungen der japanischen Besetzung und des erbitterten Befreiungskampfes durch die US-Streitkräfte unter General Douglas MacArthur sind in dieser Nacht des 10. Mai 1951 immer noch allgegenwärtig. Die junge, 1946 unabhängig gewordene Republik kämpft mit Not, Elend, Hunger und Krankheiten.

Der Krieg hat Scharen auf sich gestellter Kinder und Jugendlicher in den Straßen der Stadt zurückgelassen. Menschliches Strandgut, auf das die vom Schicksal Begünstigten herabblicken oder mit dem sie oft genug üble Spielchen treiben.

In diesem Vorhof der Hölle ist der Tumult, der eine Polizeistreife an einer Straßenecke empfängt, nichts Besonderes. Eine kleine Menschenmenge schart sich um ein junges Mädchen, das auf dem Boden hin- und herrollt. Sie schreit mörderisch. Soweit die Beamten ihrem Kreischen und Weinen durch den Lärm der Umstehenden, die lachen oder sie anspornen, etwas entnehmen können, wird die Unglückliche gebissen. Offensichtlich eine Wahnsinnige, eine Säuferin oder eine Drogensüchtige.

Die Polizisten treiben die grölenden Zuschauer in die Tavernen zurück, aus denen sie hervorgeströmt sind, und bringen die 18jährige Clarita Villaneuva zur Ausnüchterung aufs Revier. Als sich die Zellentür hinter ihr schließt, wirft sich Clarita auf die Knie und fleht die Uniformierten an, ihr zu helfen. Verzweifelt streckt sie die Arme aus und zeigt tiefe Bißwunden, die ihr »das Ding« – wie sie es nennt – zugefügt hat.

Die Beamten wenden sich zum Gehen, da beginnt das junge Mädchen hysterisch zu schreien. »Das Ding« ist wieder da! Ergrimmt holen die Polizisten Clarita, die sich wie wahnsinnig gebärdet, aus der Zelle und führen sie in den Vorraum. Ehe sie wissen, was sie mit der Tobenden anfangen sollen, erscheinen deutlich sichtbar blaugraue Bißmale auf Claritas Oberarmen und Schultern. Die Wunden sind von Speichel umgeben. Einer der Beamten stürmt zu seinem Captain und der wiederum zum Polizeichef.

Dr. Mariana Lara, der »Medical Examiner« und damit der oberste medizinische Untersuchungsbeamte, wird verständigt. Er ist mehr als ungehalten darüber, daß man ihn mitten in der Nacht aus dem Bett holt, um eine klare Epileptikerin in Augenschein zu nehmen. Am Ort des Geschehens erwarten Dr. Lara nicht nur der Polizeichef, sondern auch Arsenio Lacson, der Bürgermeister von Manila. Ungnädig wirft Lara einen Blick auf das Mädchen, diagnostiziert Epilepsie – verbunden mit Selbstverwundung – und kehrt, immer noch wutschnaubend, nach Hause zurück, um seine unterbrochene Ruhe fortzusetzen.

Nachdem der Arzt davongestampft ist, nehmen der Bürgermeister und der Polizeichef Claritas Verletzungen persönlich unter die Lupe. Selbstverwundung war blanker Unsinn. Dr. Lara sollte ihnen einmal vormachen, wie man sich selbst in den Nacken und hinten in die Schulter biß. Und das unauffällig.

Die 18jährige verbringt den Rest der Nacht auf einer Bank im ersten Büro der Polizeistation von Manila, wo sie sich in den Schlaf schluchzt. Am nächsten Tag würde alles mit der üblichen Routine ablaufen: Anklage wegen Herumtreiberei, eine paar Tage Arrest, Ende der Seltsamkeiten. »Das Ding« hielt jedoch nichts davon, daß alle Beteiligten – mit Ausnahme von Clarita – zur Tagesordnung zurückkehrten.

Als das junge Mädchen ins Gericht gebracht werden soll, beginnt sie wieder zu schreien. Zwei kräftige Polizisten packen sie nicht gerade liebevoll, jeder hält eine Hand Claritas mit eisernem Griff. Vor den ungläubigen Gesichtern der Beamten, einiger Reporter und des in der Früh wieder aufgetauchten »Medical Examiners« bohren sich unsichtbare Fänge in die Arme, die Handflächen und den Nacken des Mädchens. Dieser Angriff dauert ganze fünf Minuten, ohne daß irgend etwas dagegen getan werden konnte. Dann sinkt Clarita bewußtlos zusammen. Ratlosigkeit und Entsetzen machen sich breit.

Der Untersuchungsbeamte Dr. Lara nimmt sich das Opfer nochmals vor, diesmal ausgeschlafen und objektiv. Er revidiert sein nächtliches Urteil. Es lag *weder* Epilepsie *noch* Selbstverstümmelung vor. Die Bißwunden waren absolut real, und Clarita *konnte* sie sich unmöglich selbst zugefügt haben. Der Bürgermeister wird abermals verständigt und – als Autorität für Nichtirdisches – der Erzbischof.

Bis zum Erscheinen des Bürgermeisters vergehen etwa 30 Minuten, in denen der Horror zurückkehrt. Die Bißstellen an den Armen schwellen an, desgleichen die an den Händen. Nachdem der Bürgermeister eingetroffen ist, begleiten er und der »Medical Examiner« die Gepeinigte ins Gefängniskrankenhaus. Auf diesem Weg ereignet sich eine weitere Attacke. Wieder verursachen unsichtbare Zähne blaugraue, blutende Bißwunden am Körper des schreienden Mädchens, diesmal an den Seiten des Halses, auf einem Finger und an einer Hand, die der Bürgermeister fest in der seinen hält.

Die 15-Minuten-Fahrt zum Gefängniskrankenhaus ist ein einziger, ungeheuerlicher Alptraum für den Bürgermeister von Manila, den obersten medizinischen Untersuchungsbeamten, den Chauffeur – und natürlich für Clarita. Als sie nach einer endlos scheinenden Zeitspanne am Ziel ankommen, hören die unerklärlichen Angriffe auf.

Das unsichtbare Etwas schien seine Jagdgründe gewechselt zu haben. Bürgermeister Arsenio Lacson meinte zu dem Geschehen: »Wir haben es hier mit einer Erscheinung zu tun, für die es keine Erklärung gibt.« Der »Medical Examiner«, der höchste medizinische Untersuchungsbeamte Dr. Mariana Lara, fand weniger wohlgesetzte Worte. Er stellte schlicht fest: »Ich habe mir vor Angst beinahe in die Hosen gemacht.« Man kann es ihm nachfühlen.

Tatsache ist, daß nicht nur unsichtbare Beißer auf allen Kontinenten im wahrsten Sinne des Wortes aus dem Nichts zuschlagen, sondern daß der Homo sapiens vielfältigen mysteriösen Sadismen ausgesetzt ist, die wir ebensowenig begreifen können, wie den bedauernswerten Tieren die Bestialitäten einsichtig sein dürften, die wir an ihnen vollführen.

Im August 1960, so berichtet die »Reuters News Agency« aus White River, Südafrika, wurde der 20jährige Jimmy de Bruin vor Polizeidetektiven von einem unsichtbaren Messer tagelang verstümmelt. Ursache konnte keine festgestellt werden. In den zwanziger Jahren stach ein anderes unsichtbares (vielleicht auch dasselbe?) Phantom vor der Coventry Street in London Passanten nieder, und eine Dokumentation aus dem 19. Jahrhundert listet akribisch eine Reihe von Attacken aus dem Unsichtbaren gegen Kinder auf. Auch hier: Bißwunden, feucht und klebrig, wie von Speichel.

Die Wissenschaft steht diesem Phänomen heute so zwiespältig gegenüber wie damals und zieht es vor – wenn überhaupt –, von Autoaggression zu sprechen, eine Art amoklaufende Stigmatisierung.

Diese Erklärung mag durchaus auf einige der zahllosen Fälle zutreffen, die über die Jahrhunderte bekannt wurden, kaum aber auf das sehr gründlich untersuchte Ableben einer Holzsammlerin im Jahr 1761. Gemeinsam mit vier anderen Frauen befand sich die Unglückliche auf dem Heimweg in ihr Dorf bei Ventimiglia in Norditalien, als sie plötzlich mit einem schrecklichen Schrei zu Boden stürzte. Zum Entsetzen ihrer Begleiterinnen war sie tot. Ihr Körper bot einen grauenvollen Anblick: Kleidung und Schuhe waren in kleine Fetzen zerrissen und umrahmten die Tote. Über sie selbst schien ein unsichtbares Mahlwerk hinweggegangen zu sein. Ihr Kreuzbein war gebrochen, die Bauchmuskeln auf der rechten Seite hatten nachgegeben, so daß die Eingeweide sichtbar wurden. Die meisten Organe waren gerissen oder blutleer. Sie hatte Kopfwunden, die den Schädel blanklegten, eine Hüfte und ein Oberschenkel waren so gut wie fleischlos und zeigten das Schambein sowie den aus der Gelenkpfanne gedrückten, zersplitterten Oberschenkelkopf. Der Unterleib war von zahlreichen tiefen und parallel verlaufenden Schnitten übersät. Weder unter noch neben der Toten fand man Blut oder Fleischfetzen. Das monströse Geschehen hatte sich in weniger als einer Sekunde ereignet.

Eine eingehende Untersuchung der französischen Akademie der Wissenschaft endete mit einem Fragezeichen. Was Erklärungsversuche von Phänomenen, die es nicht geben dürfte, oft an sich haben.

Aus dem Wasser ins Nichts

Immer wieder verschwinden Schiffe mit Mann und Maus,
manchmal aber auch nur die Mannschaft und die Passagiere –
es ist, als würden sie von einem Moment zum nächsten ins
Anderswo gerissen.

Der Schoner »J. C. Cousins« ist ein 30 Meter langer Zweimaster, der ursprünglich einem Millionär gehört hat. Dieser war
seines Spielzeugs überdrüssig geworden. Nun steht das Luxusge-
fährt im Lotsendienst. Man schreibt den Oktober 1883, als das
Kommando in die bewährten Hände von Kapitän A. H. Zeiber
gelegt wird, einem erfahrenen Seemann und Lotsen.
An einem klaren und ruhigen Oktobertag läuft der Schoner aus
seinem Hafen Astoria im US-Bundesstaat Orgeon aus, der für
seine Lachskonserven weltberühmt ist. Die »J. C. Cousins« soll
eine französische Barke sicher durch die heikle Flußmündung in
den Zielhafen geleiten.
Routiniert manövriert Zeiber den Zweimaster durch die trügeri-
schen Untiefen an der Westküste, vorbei an gefährlichen Sand-
bänken. Nahe Fort Stevens geht er vor Anker, um auf den Rück-
gang der Flut zu warten, damit sich die »J. C. Cousins« mit der
Ebbe zu ihrem Rendezvous aufs offene Meer aufmachen kann.
Der Ausguck auf Cape Disappointment und die Mannschaft des
Schleppers »Mary Taylor« haben das ankernde Schiff dauernd
im Blickfeld.
Um fünf Uhr nachmittags zieht der Schoner den Anker auf und
macht sich auf den Weg zu dem französischen Schiff. Das können auch die Küstenwachen auf dem Canby-Leuchtturm deutlich beobachten. Plötzlich geschieht Unerwartetes. Ohne Signal
zu geben und auch sonst aus keinem erkennbaren Grund,
schwenkt die »J. C. Cousins« herum. Geradewegs in Richtung
Küste und damit direkt auf jene Untiefen und Sandbänke zu, die
zu vermeiden Kapitän Zeibers Job war. Die Zuschauer an den
unterschiedlichen Beobachtungsplätzen verfolgen das mysteriöse
Geschehen mit wachsendem Erstaunen, Besorgnis und schließlich Entsetzen.
Vor Dutzenden von Zeugen, die meisten davon durch Fernrohre
oder Feldstecher blickend, steuert das Lotsenschiff mit wachsen-

der Geschwindigkeit unbeirrbar seinem Untergang entgegen. Ohne auch nur den Versuch eines Ausweichmanövers oder einer Notankerung zu machen, kracht der Zweimaster gegen die Sandbank von Clatsop Split. Alle Beobachter konnten klar erkennen, daß niemand über Bord gegangen war. Trotzdem ertönt kein Notsignal, und kein Mensch verläßt das gestrandete Schiff.

Die Küstenwache eilt herbei. Auf die Rufe der herannahenden Rettungsmannschaften antwortet nur Schweigen. Nicht verwunderlich, denn an Bord der »J. C. Cousins« befindet sich keine lebende Seele. Nichts verrät, was vor sich gegangen sein muß. Die Rettungsboote hängen in ihren Vertäuungen. Alles ist tipptopp und friedlich, wenn auch sehr unheimlich, denn der Kombüsenofen ist noch warm, desgleichen die Kartoffeln in einem Topf. Besonders gruselig wirkt die noch glimmende Zigarette in der Halterung eines Aschenbechers. Die letzte Logbucheintragung in Kapitän Zeibers Handschrift lautet: »Alles in Ordnung.«

Es konnte nie geklärt werden, wieso sich die gesamte Besatzung sozusagen zwischen zwei Zigarettenzügen in Luft aufgelöst hat. Weder Kapitän Zeiber oder ein anderes Crewmitglied tauchten jemals tot oder lebendig wieder auf. Ihr Verbleib beschäftigte die Öffentlichkeit allerdings weit weniger als das Verschwinden der Mannschaft der legendären »Mary Celeste« in den siebziger Jahren des 19. Jahrhunderts, das seither immer wieder erfolglos zu klären versucht wurde.

Auch wenn sich Wissenschaft, Buchmarkt und Filmschaffen seit über 100 Jahren damit befassen und die New Yorker Versicherungsgesellschaft »Atlantic Mutual Insurance Company« ein eigenes »Mary Celeste«-Museum eingerichtet hat, braucht das Rätsel der »J. C. Cousins« den Vergleich mit der »Mary Celeste« nicht zu scheuen.

Das sollte eigentlich noch mehr für zwei Dampfer gelten, die um dieselbe Zeit spurlos auf *Flüssen* verschwanden; ein Geschehen, noch absurder als auf dem offenen Meer.

Die »Iron Mountain«, ein Heckraddampfer von 60 Meter Länge und über zehn Meter Breite, feierte an einem Junimorgen des Jahres 1872 ihren achten Geburtstag. Dieser Brocken von einem US-Riverboat brach an besagtem Geburtstag mit Crew, 55 Passagieren, einer Ladung Melassefässern und 400 Ballen Baumwolle – an Deck sowie auf Frachtkähnen im

Schlepptau – von Vicksburg auf. Die Ladung war für Louisville bestimmt.

Von zahlreichen Zeugen beobachtet, bog die »Iron Mountain« um eine Kurve des Ohio-River. Hinter der Flußbiegung sollte sie allerdings niemals wieder hervorkommen.

Die »Iroquis Chief«, ein aus der anderen Richtung kommender Heckraddampfer, mußte einer Reihe von treibenden Frachtkähnen ausweichen. Das kam schon einmal vor. Alarmiert waren die Flußschiffer allerdings, als sie bemerkten, daß die Schleppleine nicht, wie erwartet, abgerissen war, sondern wie mit einem Rasiermesser abgeschnitten wirkte. Was immer der »Iron Mountain« widerfahren war, hatte sie blitzartig von der Wasseroberfläche gerissen. Wäre sie explodiert, hätten die Trümmer den Ohio meilenweit bedeckt, besonders die auf Deck gestapelten Baumwollballen und Melassefässer. So aber war sie buchstäblich verdampft. Die Annalen der Flußschiffahrt vermerken diesen Vorfall als unerklärlich.

Ein Jahr später wirbelte ein weiteres Verschwinden mehr Staub auf, denn diesmal handelte es sich um den berühmten Luxusdampfer »Mississippi Queen«. Dieses erlesene Stück Schiffsbaukunst war bis zum nächsten Jahrhundert mit Passagiervormerkungen ausgebucht. Wenn sie majestätisch vorbeidampfte, säumten regelmäßig Menschenmassen das Flußufer. So war ihr Aufbruch in Richtung New Orleans am 17. April 1873 das übliche Volksfest. Geringere Schiffchen beim Überholen durch kurze Hornstöße grüßend und begleitet von Jubelrufen, entschwand die »Mississippi Queen« in der Ferne. In New Orleans kam sie nie an.

Als dieser Umstand nicht länger zu ignorieren war, begann eine gigantische Suchaktion. Das gesamte Flußufer wurde durchgekämmt. Boote schwärmten auf dem Wasser aus und zogen Ketten wie eiserne Netze zwischen sich her. Wenn nur eine einzige Deckplatte des verschwundenen Dampfers übriggeblieben wäre, hätte man sie entdeckt. Gefunden wurde kein einziger Splitter. In unseren Tagen würde man meinen, daß nur eine Atomexplosion so gründliche Arbeit leisten könnte.

Daß weit diskretere Kräfte als der sonnenheiße Gasball einer Kernexplosion bei solchen Vorgängen im Spiel sein dürften, beweist das Verschwinden des dänischen Schulschiffs »Københavnven«, das am 14. Dezember 1928 vom spiegelglatten Meer sozusagen »weggepflückt« wurde. Kurz vor der Mittagsstunde hatte das Schiff mit 50 Seekadetten an Bord den Hafen von Montevideo verlassen, um die Heimreise nach Dänemark anzutreten. Die »København« passierte einige kleine Fischerboote, näherte sich der offenen See – und verschwand. Hereinkommende Schiffe begegneten ihr nicht, obgleich das unvermeidbar gewesen wäre. Das Schulschiff hatte sich in Nichts aufgelöst. Schlagartig, spurlos, unerklärlich.

In manchen Fällen von geheimnisvollem Verschwinden wird ein mysteriöser Nebel beobachtet. Beispielsweise im Juli des Jahres 1881 im Zusammenhang mit rätselhaften Vorgängen um den US-Schoner »Ellen Austin« und ein nicht identifiziertes, verlassenes Schiff im Atlantik.

Am 14. des Monats entdeckte der Ausguck der »Ellen Austin« einen treibenden Zweimast-Schoner ohne Flagge, Namen oder sonstiges Identifikationsmerkmal. Kapitän Baker von der »Ellen Austin« beschloß, das Schiff zu entern. Da absolute Windstille herrschte, dauerte es einige Tage, bis es gelungen war, an das treibende Schiff heranzumanövrieren. Kapitän Baker und sechs Mannschaftsmitglieder gingen an Bord.

Das unbekannte Schiff war menschenleer. Die Rettungsboote hingen vollzählig in ihren Halterungen, und die äußerst wertvolle Ladung schien unangetastet. Letzteres freute Baker. Er und seine Männer konnten sich zwar nicht erklären, was auf dem namenlosen Schiff vor sich gegangen sein mochte, aber die Aussicht auf ein fettes Bergungsgeld beschäftigte sie mehr.

Baker beorderte eine Minimannschaft auf den Zweimaster, damit dieser – mit der wertvollen Ladung! – der »Ellen Austin« bis nach New York nachsegelte. Zwei Tage später endete die Windstille. Ehe die gemeinsame Fahrt beginnen konnte, setzte schlagartig ein heftiger Sturm ein, der beide Schiffe gründlich durchschüttelte. Auf die Signale, die von der »Ellen Austin« zum anderen Schoner gesandt wurden, erfolgte keine Reaktion.

Abermals wurde das namenlose Schiff nach Andockmanövern betreten. Zum Entsetzen aller waren die Männer verschwunden, die es notdürftig bemannen sollten. Kapitän Baker wollte eine weitere Notmannschaft hinüberschicken, doch er fand keine Freiwilligen. Als er eine außerordentlich große Belohnung bot, fanden sich einige Beherzte für einen zweiten Versuch, aber erst nachdem man sich auf Sicherheitsmaßnahmen geeinigt hatte.

Jeder der Männer bekam ein Gewehr, und die Schiffsglocke sollte jede Viertelstunde angeschlagen werden, zum Signal dafür, daß alles O.K. war. Darüber hinaus erlaubte Kapitän Baker den Männern, bei der geringsten Gefahr – sei sie normal oder übernatürlich, wie er wörtlich betonte – ein Rettungsboot zu Wasser zu lassen und zur »Ellen Austin« zu rudern. Nun segelten beide Schiffe los.

Nach kurzer Zeit bildete sich ein Nebel um das fremde Schiff. Er wurde dicker und dicker. Die Mannschaft der »Ellen Austin« rief ihren Kameraden in der mittlerweile mit Blicken nicht mehr zu durchdringenden »Wolke« aufmunternde Worte zu. Keine Antwort, aber auch kein Schuß. Plötzlich wurde die Glocke mehrmals angeschlagen. Dann Stille. Der Nebel wurde dünner und verflüchtigte sich schließlich. Als er noch nicht ganz verschwunden war, hätte die Silhouette des anderen Schiffes sichtbar werden müssen, doch sie wurde es nicht.

Nachdem der Nebel sich gänzlich aufgelöst hatte, spiegelte sich das Sonnenlicht auf einem glatten Ozean. Das Schiff einschließlich seiner Notbesatzung war verschwunden. Keine Planke trieb im Wasser, kein Rettungsboot war in Sicht, kein Mann schwamm auf die »Ellen Austin« zu.

Wo sind die Eskimos geblieben?

Im vollen Blickfeld seiner Frau und der beiden Kinder ging der Farmer David Lang über das Feld, seinem Schwager und dem Anwalt August Peck entgegen, die auf das Haus zufuhren. Er erreichte sie nie, denn zwischen einem Schritt und dem nächsten verschwand er. Sein Schicksal ist nur eines von vielen. Zu allen Zeiten, rund um die Welt, und nicht nur im berüchtigten Bermuda-Dreieck, öffnen sich Tore ins Nichts.

Noch ehe Trapper Joe Labelle die erste Hütte in der kleinen Eskimoansiedlung am nordkanadischen Anjikuni-See betritt, weiß er, daß ihn Unheimliches erwartet. Wie ein Leichentuch liegt eine bedrohliche Stille über dem Eingeborenendorf. Kein Anzeichen des normalen geschäftigen Treibens. Nicht einmal das Bellen eines der zahlreichen Schlittenhunde ist zu hören.

Labelle ist instinktiv am Dorfrand stehengeblieben. Laut ruft er mehrmals, doch keiner seiner eingeborenen Freunde antwortet. Das einzige Geräusch ist das Hin- und Herflappen der Rentierhäute, welche die Hütteneingänge verschließen. Im eisigen Wind, der vom See herüberweht, haben sie ein dämonisches Eigenleben. Die Kälte, die nun das Rückgrat des Trappers entlangstreicht, hat nichts mit der niederen Außentemperatur zu tun. Immer wieder rufend, geht er in das schweigende Dorf.

Vorsichtig nähert er sich der ersten Hütte und lüftet die Rentierhaut. Das Innere ist leer und totenstill. Über eine Stunde lang streift Labelle durch das Dörfchen. Er starrt in Zelte und Hütten, sucht die Eskimos oder wenigstens einen Hinweis auf ihren Verbleib. Vergeblich. Was auch immer vorgefallen sein mußte, es spottete jeder Erklärung, zu rätselhaft sind die Bilder, die sich dem Trapper bieten: Über den Feuerstellen hängen Töpfe mit Essen, gerade so, als wäre die Köchin nur für einen Augenblick weggerufen worden.

Gewehre – das kostbarste Gut jedes Eskimos – stehen in Ecken gelehnt herum. Kein Besitzer einer solchen Waffe trennt sich in diesen Breiten davon, ist sie doch mehr als ein materieller Wert, sondern oft genug lebensrettend. Dasselbe gilt für die Hunde. Trotzdem waren auch die Hunde zurückgelassen worden. An Baumstümpfe gebunden, tot, verhungert, entdeckt Labelle die Hunde der Eskimos. Wie alle anderen hatten sich auch ihre Herren völlig unvorbereitet auf eine Reise ins Nichts gemacht.

Wie unvorbereitet, zeigen viele Einzelheiten, beispielsweise eine Kinderkleidung aus Seehundfell, in der die Nähnadel aus Elfenbein für eine kurze Unterbrechung der Arbeit steckengelassen wurde. Der Trapper hat genug von dem Unerklärlichen. Hastig verläßt er die Ansiedlung, deren Bewohner scheinbar wie ein Mann kurz vor ihre Behausungen getreten waren – um nie mehr zurückzugehen …

In der etwa 500 Meilen entfernten Stadt Churchill befindet sich eine Station der berühmten königlichen berittenen kanadischen Mountain Police. Dort erstattet Labelle Bericht. Die Polizisten kennen ihn als ernstzunehmenden Mann. So macht sich im November 1930 ein Trupp der berittenen Polizei auf den Weg, um das Geheimnis des leeren Eskimodorfes zu lüften. Es sollte für alle Zeiten ein Geheimnis bleiben.

Nach eingehender Untersuchung steht für die Beamten fest, daß jeder normale Sachverhalt ausscheidet. Niemals würde ein Eskimo sein Dorf auch nur für kurze Zeit verlassen – geschweige denn weiterziehen – und seine Hunde, Waffen, Schlitten und alles andere aufgeben. Irgend etwas mußte die Eingeborenen zum Mitkommen oder zum fluchtartigen Verlassen des Dorfes gezwungen haben, wobei selbst die gesamte, nicht am Körper getragene Kleidung zurückblieb. Nur was? Spuren eines Kampfes oder auch nur der Anwesenheit von Fremden gibt es nicht.

Sogar die absurde Vorstellung einer gemeinsamen Bootspartie ins nasse Grab des Anjikuni-Sees scheidet aus, da die Kajaks des Stammes vollzählig am Seeufer vertäut liegen.

Die von der Polizei zugezogenen Fachleute verbringen Wochen am Ort des Mysteriums, um es doch noch zu entschleiern. Zähneknirschend geben sie schließlich auf. Die Frage, warum ein ganzer Eskimostamm in der eisigen Kälte des Frühwinters ohne jede Ausrüstung oder Schutz sein Dorf verlassen haben sollte, bleibt ebenso unbeantwortet wie jene, wohin die freundlichen Eingeborenen gekommen waren. Selbst im Fall schlagartig ausgebrochenen, kollektiven Wahnsinns hätten *irgendwelche* Spuren existieren müssen. Versierteste Spurensucher finden keinen Hinweis auf einen gemeinschaftlichen Todesmarsch in die frostklirrende Tundra.

Bekanntlich stehen die »Mounties« in dem Ruf, eine Polizeitruppe zu sein, die niemals aufgibt. Auch diesmal nicht, besser gesagt: schon gar nicht. Mit ihrer sprichwörtlichen Zähigkeit machen sie sich auf die Suche nach den Verschwundenen. Monatelang durchkämmen sie ein riesiges Gebiet, fragen, suchen, bohren, stöbern und forschen. Dann müssen auch sie aufgeben. Es gibt keinen wie immer gearteten Anhaltspunkt dafür, was geschehen sein könnte. Fast 1200 Eskimos waren für immer buchstäblich vom Erdboden verschluckt worden – oder von etwas anderem.

Besonders makaber mutet die Tatsache an, daß sich nicht nur die lebenden Dorfbewohner in Luft aufgelöst hatten, sondern auch die Toten. Grabhügel nahe dem Dorf waren geöffnet und die Bestatteten entfernt worden. Da Grabschändung für die Eskimos der schlimmste Frevel ist und Tiere die Steine der Begräbnisstätten kaum wieder feinsäuberlich aufgeschlichtet hätten, macht dieses Faktum das Mysterium noch undurchdringlicher.

Ob ein anderes Phänomen, das einige Zeit früher (etwa zu dem Zeitpunkt, als die Dorfbevölkerung zu existieren aufhörte) über dem Anjikuni-See beobachtet wurde, mit dem Verschwinden etwas zu tun hat, bleibt offen. Damals bemerkten der Trapper Armand Laurent und seine beiden Söhne ein rätselhaftes Licht nahe dem See. Es veränderte mehrmals seine Form, schwebte in der Gegend des Eskimodorfes und verschwand schließlich am Horizont. Die Behörden, denen dies gemeldet worden war, legten die Sache umgehend zu den Akten und hüteten sich auch später, Querverbindungen zu den verschwundenen Eskimos zu vermuten.

So unheimlich diese Story auch anmutet, das Verschwinden von Menschen und Dingen ist seit Jahrhunderten geradezu normal. Wie ein unbegreiflicher Angler aus einer anderen Dimension scheint ein Etwas oder eine Naturkraft in unserer Daseinsebene auf Fang zu gehen. Menschen verschwinden einzeln, in Gruppen, Schiffsladungen und sogar Divisionsstärke. All dies ereignet sich zu Land, zu Wasser und in der Luft.

Ein Mr. Potter betritt 1968 eine Flugzeugtoilette und verläßt sie nie mehr – im Flug natürlich. Der chilenische Armeekorporal Armando Valdez löst sich 1977 vor den Augen von sechs Soldaten in Luft auf. Der siebenjährige Dennis Martin verschwindet 1969, während er neben seinem Vater und einigen Verwandten herläuft.

In der US-Stadt Buffalo bricht um die Jahrhundertwende eine solche Verschwindensepidemie aus, daß die »New York Sun« am 14. August 1902 darüber berichtet. Wenige Jahre zuvor waren im kanadischen Montreal Zeitungsüberschriften wie »Wieder jemand abgängig« an der Tagesordnung.

118 nach Christus wurden die 6000 Mann der neunten römischen Legion in Marsch gesetzt, um das aufständische Königreich Brigantia zur Ordnung zu rufen – und verschwanden spurlos. Man nannte sie im Römischen Imperium nur die »Unglückliche Neunte«.

Nicht anders als den bereits erwähnten »Norfolks«, die während der Gallipoli-Offensive in einer Wolke verschwanden, erging es 4000 Soldaten während des Spanischen Erbfolgekrieges, die auf Nimmerwiedersehen hinter einer Hügelkette verschwanden, ebenso 650 Mann französischer Kolonialtruppen, die 1858 in Indochina nahe Saigon mit allen Fahrzeugen durch eine »Falltür ins Anderswo« gestürzt sein mußten und 2988 Angehörigen eines chinesischen Truppenteils, die sich 1939 16 Meilen nördlich von Nanking verflüchtigten, nachweislich aber nicht desertiert waren.

Vorfälle wie diese sind Legion. Flugzeuge verschwinden in Wolkenbänken, Personen hinterlassen Spuren im Schnee, die plötzlich abbrechen, oder gehen um Hausecken und kommen nicht an – verschlungen von einer Kraft, für die es keine Barrieren zu geben scheint und keine Erklärung.

Schreckenerregendes aus den Wolken

Seit der Mensch sich aufgerichtet hat, ist sein Blick himmelwärts gewandert, mit der Frage, welche Götter wohl dort droben wohnen mögen. Die Wissenschaft hat die Götter entthront, eine Befürchtung aber nicht entkräften können. Sie lautet: Irgend etwas teilt das Firmament mit uns.

Es ist ein kühler Januartag des Jahres 1969. Die Menschen in den Straßen von St. Mary's City im US-Bundesstaat Maryland haben keine Veranlassung, nach oben zu blicken. Es sind keine Wolken am Himmel, und Schnee ist nicht zu erwarten. Um so überraschender ist es daher, als ein etwa fußballgroßes Objekt klatschend auf dem Straßenpflaster aufschlägt. Sekundenbruchteile später ein zweites, gefolgt von einem wahren Regen von kleinen Körpern. Es sind tote Enten, die da zu Hunderten herunterstürzen. Ganze Straßenzüge sind in weniger als einer Minute mit Kadavern bedeckt.

Der groteske Vorfall zog natürlich eine genaue Untersuchung nach sich. Sie brachte makabre Details zutage, nicht aber eine Erklärung. Eine unsichtbare und unhörbare Explosion hatte alle

Tiere mitten im Flug buchstäblich zerrissen. Sie waren bereits tot gewesen, als sie herabregneten; gestorben *in der Luft* durch zigfache Rippenbrüche, innere Blutungen und ähnliche Gewalteinwirkung. Ein unerklärliches Geschehen.

Findige Naturen forschten nach und stießen auf vergleichbare Ereignisse aus früheren Tagen. So kann man beispielsweise in der »Philadelphia Times« des Jahres 1896 lesen, daß Hunderte Vögel aus heiterem Himmel auf die Straßen von Baton Rouge, Louisiana, gefallen waren. Spechte, Wildenten, Spottdrosseln und unbekannte Vögel, die an Kanarienvögel erinnerten. Ein zusammengewürfeltes Sortiment, das eines gemeinsam hatte: Die Tiere waren schon tot gewesen, noch ehe sie den Boden berührten.

Häufiger noch als diese unheimlichen »Regenfälle« sind solche, bei denen keine Kadaver, sondern grausige Überreste herunterprasseln, Indizien für möglicherweise haarsträubende Vorgänge in einem »Metzgerladen über den Wolken«.

Am 17. August 1841 wurden die farbigen Arbeiter auf einem Tabakfeld durch einen roten Regen gestört. Große, dunkelrote Tropfen klatschten auf die Tabakblätter. Entsetzt holten die Arbeiter den Pflanzer und einen Professor Troost. Diese fanden das Feld mit stinkenden Fetzen übersät vor. Professor Troost identifizierte die Fundstücke in einem Artikel im »American Journal of Science« als Muskelgewebe und Tierfett. Eine Stellungnahme, wie solches herabregnen könnte, erfolgte nicht.

Im »Scientific American« findet sich ein Bericht, daß am 8. März 1867 ein regelrechter Schauer von Fleischfetzen in Kentucky niederging. Die einzelnen Stücke hatten Würfelform mit Kantenlängen von acht bis zehn Zentimeter und waren frisch. Ein Forscher probierte kaltblütig einige davon und fand sie wohlschmeckend. Sie erinnerten ihn an Wildbret oder Hammelfleisch. Ein ähnliches Bild bot sich am 3. März 1876 in Bath County, Kentucky. Eine halbe Wagenladung Frischfleisch, fein säuberlich in Streifen geschnitten (viele davon noch blutig), war vom Himmel gefallen und bedeckte Hügel und Felder. Die Streifen waren vor zahlreichen Augenzeugen heruntergetrudelt. Ihre Quelle war nicht erkennbar, sie schienen aus dem Nichts zu kommen. Nicht nur sie.

Am 8. August 1869 fielen Hunderte Pfund zerschnitzelter Fleischstücke auf dem Gebiet der Hudson-Farm in Los Nietos, Kalifornien, vom Himmel. Ihre Größe variierte von Dollarmünzen- bis zu Handgröße. Sie waren ganz frisch und erinnerten fatal an Geschnetzeltes für Riesen.

Der rote Regen, der am 15. Mai 1890 Messignadi in Kalabrien wie ein riesiges Schlachthaus erscheinen ließ, erinnerte nicht nur an Blut, sondern war in der Tat Blut. Vogelblut, genauer gesagt, wie der italienische Wetterdienst feststellte. In einem Artikel in »Popular Science News«, Nr. 35/104, vertraten die Meteorologen die ziemlich gekünstelte Hypothese, ein Vogelschwarm sei von einem Sturm zerfetzt worden. Peinlicherweise geht aus den Aufzeichnungen derselben Fachleute hervor, daß zu dieser Zeit absolute Windstille herrschte. Die naheliegende Frage nach dem Verbleib der zu dem Blutregen gehörenden Vogelleichen wurde nicht berührt.

Auch unserem Jahrhundert ist dieser spezielle Horror nicht fremd. Brasilianische Zeitungen erwähnen einen Regen aus Fleisch und Blut, der am 27. August 1968 fünf bis sieben Minuten lang auf eine etwa einen Quadratkilometer große Fläche zwischen Cocpava und São José dos Campos niederging.

Verglichen mit solch schaurigen Vorgängen muten die altbekannten Frosch- und Fischregen geradezu liebenswürdig-skurril an. Zwar sind sie nicht so grauenvoll wie Blut- oder Fleischregen, wohl aber ebenso unerklärlich.

Seit Menschengedenken prasseln rings um den Erdball Lebewesen herunter. Bereits in der Antike kannte man derartiges und kann es auf alten Darstellungen finden. In der Neuzeit häufen sich die konkreten Berichte.

Während eines Gewitters fielen am 28. Mai 1881 Tonnen von Uferschnecken und Einsiedlerkrebsen auf die Cromer Gardens Road und die angrenzenden Felder der englischen Stadt Worchester. Die Bewohner sammelten sie und verkauften sie auf dem Markt. In Alabama fielen so viele Aale vom Himmel, daß die Farmer damit ihre Felder düngten. Lebende Eidechsen waren es am 28. Dezember 1857 in Montreal, Kanada, und Muscheln am 9. August 1892 in Paderborn, Deutschland. Die Liste ist endlos und umfaßt Krebse, Spinnen, Schlangen und weiteres Getier in Hülle und Fülle.

Nicht weniger bizarr ist der anorganische Regen. Auch hier entfaltet sich eine erstaunliche Auswahl: Steine, Eisbrocken jeglicher Größe und Form, Salzkristalle, Kupferlegierungen, Klinker und Alabaster, Hagel aus Natriumkarbonat, Salpetersäure (zu Zeiten, als es weder Umweltverschmutzung noch Industrieabfälle gab), Zinkklumpen, Glasstücke, Nägel, Schrauben und Muttern, Schrotkugeln, Ziegelsteine – ein unglaubliches Sammelsurium, diesmal nicht aus einem himmlischen Schlachthaus, sondern aus einer Werkstatt in lichten Höhen.

Wer dafür eine noch so gewundene »natürliche Erklärung« anbieten kann, wird sich mit einer solchen bei der Rationalisierung des Regens aus vielfarbigen, durchbohrten Glaskugeln schwer tun, der in der indischen Stadt Bijori niederging. Er hielt nämlich mit Unterbrechungen fast ein Jahrhundert lang an.

Wenn Menschen von innen verbrennen

Ein Mann rollt aus menschlichem Körperfett eine Kerze, hüllt sie in Menschenhaut, »bekleidet« sie mit Stoff und zündet das gruselige Gebilde schließlich mit einem Bunsenbrenner an. Ein Perverser am Werk? Eine Szene aus einem Horrorfilm? Eine schwarze Messe? Nichts von all dem, sondern ein ernsthaftes wissenschaftliches Experiment des Gerichtsmediziners David Gee, der einer der unerklärlichsten Erscheinungen auf die Spur kommen will.

Als die 17jährige Studentin Jacqueline Fitzsimon die Stufen des Halton College in Widnes in der englischen Grafschaft Cheshire hinuntergeht, erscheint über ihrer rechten Schulter ein seltsames Licht. Es senkt sich auf ihren Rücken. Schlagartig steht das junge Mädchen in Flammen. Der Chemiestudent John Foy und sein Freund Neil Gargan löschen das Höllenfeuer mit größter Mühe. Jacqueline stirbt kurz darauf im Krankenhaus. Ihr rätselhafter Tod kann nie geklärt werden.

Sie ist nicht die erste und nicht die letzte, die einem Phänomen zum Opfer gefallen ist, das als Spontane Selbstverbrennung, SHC (Spontaneous Human Combustion) der Wissenschaft seit Jahrhunderten Rätsel aufgibt.

Der erste aktenkundige Fall, der dazu führte, daß solche Vorkommnisse offiziell untersucht wurden, ist ein Mordprozeß aus dem Frankreich des 18. Jahrhunderts. 1725 wurde dem Gastwirt Jean Millet aus Reims der Prozeß gemacht. Millets Frau hatte der Affäre ihres Mannes mit einem jungen Schankmädchen nicht das Verständnis entgegengebracht, mit dem Ehebrecher in unseren Tagen rechnen dürfen. Eines Morgens wurde die intolerante Wirtsfrau tot aufgefunden, korrekter gesagt einige kleine Teile von ihr, denn mehr als 90 Prozent ihres Körpers bestanden nur noch aus Asche.

Die seltsamen Begleitumstände (die nicht verbrannten Teile wiesen nicht einmal Brandspuren auf, ebensowenig brennbare Gegenstände in unmittelbarer Nähe, dafür hatte sich der Boden unter dem Opfer messerscharf begrenzt zu Asche verwandelt) störten niemand.

Damals gingen Zauberei und Wissenschaft noch Hand in Hand. Der Ehemann war der einzige Verdächtige, punktum. Zum Glück für den zweifellos Unschuldigen nahm sich der junge Assistenzarzt Le Cat des Falles an und überzeugte das Gericht, daß kein Mord vorlag.

Selbstverbrennung sei möglich, so argumentierte Le Cat, wenn ein Mensch inwendig mit Alkohol getränkt wäre. Da die Tote kein Kind von Traurigkeit gewesen war, wurde ihr Mann freigesprochen. Diese Vorstellung galt seither als etabliert.

In der Literatur des 19. Jahrhunderts findet man oft Selbstverbrennung als himmlische Strafe für Trunksucht. Am bekanntesten ist wohl der Feuertod des verhaßten Geizhalses und maßlosen Trinkers Krook in Charles Dickens »Bleak House«. Dabei handelt es sich um die romanhafte Aufbereitung eines tatsächlichen Falles, den Dickens zwei Jahrzehnte früher als junger Journalist recherchiert hatte. Eine rätselhafte Feuerspur durch die Jahrhunderte beweist, daß die Wirklichkeit wieder einmal bizarrer ist als die Dichtung.

Am Morgen des 10. April 1744 finden Nachbarn die Fischverkäuferin Grace Pett in ihrem Haus in Ipswich, England, lodernd am Boden. Nach ihrem flammenden Ende ähnelt sie einem Haufen Braunkohle, die mit Asche bedeckt ist. Nichts sonst weist Brandspuren auf, nicht einmal der Boden, auf dem sie verkohlte. Ein neben ihr stehender Wandschirm aus Papier hat nicht Feuer gefangen. Ähnliche Phänomene begleiten die Selbstverbrennung von Pater Bertholi 1789 im italienischen Dorf Filetto.

So ist es in jedem Fall, bis in unser Jahrhundert, das mit einigen ebenso spektakulären wie unerklärlichen Selbstverbrennungsfällen aufwarten kann: In der Nacht vom 1. Juli 1951 verbrennt die beliebte 67jährige Witwe Mary Hardy Reeser aus St. Petersburg in Florida, USA, in ihren Zimmer. Von der 85 Kilogramm schweren Frau ist außer ihrem Schädel, einem Fuß (der in einem unbeschädigten Satinpantoffel steckt) und ihrer Leber nur ein Häufchen Asche übriggeblieben. Die gräßlichen Überreste liegen in einem geschwärzten Kreis von etwa 1,20 Meter Durchmesser. Außerhalb dieses Zirkels ist nichts beschädigt.

1960 entdeckt man nahe der amerikanischen Kleinstadt Pikeville in Kentucky fünf verkohlte Körper in einem ausgebrannten Auto, das in keinen Unfall verwickelt gewesen und normal in Brand geraten war. Bezeichnend für die Blitzartigkeit der Hitze ist die Tatsache, daß die zu Kohle Gewordenen in völlig normaler, geradezu entspannter Haltung im Wageninneren sitzen. Parallelen zum Tod von Leon Evaille aus Arcis-sur Aube in Frankreich sind offensichtlich. Der 40jährige Franzose sitzt 1971, ebenfalls zu Schlacke verbrannt, völlig unverkrampft in seinem PKW, dessen Scheiben geschmolzen sind.

Ebenso mysteriös wird der 92jährige Dr. J. Irving Bentley aus Coudersport, Nord-Pennsylvania, USA, irgendwann vor dem Morgen des 5. Dezember 1966 zu Asche verwandelt. Seine sterblichen Überreste bestehen aus einem in einem glänzenden Lederhausschuh steckenden Fuß samt einem Stück des Beins und einem Ascheberg. Sonstige Brandspuren in der Wohnung: Null.

Für keinen der genannten und für zahllose weitere Fälle von SHC gibt es irgendeine stichhaltige wissenschaftliche Erklärung. Die Physik kennt nichts, das sich damit vergleichen ließe. Die Hitzeentwicklung ist unglaublich stark (stark genug, um Autoscheiben zu verdampfen!) und ebenso kurz, andernfalls müßte sich Brennbares in der unmittelbaren Umgebung unweigerlich entzünden, was nicht geschieht.

In Krematorien müssen etwa 1400 Grad stundenlang aufrechterhalten werden, um eine Leiche völlig zu verbrennen. Nicht selten bedarf es zur Einäscherung zusätzlicher Pulverisierung durch

Zerreiben. Brandspuren an Plafonds weisen darauf hin, daß die Unglücklichen buchstäblich zu sonnenheißen Feuersäulen geworden sind. Auf Hitzeleichen spezialisierte Pathologen stehen vor einem Rätsel.

Den Gerichtssachverständigen, Anthropologen und Spezialisten für Spontane Selbstverbrennung, Dr. Wilton M. Krogman, irritierte besonders der Zustand der Schädel der Opfer (sofern Schädel gefunden wurden). Er bemerkte dazu: »Niemals habe ich einen Schädel gesehen, der durch Hitze *geschrumpft* wäre. Im Gegenteil, normalerweise blähen sie sich auf. Es gibt keine Ausnahme...« Außer bei Spontaner Selbstverbrennung, die Schädel sehr wohl gegen jede Vernunft schrumpfen läßt.

Da man in deutschsprachigen Landen amtlicherseits in bezug auf das Unerklärliche etwas reservierter ist als im angelsächsischen Bereich, finden sich möglicherweise nicht nur deswegen fast keine Berichte über Spontane Selbstverbrennung, weil sie sich hier einfach nicht ereignet. Sie ereignet sich sehr wohl.

Beispielsweise ging am Palmsonntag des Jahres 1986 in Wien ein Pfarrer mitten in einer leidenschaftlichen Predigt in Flammen auf und explodierte.

Trotz aller naturwissenschaftlichen Erklärungsversuche – von der These, körpereigene Gase würden sich entzünden, bis hin zu exotischen Konzepten wie freigesetzter Chakrakraft oder kanalisierter Vakuumenergie – weiß man nicht wirklich, womit man es zu tun hat. Die Vorstellung, es könnten psychosomatische Faktoren im Spiel sein (sozusagen totale Autoaggression) scheitert sowohl an dem Umstand, daß bei SHC Radioaktivität auftritt, die ein Mensch kaum mobilisieren kann, wie auch an der ultimativen Unmöglichkeit, durch amoklaufende Geisteskräfte nach dem Tod im Sarg selbst zu verbrennen, wozu es auch kommt. Die bodenständigeren Theorien von den sich entzündenden Körpergasen konnten nicht einmal die simple Frage beantworten, wieso Tiere nicht selbst verbrennen; Rinder z. B. sind ganz schöne »Gasbomben«.

Auch alle Versuche, die Bedingungen von SHC experimentell zu rekonstruieren, schlugen fehl. So auch das erwähnte makabre Experiment von Professor David Gee, dem es lediglich gelang, seine »menschliche Kerze« nach mehreren Anläufen zum normalen Verbrennen anzuregen, welches über eine Stunde dauerte.

Noch erfolgloser war der Institutschemiker Philip Jones, dem der Feuertod von Jacqueline Fitzsimon keine Ruhe ließ. Er schaffte es nicht einmal, eine Jacke, wie die 17jährige Studentin sie getragen hatte, zum Aufflammen zu bringen.

Unheimliche Wasserspiele

Geisterhafte Quellen sprudeln gelegentlich im Inneren von Häusern. Ein ebenso ungreifbares wie seltsames Phänomen.

An einem milden und trockenen Oktoberabend im Jahr 1963 in Methuen, US-Bundesstaat Massachusetts, wurden Francis Martin und seine Familie durch einen nassen Fleck vom abendlichen Fernsehprogramm abgelenkt. Er war auf einer Wand des Hauses entstanden und breitete sich immer weiter aus. Plötzlich gab es einen Knall, und Wasser spritzte in den Wohnraum. Zwanzig Minuten lang. Danach versiegte es ebenso unmotiviert, wie es hervorgesprungen war. Die Martins rätselten noch immer über den Vorfall herum, als eine Viertelstunde später ein zweiter Wasserausbruch erfolgte. Dieser dauerte nicht so lange. In den Tagen darauf gehörten Wasserfontänen schon fast zum häuslichen Alltag der Familie Martin. Sie sprudelten auch aus Wänden, in denen keine Wasserleitungen lagen.
Innerhalb kurzer Zeit war das Haus durch und durch feucht. Man übersiedelte in die nahe Ortschaft Lawrence zu Mrs. Martins Mutter. Die unheimlichen Quellen übersiedelten mit. Fachleute wurden zu Hilfe gerufen.
Der stellvertretende Feuerwehrhauptmann fand nicht das kleinste Leck in den Leitungen. Währenddessen ereigneten sich im neuen Domizil der Martins vor zahlreichen Zeugen – darunter die mobilisierten Experten – laufend Wasserausbrüche der nun schon wohlvertrauten Art.
Um andere nicht mit ihrem »Fluch« zu belasten, beschloß die wassergeplagte Familie die Rückkehr ins eigene Heim in Methuen. Der Vater nahm die nasse Herausforderung an. Er schloß die Wasserzufuhr und entleerte alle Leitungen bis zum letzten Tropfen. Vergeblich. An vielen Stellen schoß immer noch Wasser

hervor. Gegen geisterhafte Erscheinungen war anscheinend kein Kraut gewachsen, also wieder zu Muttern, den feuchten Fluch im Schlepptau. Das grausam-feuchte Spiel ging in Lawrence einige Wochen weiter, dann endete es so abrupt, wie es begonnen hatte. Und so rätselhaft.

Was immer die Erscheinung nun gewesen sein mochte, eines stand fest: Sie suchte eindeutig die Familie Martin heim und folgte ihr für eine gewisse Zeitspanne unbeirrbar überall hin.

Vorkommnisse dieser Art sind bekannt. Sie dürften im weitesten Sinne in den Bereich der Poltergeisterscheinungen einzureihen sein, auch wenn diese üblicherweise trockener Natur sind, manchmal sogar feuriger Art, denkt man an bekannte Fälle von unbewußter »geistiger Brandstiftung« (nicht zu verwechseln mit Spontaner Selbstverbrennung, SHC).

Ein Fall ist besonders aufschlußreich. Er wurde von Dr. Michele Claire von der britischen »Sheffield Society for Psychical Research« gründlich erforscht. Im Zentrum der Geschehnisse stand eine Frau Ende Dreißig, die Dr. Claire in ihrem Bericht nur als »Mrs. B.« bezeichnete. »Mrs. B.« bewohnte mit ihren fünf Kindern und zwei erwachsenen Verwandten ein Haus in der englischen Grafschaft South Yorkshire. Sie kämpfte zum Zeitpunkt der Ereignisse mit großen Problemen, die sie psychisch aus dem Gleichgewicht gebracht hatten. Das war nach ihrer Scheidung von einem gewalttätigen Ehemann, der psychiatrisch behandelt werden mußte, auch nicht verwunderlich. Die acht Personen hatten das Haus 1978 bezogen. Bereits im nächsten Jahr begannen seltsame Ereignisse.

Auf den Böden bildeten sich immer wieder Wasserpfützen, oftmals entstanden regelrechte Miniseen. Eine normale Ursache, z. B. ein defektes Leitungsrohr, gab es nicht. Ein massiver Regenfall im Wohnzimmer setzte den Absonderlichkeiten die Krone auf. Wasserströme materialisierten sich in der Luft und durchweichten den Zimmerboden.

Auch sonst konnte »Mrs. B.s« Heim mit jeder Geisterbahn konkurrieren. Unerklärliche Geräusche – sie erinnerten an das Ausstreuen von Steinen –, Krachen, Detonationen, Knirschen und Ächzen und eine ganze Reihe anderer Laute erfüllten das Haus bei Tag und Nacht. Verursacher unbekannt. Dazu gesellten sich unangenehme Gerüche wie von Stinkbomben oder faulen Eiern.

Schattenhaft-ungreifbare Formen schwebten durch die Zimmer. Fernsehübertragungen wurden gestört, Radio und Plattenspieler schalteten sich selbsttätig ein und aus, und Objekte aller Größe (manche davon sehr schwer) bewegten sich geisterhaft.

Die Fachleute kamen zu der vorsichtigen Vermutung, all das könnte in der belasteten Psyche von »Mrs. B.« seinen Ursprung haben – einschließlich der Wasserausbrüche aus dem Nichts.

Die Todeswolke von Troyes

Bis heute ungeklärt: War der eisige Schatten im sonnigen Tal eine ortsgebundene Anomalie oder ein Verhängnis, das von Ort zu Ort wandert.

Am Abend eines warmen Sommertages im Jahr 1936 fährt ein Werkzeugeinrichter namens Simenon mit seinem Fahrrad auf der Straße, die von Orléans nach Troyes führt. Der junge Franzose ist nur mehr knappe zwei Kilometer von Troyes entfernt und offenbar in normaler Verfassung, wie der hinter Simenon fahrende Autofahrer später aussagen soll. Ohne erkennbaren Anlaß kippt der Radfahrer wie vom Blitz getroffen um, direkt vor den nachkommenden Wagen.

Der Autofahrer kann dem Gestürzten im letzten Moment gerade noch ausweichen. Mit knirschenden Bremsen kommt das Fahrzeug zum Stehen. Der Mann am Steuer springt heraus, rennt zu dem reglos neben seinem Fahrrad Liegenden, der unverletzt scheint. Weder Verletzungen noch Blutergüsse sind erkennbar. Der Autofahrer lädt den, wie er glaubt, Bewußtlosen ins Auto. In rasender Fahrt geht es zum nächsten Bauernhof. Zu spät. Der junge Mann ist tot.

Ein vom Bauern herbeigerufener Arzt konstatiert Tod durch Schockeinwirkung. Bei der Leichenschau kann keine andere Todesursache ermittelt werden, weder Drogen, Krankheit noch irgendeine Gewalteinwirkung.

Eine Woche später ereignet sich auf exakt demselben Straßenabschnitt ein ebenso mysteriöser Todesfall. Ihre zwei Babys im Kinderwagen vor sich herschiebend, ist eine junge Frau auf dem

Fußweg neben der Straße zum Markt unterwegs. Sie sollte den Markt nie erreichen. Ein Passant sieht den Kinderwagen verlassen am Wegrand. Die beiden Kleinen schreien unüberhörbar. Daneben der leblose Körper der jungen Mutter. Todesursache abermals: Schockeinwirkung.

Die Medien greifen die Todesfälle auf, setzen sie in makabre Zusammenhänge und spekulieren drauflos. Jahre zurückliegende ähnliche Fälle werden ausgegraben. In den vergangenen Jahren waren mehrere Menschen – darunter die als nüchtern bekannte Bezirkskrankenschwester – exakt auf dieser kleinen Wegstrecke einem »frostigen Schatten« begegnet, der sie zu Tode erschreckte, aber nicht umbrachte. Die Wissenschaft bekommt Wind von den eigenartigen Vorgängen.

Auf Einladung eines befreundeten Rechtsanwaltes unterbricht Professor Paul Gennett, Inhaber eines Lehrstuhls für Physik an der Universität von Lyon, seinen Urlaub im Elsaß, um nach Troyes zu reisen. Er bringt einen großen Koffer voll wissenschaftlicher Apparaturen und Geräte mit. Zeitungsberichte hatten bereits vorher sein lebhaftes Interesse geweckt, so daß ihm die Einladung des Freundes, der Sache an Ort und Stelle auf den Grund zu gehen, wie gerufen kam.

Als der Professor eintrifft, herrscht eine sommerliche Hitzewelle. Nun würde es sich zeigen, ob auch unter diesen Bedingungen ein frostiger Schatten festzustellen war. Die Strecke, wo er sich aufhalten sollte, liegt an die zwei Kilometer außerhalb von Troyes in einem engen Tal zwischen kleinen Hügeln. Kein Baum weit und breit. Die Sonne brennt ungehindert herunter. Die Luft flirrt vor Hitze, als der Professor langsam die Straße entlanggeht, deren Pflaster ebenfalls Wärme abstrahlt. Trotz all dem spürt er mit einemmal, wie die Luft deutlich kühler wird.

Er geht in sein Quartier zurück und kommt mit einigen Thermometern wieder, um die Temperatur an verschiedenen Stellen exakt zu bestimmen. Dabei fällt ihm etwas Sonderbares auf, das er schriftlich festhält: »Ich bemerkte, daß es an dieser Stelle der Landstraße keine Vögel gab. Nur ein einzelner Vogel flog einmal auf dieses Straßenstück zu. Als er sich ungefähr über dem Straßenrand befand, drehte er abrupt ab, als wäre er gegen ein Hindernis geflogen. Während meiner Untersuchungen habe ich niemals einen Vogel über die Straße fliegen sehen.«

Zu dieser Beobachtung gesellten sich die Temperaturmeßergebnisse, die auf dem fraglichen Straßenstück einige Grade weniger betrugen als in der gesamten Umgebung.

Nach wie vor von natürlichen Ursachen wie Luftturbulenzen überzeugt, entzündet der Professor am Straßenrand ein Feuer. Der Rauch steigt kerzengrade in die Höhe.

Bei dem Versuch, Luftdruckanomalien festzustellen, kommt es zu einem Erlebnis, über das Gennett später in einem renommierten französischen Wissenschaftsjournal schreibt: »Plötzlich schien die Lufttemperatur um mindestens zehn Grad zu fallen. Ich konnte alles nur noch verschwommen erkennen. Eine Wolke schien mich einzuhüllen. Ich fiel auf die Knie. Die ›Wolke‹ hing etwa einen Meter über dem Boden. Plötzlich verschwand sie so schnell, wie sie gekommen war. Ich fühlte mich elend und aller Kräfte beraubt. Für das Geschehene habe ich keine Erklärung.«

Während des Aufenthaltes von Professor Gennett gingen die unheimlichen Vorfälle weiter. Ein älteres Ehepaar, das im nächsten Ort Verwandte besuchen wollte, wurde von einem Motorradfahrer auf dem fraglichen Straßenstück bewußtlos gefunden. Der Notarzt konnte nur noch den Tod der Frau feststellen. Ihr Ehemann starb vier Tage später im Krankenhaus. Als er für wenige Momente das Bewußtsein erlangte, sprach er von einer großen »Wolke«, die auf sie heruntergeschwebt war. Dabei verloren sie das Bewußtsein. Es kam noch zu einer weiteren Attacke, diesmal auf einen kleinen Jungen, danach kehrte Ruhe ein.

Die Wissenschaft versucht, solchen Absonderlichkeiten auf die Schliche zu kommen, ist aber nicht einmal zu einer klaren Klassifizierung in der Lage. Niemand weiß, ob die »Wolke« ein wanderndes Phantom ist, vergleichbar mit dem körperlosen Heckenschützen, der 1952 zahlreiche Fahrzeuge auf der sogenannten »Meile der Rätsel« zwischen London und Portsmouth mit durchaus materiellen Phantomgeschossen belegte und später in die USA wanderte, wo er in den Bundesstaaten Illinois und Indiana sein Unwesen fortsetzte. Das Maschinengewehrfeuer aus dem Nichts, dem die Polizei hilflos gegenüberstand, richtete große Schäden bei Autos an.

Genausogut könnte es sich bei der »Wolke« von Troyes um eine ortsgebundene Anomalie handeln. Auch dafür gibt es Beispiele:

den im nächsten Kapitel näher erörterten »Oregon-Strudel«, eine runde Zone am Rande des Sardine Creek, in der die Schwerkraft einen unnatürlichen Neigungswinkel aufweist, den nicht weniger berühmten »Magnetic Hill« im Kanada nahe Moncton, auf den Autos im Leerlauf hinaufrollen, die seltsame »Via dei Laghi« unweit von Rom beim Dorf Rocco di Papa, wo auf einem Teilstück ebenfalls alles aufwärts rollt. Genauso stehen auch in Schottland zwischen Ayr und Maidens, in Deutschland kurz vor dem Ortsausgang Schleiden in der Eifel, in Polen vor Kr und in der Gegend von Pila die Naturgesetze Kopf.

8 Fremdartige Naturerscheinungen

Im Banne des Oregon-Strudels

Die Naturwissenschaft kann sich mit der Vorstellung nicht anfreunden, daß Naturgesetze kopfstehen könnten. Und doch gibt es auf unserer Erde Plätze, wo genau dies der Fall ist.

Als sich die kleine Touristengruppe dem Strand des Sardine Creek nähert, der etwa 45 Kilometer entfernt von Grants Paß im US-Bundesstaat Oregon liegt, ergreift die drei Männer und zwei Frauen ein unheimliches Gefühl. Eine unerklärliche Beklemmung scheint sich über sie gesenkt zu haben. Hier ist irgend etwas nicht geheuer, das spürt man mit jeder Faser.

Mutig gehen sie weiter. Schließlich war es ja das unheimliche Rätsel von Oregon, das sie hierhergebracht hat. Mit einer zufälligen, anfangs launigen Diskussion bei einer Firmenfeier in einem Restaurant auf dem Broadway von New York hatte es begonnen, und jetzt waren sie tatsächlich am Ort des mysteriösen Geschehens, das keiner von ihnen wirklich für bare Münze genommen hatte. Es ist jedoch sehr, sehr real, das bemerken sie, während sie sich dem »Strudel« nähern.

Der »Oregon-Strudel« ist eine annähernd kreisförmige Zone von etwa 55 Meter Durchmesser. Fast genau im Zentrum steht eine alte Holzhütte, korrekter gesagt, die Karikatur einer Holzhütte, verzogen und seltsam gestaucht, wie eine Kulisse aus einem Horror- oder Science-fiction-Film. Im 19. Jahrhundert war sie ein Münzprüfbüro gewesen und hatte ihren Standort weiter hügelaufwärts gehabt. Die saugenden, unsichtbaren Finger des »Strudels« hatten an ihr gezerrt und für so bizarre Störungen gesorgt, daß sie 1890 aufgegeben werden mußte. Seither war sie im Lauf der Zeit mit einem Teil des Erdreichs unaufhaltsam zum Mittelpunkt des »Strudels« gezogen worden, wo sie heute als Zerrbild ihrer früheren Form ihren Platz hat.

Sie ist das Ziel der Fünf, die nun den unheimlichen Zirkel erreicht haben. Auch außerhalb seines Einflußbereichs verrät der unnatürliche Neigungswinkel der Bäume, daß man im Begriff ist, eine fremde Welt mit anderen Gesetzen zu betreten. Beim Überschreiten der unsichtbaren Grenze verspüren die fünf New Yorker, daß die Erdanziehung nicht wie gewohnt ist. Automatisch nehmen sie zum Ausgleich eine schräge Körperhaltung – ähnlich dem Wuchs der Bäume – ein. Ihr Magen droht zu revoltieren, und leichte Panik erfaßt sie. Jetzt verstehen sie, warum Pferde im Strudelbereich scheuen und Vögel abrupt die Flugrichtung wechseln. Trotzdem gehen sie unbeirrt weiter auf die sinistre Hütte zu.

Immer stärker wird der Eindruck, daß die Gravitation zunimmt und zudem nicht mehr vom Erdmittelpunkt ausgeht, sondern von Zentrum des Oregon-Strudels. Lehnt man sich in die Gegenrichtung, verspürt man deutlich das Zerren unsichtbarer Hände.

In der Hütte ist der Schwerkraftsog am ausgeprägtesten. Die Besucher starren fasziniert auf den – wie eine Inschrift besagt – 15 Kilogramm schweren Stahlball, der vom Hüttendach an einer Kette *schräg* herunterhängt.

Nicht weniger bizarr sind die Spiralen, die der Rauch der Zigaretten beschreibt, die sich drei von ihnen angezündet haben.

Bill, der Phantasievollste der Gruppe, zerreißt die erste Seite einer Zeitung, die er bei sich hat, und wirft die Schnipsel in die Luft. Auch sie vollführen beim Zu-Boden-Gleiten unerklärliche Spiralbewegungen. Nun überwiegt die Neugierde die Furcht. Man beginnt zu experimentieren.

John versucht die schwere Stahlkugel in die »korrekte« Richtung, nämlich senkrecht nach unten hängend, zu ziehen und muß dabei beträchtliche Kraft aufwenden. Als er losläßt, schwingt das überdimensionale Pendel wieder in seine Schräglage zurück. Ruth und Mae versuchen, vorhandene Besen und Stöcke so auszubalancieren, daß sie aufrecht stehen. Dabei zeigt sich, daß sie sich bei einem Neigungswinkel von zirka zehn Grad im Gleichgewicht befinden.

Die drei Männer veranstalten Wetten, wer eines der reichlich herumliegenden Bretter am geschicktesten halten kann, so daß sein Bleistift am schnellsten *aufwärts rollt*. Nach einer Stunde beenden die Fünf ihre Exkursion ins Anderswo. Was sie erlebt haben, ist in der Tat einmalig – und völlig unerklärlich.

Stellen wie den exotischen Oregon-Strudel gibt es rund um die Welt. Keine 70 Kilometer entfernt im Bundesstaat Colorado hat er in Camp Burch einen »kleinen Bruder«, dessen Kräfte ebenso skurril, aber etwas schwächer sind.

Die am gründlichsten erforschte Anomalie ist und bleibt der Strudel von Oregon. An ihm haben sich die Physiker und Wissenschaftler anderer Disziplinen regelrecht festgebissen, wobei sie sich allerdings bis heute dabei die Zähne ausgebissen haben. Man maß, registrierte, spektroskopierte, untersuchte und experimentierte. Ergebnis: Null.

Irgendwie mußten elektromagnetische Felder im Spiel sein, doch das erklärte in keiner Weise, wieso *jede* Materie beeinflußt wurde. Die Frage, weshalb Lichtmesser und Kompasse im Bereich des Strudels verrückt spielen, konnte ebensowenig beantwortet werden wie jene, was es mit dem 90-Tage-Zyklus auf sich hatte, in dem die Kräfte des Strudels permanent schwanken. Am Ende gab die Wissenschaft auf und wandte sich wieder jenen Dingen zu, die nicht so provokant im krassen Widerspruch zu allen physikalischen und geologischen Erkenntnissen stehen.

Nicht selten werden Bocksprünge der Natur gleich von Anfang an – ohne den lästigen Umweg erfolgloser Analyseversuche – kommerziell genutzt und bereiten niemandem Kopfzerbrechen.

Dazu gehört der schon erwähnte »Magnetic Hill« in New Brunswick nahe Moncton in Kanada. Er repräsentiert eine lokale Attraktion, die viele Fremdenverkehrsländer liebend gerne innerhalb ihrer Grenzen hätten. Wo sonst noch kann man mit abgestelltem Motor im Leerlauf bergauf rollen und muß bei der Talfahrt Gas geben? Auf dem »Magnetic Hill« ist das möglich. Die Ursache dafür liegt im dunkel, und es läßt sich lediglich aufgrund der Tatsache, daß auch hier die Gravitation außer Tritt geraten ist, eine gewisse Verwandtschaft zum Oregon-Strudel und seinesgleichen vermuten.

Genaues weiß man natürlich nicht, und speziell die Gravitation gehört auch heute noch zu den elementarsten und undurchdringlichsten Mysterien des Universums; ein Buch mit sieben Siegeln, von dem sogar Albert Einstein nur die ersten Seiten aufschlagen konnte.

Die Gruft der Rätsel

In einer Familiengruft auf Barbados finden Tote keine Ruhe.
Bis heute herrscht Ratlosigkeit über das unheimliche
Phänomen der »wandernden Särge«.

Man schreibt 1943. Der Zweite Weltkrieg beherrscht die globalen Nachrichten, und dennoch wird ein Vorkommnis ohne weltbewegende Aspekte die Kriegsberichterstattungen in zahlreichen Zeitungen aus den Schlagzeilen verdrängen. Davon ahnen die Journalisten noch nichts, die an einem heißen Nachmittag des 24. August 1943 über ein lokales Ereignis auf Barbados, der östlichsten Insel der Kleinen Antillen, berichten sollen.

Trotz der vorgerückten Jahreszeit brennt die Sonne sengend herunter. Die Reporter schwanken zwischen Langeweile und Ungeduld darüber, daß die Handwerker so lange brauchen, um die versiegelte Grabstätte von Sir Evan McGregor zu öffnen, der 1841 hier bestattet worden war. Die Prozedur gilt allerdings nicht diesem, sondern dem ebenfalls in der Krypta ruhenden Alexander Irvine, dem Begründer der Freimaurerei auf Barbados. Dieser geschichtlichen Persönlichkeit gilt das Interesse der Freimaurerdelegation, die nicht müde wird, die Arbeiter anzutreiben.

So schnell geht es allerdings nicht. Die Krypta ist aus dem Stein der Insel herausgemeißelt und erhebt sich etwa eineinhalb Meter über den Boden. Eine Treppe führt zum einzigen, unter dem Inselniveau liegenden Eingang. Er wird durch eine versiegelte Tür und eine dahinterliegende, mächtige Steinplatte verschlossen. Stabil und sicher wie ein Atombunker späterer Tage.

Nachdem die versiegelte Tür geöffnet und die riesige Steinplatte vor dem Gewölbe zur Seite gewuchtet ist, stehen alle vor einer Barriere aus Ziegeln. Sie türmt sich in der Grabkammer auf und versperrt den Eintritt. Das ist unerwartet.

Fluchend beginnen die Arbeiter das Hindernis wegzuräumen. Unter dem langsam kleiner werdenden Ziegelberg kommt ein Bleisarg zum Vorschein. Auf dem Kopf stehend ist er von Ziegeln umschlossen. Als endlich alle Blockaden beseitigt sind, verbreitet sich Ratlosigkeit. Wie war der 300 Kilogramm schwere Sarg McGregors – um den handelte es sich nämlich – aus seiner Nische an der gegenüberliegenden Wand hierhergelangt? Es wurde noch rätselhafter, denn der Sarg mit den sterblichen Überresten von Alexander Irvine fehlte überhaupt.

Spätestens zu diesem Zeitpunkt hat das offensichtliche Mysterium das ungeteilte Interesse der Berichterstatter. Manche von ihnen bleiben auf Barbados, um die Ergebnisse der sofort einsetzenden amtlichen Untersuchung abzuwarten. Es gibt jedoch keine, die eine solche Bezeichnung verdient hätten.

Bereits das Entfernen und nachmalige Wiederinstallieren der Siegel sowie das Bewegen der riesigen Steinplatte grenzte ans Absurde. Das Verschwindenlassen eines Sarges, verbunden mit der Fleißaufgabe, den zweiten Sarg kopfüber gegen den Eingang zu lehnen, den man *vorher* durch eine Mauer aus Ziegel *unpassierbar* gemacht hatte, war schlichtweg unmöglich. Die Behörden resignieren, und der Zweite Weltkrieg wird auch in den Medien der Region wieder Thema Nummer eins.

Nicht aber für alle Journalisten. Einige von ihnen recherchieren weiter und entdecken ein identisches Phänomen auf Barbados, das vor mehr als 100 Jahren unter Bezeichnungen wie »das unruhige Grab« oder »die wandernden Särge« lokale Historie wurde. Ort der makabren Handlung ist die Chase-Familiengruft auf dem Friedhof von Christchurch, der sich über die Bay von Oistins an der Südküste der Insel erhebt.

Auch die Grabstätte der Chase hätte jederzeit als Atomschutzbunker dienen können. Sie mißt 4 mal 2 Meter, befindet sich zur Hälfte unter wie über dem Boden und besteht aus großen, zementierten Korallenblöcken. Eine tonnenschwere Marmorplatte garantierte stabilen – aber nicht sicheren – Verschluß.

Am 31. Juli 1807 fand als erster der Sarg von Mrs. Thomasina Goddard darin Platz, aber keine Ruhe. Am 22. Februar 1808 gesellte sich der wesentlich kleinere Sarg mit der Leiche von Mrs. Goddards Enkelin Mary Anna Chase hinzu. Noch verlief alles reibungslos. Um so schockierender war der Anblick, der sich am 6. Juli 1812 der Trauergemeinde und den Sargträgern beim Begräbnis von Mary Annas älterer Schwester Dorcas Chase nach dem Öffnen des Gewölbes bot: Eine Titanenhand hatte die schweren, bleibeschichteten Särge durcheinandergeworfen. Erklärung: Null.

In schweigender Übereinkunft wurden die Särge in die ursprüngliche Lage gebracht, der neue dazugestellt und die Grabkammer wieder verschlossen. Eine weitere Bestattung – die von Thomas Chase am 9. August 1812 – verlief unspektakulär. Die Sensation begann zu verblassen. Bis zum Paukenschlag des 25. September 1816. Abermals befanden sich die Särge im nun schon bekannten Durcheinander. Daraufhin wurden Wachen vor der Gruft postiert.

Es nimmt wenig wunder, daß die nächste Beisetzung am 17. November desselben Jahres bereits einem Volksfest glich. Eine große Menge Schaulustiger hatte sich versammelt. Buchmacher nahmen Wetten darüber an, was man entdecken würde. Im Gewölbe herrschte das Chaos.

Die einwirkenden Kräfte waren so enorm gewesen, daß der als erster untergebrachte Sarg von Mrs. Goddard in Trümmern lag. So konnte es nicht weitergehen. Fachleute untersuchten die Grabkammer nach allen Regeln der Kunst Zentimeter um Zentimeter. Alles befand sich jedoch in einwandfreiem Zustand: stabil, solide, unbeschädigt. Keine Maus hätte eindringen oder entkommen können. Man ordnete die Särge abermals korrekt an und trug die Bruchstücke von Mrs. Goddards Sarg zusammen.

Für drei Jahre kehrte Ruhe ein. Genau bis zum 17. Juli 1819. Aufgrund des Vorgefallenen erweckte diese Bestattung bereits internationale Aufmerksamkeit. Neben Reportern und Hunderten von Neugierigen waren der britische Gouverneur von Barbados, Viscount Lord Combermere, und zwei Regierungsbeamte anwesend. Nach der Öffnung der Gruft zeigte sich die insgeheim erwartete Verwüstung.

Nun griff der Gouverneur ein. Er befahl eine abermalige Untersuchung, die zu nichts führte. Daraufhin ordnete man die Särge unverdrossen ein weiteres Mal, bedeckte den Boden der Grabkammer mit einer dicken Sandschicht und schloß und versiegelte das Gewölbe. Eine Wache bezog davor Posten. Das öffentliche Interesse steigerte sich jedoch in den folgenden Monaten derartig, daß man sich am 18. April 1820 ohne direkten Anlaß zu einer Öffnung der Gruft entschloß.

Beim Zur-Seite-Schieben der großen Verschlußplatte ertönte ein durchdringendes Kratzen, das allen einen Schauer über den

Rücken jagte. Die Ursache des Geräusches bestand darin, daß einer der Särge gegen den Eingang lehnte. Die anderen lagen wild durcheinandergewürfelt herum. Einer war mit solcher Wucht gegen die steinerne Rückwand geschleudert worden, daß er ein großes Stück herausgeschlagen hatte.

Mit Ausnahme der Spuren, die durch die Bewegung der Särge verursacht wurden, zeigte die dicke Sandschicht am Boden absolut nichts. Eine letzte fruchtlose Untersuchung wurde vorgenommen, die zur allgemeinen Frustration den unerklärlichen Anschein, daß nichts und niemand die Gruft betreten haben konnte, zum unumstößlichen Faktum machte. Nachdem nicht einmal ein Zipfelchen des unheimlichen Rätsels gelüftet werden konnte, ordnete Lord Combermere eine pragmatische Lösung an. Die Särge wurde in ein anderes Gewölbe umquartiert, wo sie heute noch in korrekter Lage ruhen. Die Chase-Familiengruft blieb geöffnet und leer.

Auch wenn die Vorgänge auf der Insel Barbados die größte Resonanz hervorgerufen haben, so läßt sich das mysteriöse Phänomen wandernder Särge auch anderswo aufspüren, beispielsweise in England und auf dem Baltikum. Im westindischen Kulturkreis stößt man auf die Volkslegenden von »den kriechenden Särgen«.

Für das Rätsel der rastlosen Toten fehlt nach wie vor jede Erklärung. Keine Theorie kann sie auch nur ansatzweise liefern.

Es ist bezeichnend, daß der bekannte britische Science-fiction-Autor Eric Frank Russell eine Deutung präsentierte, die wenigstens peripher einen naturwissenschaftlichen Aspekt einbringt. Ihm war bei einer Analyse der Position der Särge vor und nach ihrer »Wanderschaft« aufgefallen, daß sie möglicherweise eine Rotations- oder Spiralbewegung beschrieben hatten. Welche Kraft allerdings in der Lage sein sollte, Objekte, die für magnetische Einwirkungen unempfindlich waren, mit solcher Gewalt herumzuwirbeln, konnte sich nicht einmal der Science-fiction-Autor vorstellen.

So gibt es für dieses besondere Mysterium nur einen wirklich passenden Kommentar, den die Bewohner von Barbados bereits abgegeben haben. Sie ließen in die Deckenplatte der geleerten Chase-Gruft ein großes Fragezeichen hineinmeißeln.

Unerklärliche Naturereignisse

Wir glauben die Natur einigermaßen zu verstehen und in gewissem Maß beeinflussen zu können. Katastrophen aller Art belehren uns meist eines Besseren. Manchmal aber zeigt uns die Natur, daß sie nicht nur machen kann, was sie will, sondern auch, daß wir von ihren Spielregeln keine Ahnung haben.

Keiner der Einwohner des kleinen Städtchens Mill Run nahe Pittsburgh im amerikanischen Bundesstaat Pennsylvania ahnt, daß an diesem 28. Juli 1874 Ungeheuerliches geschehen wird, für das es bis zum heutigen Tag noch keine Erklärung gibt.

Der Himmel ist bewölkt, aber noch zeigt sich nichts Außergewöhnliches. Gegen Mittag bemerken einige Menschen zwei Wolken eines nie zuvor gesehenen Typus, die sich der Stadt aus unterschiedlichen Richtungen nähern. Beide sind dichte schwarze Massen, umgeben von einem rotleuchtenden Ring. Das eine der schwebenden Gebilde zieht aus Nordosten den Horizont herauf, das andere aus Südwesten.

Während die fliegenden Kolosse aufeinander zusteuern, haben manche der Beobachter das Gefühl, als würden sie zwei überirdischen Lebewesen bei einem Kräftemessen in einer himmlischen Arena zusehen. Viele der von Schrecken befallenen Zuschauer beschreiben diesen Eindruck später mit dem Vergleich von zwei riesigen Kriegsschiffen, die am Firmament in Schlachtposition manövrierten und einander nach einem heftigem Geschützduell schließlich rammten. Eine Analogie, die sich durch das Hin- und Herzucken titanischer Blitze zwischen den schwarz-roten Wolkenungetümen auf Kollisionskurs geradezu aufdrängte.

Als der Zusammenstoß erfolgt, scheint die Hölle ihre Pforten zu öffnen. Der Himmel explodiert, und die Erde erzittert. Viele waren überzeugt: Das Jüngste Gericht ist da. Dieses ereignete sich damals zwar nicht, wohl aber eine lokale Sintflut von ungekannten Ausmaßen. Nach dem Inferno in lichter Höhe strömten ungeheure Wassermassen herab, die in Minutenschnelle Brükken, Zäune, Menschen und Vieh mit sich rissen. Eine Katastrophe dieses Ausmaßes hatte es dort noch niemals gegeben und gab es nachher auch nicht wieder.

In das Entsetzen über die Verheerungen mischte sich der Horror über das erlebte Mysterium, denn das Vorgefallene war ganz und gar unmöglich. Wolken werden vom Wind getrieben, der auf gleicher Höhe nicht in verschiedene Richtungen wehen kann, schon gar nicht gegen sich selbst. Einen Frontalzusammenstoß von Wolken *konnte* es nicht geben, ereignet hatte er sich allerdings dennoch. Manche trösteten sich damit, daß man von unnatürlichen Wolken auch kein natürliches Verhalten erwarten kann, und mehr noch mit der erfreulichen Tatsache, daß es sich nicht um das Ende der Welt gehandelt hatte.

Ein solcher Stoßseufzer der Erleichterung war fast genau 100 Jahre vorher auch schon von vielen Menschen ausgestoßen worden, als ein rätselhaftes Naturphänomen das Schlimmste befürchten ließ.

Am 19. Mai 1780 ergriff eine rätselhafte Dunkelheit ein großes Gebiet der Vereinigten Staaten, deren Natur bis in unsere Tage gleichfalls im dunkeln geblieben ist.

Es war ein strahlender Maitag, wie er schöner nicht sein konnte. Keine Wolken am Himmel, kein Lufthauch. Gegen zehn Uhr am Vormittag bildete sich im Südwesten leichter Nebel, der mit dem einsetzenden Wind nach Nordosten bis zur kanadischen Grenze trieb. Danach kam die Finsternis und stürzte das Land in eine Lichtlosigkeit schlimmer als bei Neumond.

Die Dunkelheit nahm an Intensität konstant zu, so seltsam das auch klingen mag. Zuerst wurden Kerzen angezündet, Fackeln in den Straßen befestigt und die Schulen geschlossen. Es war genau Mittag. Unruhe machte sich unter der Bevölkerung bemerkbar. Eine Stunde später war es immer noch finsterste Nacht. Nun breiteten sich Panik und Hysterie aus. Die Kirchen öffneten ihre Tore, Gläubige und Ungläubige strömten in hellen Scharen herein. Von den Kanzeln wurde der Beginn des Jüngsten Gerichts verkündet. Dessen hätte es nicht bedurft, denn die Menschen waren davon bereits überzeugt. Mittlerweile bedeckte die tintige Schwärze die heutigen US-Bundesstaaten Maine, New Hampshire, Vermont, Massachusetts, Rhode Island sowie Connecticut, Ost-New York und Bereiche von Pennsylvania, im großen und ganzen jenes Gebiet im Nordosten von Amerika, das man als Neuengland bezeichnet. Das unheimliche Geschehen sollte daher als »Die Dunkelheit von Neuengland« in die Geschichte eingehen.

Eine Dunkelheit, die mit dem Begriff, wie wir ihn kennen, soviel zu tun hat wie ein Betonblock mit einem Pudding. Die Finsternis von Neuengland hatte regelrecht biblische Dimensionen und Charakteristika. Sie wies so etwas wie eine ungreifbare Dichte auf. Diese bewirkte, daß ein weißes Blatt Papier unsichtbar blieb, selbst wenn es Zentimeter vor die Nase gehalten wurde. Auch Kerzenflammen konnten es nicht beleuchten. Die Düsternis saugte alles auf.

Ein Phänomen, dem auch die Wissenschaftler an der Schwelle zum 21. Jahrhundert nach wie vor ratlos gegenüberstehen. Es gab allerdings Menschen, die sogar in einer solchen Situation Haltung bewahrten.

In Hartford war die Tagung der gesetzgebenden Versammlung von Connecticut in vollem Gange, als die »Nacht« ausbrach. Gegen Mittag konnten die einzelnen Ratsmitglieder einander nicht mehr wahrnehmen. Als die Sitzung durch das Entsetzen der Teilnehmer zum Erliegen zu kommen drohte, erhob sich einer der Männer namens Davenport und sprach den ebenso mutigen wie logischen (und für Mandatsträger beispielgebenden) Satz: »Herr Vorsitzender, was wir hier erleben, ist entweder der Jüngste Tag oder nicht. Wenn er es nicht ist, besteht kein Grund, die Sitzung abzubrechen. Ist er es doch, so soll er mich dabei antreffen, wie ich meine Pflicht tue. Ich schlage vor, daß wir Kerzen herbeischaffen und weiter mit unseren Geschäften fortfahren.« Ein wackerer Mann.

Wie 100 Jahre später fand auch damals das Weltende bekanntlich nicht statt. Die erstickende Dunkelheit von Neuengland dauerte über 24 Stunden, ehe sie so unerklärlich verschwand, wie sie begonnen hatte. In diesen 24 Stunden war auch der aufgegangene Mond unsichtbar geblieben, obgleich er zweifellos am nächtlichen Firmament stand. Ähnliches ereignete sich schon öfter.

Am 19. August 1763 war ganz London am zuvor hellichten Tag von einer Finsternis überfallen worden, die von Kerzen, Laternen oder Fackeln nicht durchdrungen werden konnte.

Am 26. April 1884 färbte sich der Himmel über Preston in England zur Mittagsstunde schlagartig schwarz. Es war, als wäre ein riesiger Vorhang zugezogen worden.

Ähnliches erlebten die Einwohner von Memphis im US-Bundesstaat Tennessee am 2. Dezember 1904. Ohne Vorwarnung machte die Sonne fast eine halbe Stunde lang völliger Schwärze am Himmel Platz.

Wann immer solche Phänomene uns heimsuchen, müssen wir zähneknirschend eingestehen, daß die Natur noch so manche Überraschung für uns bereithält. Durch Vorgänge wie die geschilderten, gibt sie uns fast höhnisch zu verstehen, daß wir nicht die geringste Ahnung haben, was de facto rund um uns eigentlich vorgeht. Gleichzeitig erteilt sie uns den Rat, uns für neue Erkenntnisse jenseits unseres begrenzten Weltbildes bereit zu machen. Die Tatsache, daß der Mensch immer wieder mit rätselhaften Naturphänomenen konfrontiert wird, dürfte sich kaum ändern, darum muß sich wohl oder übel unser Verständnis von den tiefliegenden Gesetzen der Natur ändern, sofern wir überhaupt eines haben.

9 Zeit aus den Fugen

Signale aus der Vergangenheit

Informationen aus der Zukunft sind nicht unbekannt.
Man bezeichnet sie als Vorahnungen – wie aber soll man
Botschaften aus dem Gestern nennen?

Als der Versicherungsangestellte und Funkamateur Gordon Cosgrave an einem Samstagmorgen im Juni 1936 die ersten einer Reihe von mysteriösen Funksignalen auffing, wußte er nicht, daß eine lang vergangene Katastrophe ihn seinen Schlaf, seinen guten Ruf und schließlich seinen Job kosten sollte.

Cosgrave lebte für sein radiotechnisches Hobby. Das Dach seines Hauses in dem südlich von der Themse gelegenen Londoner Stadtteil Woolwich war mit Funkantennen gespickt, ebenso der Garten. Cosgrave hatte im Lauf der Jahre mehr als 200 Pfund in seine Spitzenanlage investiert. Bei seinem Wochenverdienst von fünf Pfund eine stattliche Summe.

In der Frühe des gewissen Tages hatte Cosgrave den Rasen gemäht und sich dann ins Schlafzimmer begeben, um einen Funkfreund in Nova Scotja zu kontaktieren. Auf der benutzten Frequenz überlagerte jedoch ein ungewöhnlich starkes Morsesignal alles andere. Die Meldung stammte von einem Linienschiff mit Namen »Carpathia« und besagte: »Wir sind noch 70 Seemeilen entfernt und werden durch Eis behindert, bewegen uns jedoch mit Höchstgeschwindigkeit.«

Eine Position wurde bekanntgegeben, gemischt mit SOS-Zeichen. Letztere stammten offensichtlich von einem anderen Schiff, das sich in Seenot befand. Den Namen konnte Cosgrave wegen starker statischer Störungen nicht entziffern.

Mit angehaltenem Atem hatte er die Übertragung mitgeschrieben. Als nichts mehr kam, rannte er zur nahe gelegenen Telefonzelle, um die Behörden zu verständigen. Die Polizei verwies ihn an den diensthabenden Offizier der englischen Admiralität.

Endlich war der richtige Mann an der Strippe. Hastig berichtete Cosgrave von der aufgefangenen Nachricht und drängte auf sofortige Einleitung einer Rettungsaktion. Für kurze Zeit herrschte Stille, dann erwiderte der Offizier sarkastisch: »Lieber Freund, Sie kommen 24 Jahre zu spät. Die »Titanic« ist 1912 untergegangen. Machen Sie Ihre Scherze anderswo.« Danach wurde eingehängt.

Cosgrave war wie vom Donner gerührt. Hatte er vielleicht verschlüsselte Mitteilungen bei einer Marineübung empfangen? Wohl kaum auf dieser gängigen Frequenz. War es vielleicht eine Dokumentation der BBC? Seine Anfrage bei den Sendeanstalten ergaben das Gegenteil. Das Ganze *konnte* nur eine Halluzination gewesen sein.

Vier Tage später registrierten seine Geräte einen SOS-Ruf aus demselben Seegebiet und beendeten Cosgraves Selbstberuhigung. Die Botschaft besagte, alle 22 Rettungsboote seien zu Wasser gebracht, über 1000 Personen wären aber noch an Bord. Entsprechend der Chronologie der bekanntesten aller Schiffsuntergänge mußte dieser Funkspruch etwa eineinhalb Stunden nach der Kollision der »Titanic« mit dem Eisberg abgesandt worden sein. Die doppelte Rumpfhülle des »unsinkbaren« 66 000-Bruttoregistertonnen Luxusliners der »White Star Line« war aufgerissen, und das Schiff versank in den eisigen Fluten des Nordatlantik. Dabei ertranken 1531 Personen.

Da ihm die mysteriösen Botschaften aus der Vergangenheit nicht aus dem Kopf gingen, informierte sich Cosgrave über den Fall. Zu seiner Verblüffung deckten sich Zeit und Ort des Untergangs und alle Begleiterscheinungen des »Titanic«-Desasters exakt mit seinen Aufzeichnungen.

Während Cosgrave nicht wußte, was er tun sollte, trafen weitere Funksprüche von der zu Hilfe eilenden »Carpathia« ein. Daraufhin bat Cosgrave den Herausgeber einer Rundfunkzeitung um Rat. Dieser glaubte zuerst, von einem Publicitysüchtigen oder einem Wirrkopf belästigt zu werden. Um Ruhe zu haben, willigte er schließlich ein, mit einem weiteren Redaktionsmitglied in die Funkbude des hartnäckigen Zeitgenossen zu kommen.

Nachdem sich eine Stunde lang nichts ereignete, wandten sich die Zeitungsleute zum Gehen. Genau in dem Moment erwachte das Funkgerät zum Leben. Cosgrave gab dem Chefredakteur die Kopfhörer, der die Morsezeichen notierte und dann in Klartext übertrug. Auf der »Titanic« waren die letzten Signalraketen abgefeuert worden. Man ging nun daran, aufgrund der Explosionsgefahr den Dampf aus den Kesseln abzulassen.

Die beiden Journalisten waren gepackt und kamen in den darauffolgenden Wochen Dutzende Male. Dabei wurden sie Zeugen weiterer zeitversetzter Übertragungen. Mittlerweile hatte die Presse Wind bekommen. Auf Cosgrave fiel das Licht der Öffentlichkeit, jedoch kein wohlwollendes.

Er erntete Spott und Hohn, Fachleute und Medien zogen seine Seriosität und seinen Verstand in Zweifel. Zu guter Letzt setzte ihn sein Arbeitgeber vor die Tür. Eine Versicherungsgesellschaft konnte es sich nicht leisten, Spinner zu beschäftigen. Verbittert gab Cosgrave die Funkerei auf und übersiedelte in einen anderen Stadtteil, wo er bis zu seinem Tod im Alter von 64 Jahren mit dem Schicksal haderte.

Experten, die sich später mit seinen Aufzeichnungen sowie allen Begleitumständen des seltsamen Geschehens auseinandersetzten, kamen zu der Ansicht, die Signale seien echt gewesen. Ihr über Jahre verzögertes Auftreten blieb jedoch ein ungelöstes Rätsel.

Der Untergang der »Titanic« scheint sogar im Buch des Unerklärlichen einen Sonderplatz einzunehmen. Die Gründe dafür sind unklar, denn es gab größere Unglücksfälle, von zahllosen Massakern und immerhin zwei Weltkriegen ganz zu schweigen. Die regelrechte Orgie an Vorahnungen eines kommenden »Titanic«-Desasters hat mehrere Bücher gefüllt. Sogar eine Novelle, die es punktgenau zu beschreiben scheint, erschien 14 Jahre vor dem Unglück (Morgan Robertsons »The Wreck of the Titan«). Wie Cosgraves Fall zu belegen scheint, hat das tragische Ende der »Titanic« seinen Schatten nicht nur in die Vergangenheit geworfen, sondern auch in die Zukunft. Das haben andere Katastrophen nicht fertiggebracht.

Beispielsweise warnte ein englisches Schreibmedium im Februar 1914 vor der Versenkung der »Lusitania«, aber mehr war's auch schon nicht. Dabei hatte dieses Geschehen auf hoher See weit größere Auswirkungen als der Untergang der »Titanic«. Immerhin diente die Versenkung der »Lusitania« im Mai 1915 den USA zwei Jahre später als offizieller »moralischer« Grund zum

Kriegseintritt, obwohl das »Passagierschiff« Munition transportiert hatte, wie unter anderem ein renommierter englischer Journalist in einem ganzen Buch darlegte.

Nachrichten aus der Zukunft

Manche Ereignisse kündigen sich vorher an, sagt eine Redensart. Es gibt aber auch Fälle, in denen sie wörtlich zu nehmen ist.

Um vier Uhr morgens, am 17. Januar 1964, hörte Lady Juliet Rhys Williams auf ihrem Landsitz im englischen Wales »Die Stimme Amerikas«. Lady Rhys Williams war Mitglied der Liberalen Partei, Vizepräsidentin des »Economic Research Council« und hatte früher den englischen Rundfunksender BBC geleitet. Das Hören von Nachrichten aus aller Welt und zu jeder Tageszeit war zu ihrer zweiten Natur geworden.

Die Frühnachricht dieses Januartages befaßte sich mit schweren Rassenunruhen in Atlanta im US-Bundesstaat Georgia. Eine größere Zahl Schwarzer und fanatische Ku-Klux-Klan-Mitglieder hatten einander attackiert. Das interessierte Lady Rhys Williams. Um mehr darüber zu erfahren, schaltete sie während des Tages immer wieder BBC ein. Der Vorfall wurde nicht einmal am Rande erwähnt. Auch die Zeitungen schrieben keine einzige Zeile. Erstaunlich. So bedeutungslos waren selbst lokale Rassenausschreitungen in diesen Tagen nicht, daß sie mit einer einzigen Meldung abgetan wurden. In diesem Sinne äußerte sich die Engländerin gegenüber ihren beiden Töchtern und einem Nachbarn.

Neun Tage danach begab sich Lady Rhys Williams wieder nach London. An diesem 26. Januar brachte die BBC den ganzen Tag über Meldungen zu Rassenunruhen in Atlanta. Desgleichen berichteten englische und amerikanische Zeitungen ausführlich von den Vorfällen.

Lady Rhys Williams wollte wissen, von welchen Exzessen »Die Stimme Amerikas« am 17. Januar gesprochen hatte, also fragte sie schriftlich beim Sender in Washington an. Man antwortete mit einer detaillierten Chronologie: Am Abend des 18. Januar mußte die Polizei von Atlanta bei kleineren Unruhen das erste Mal einschreiten. Die Lage schaukelte sich auf und ging am 20. Januar in echte Krawalle über.

Obwohl »Die Stimme Amerikas« bereits über die allerersten Warnzeichen berichtet hatte, klaffte ein »Zeitloch« von zwei Tagen – die Engländerin hatte die erste Meldung nämlich 48 Stunden früher gehört, als der US-Sender sie ausstrahlte.

Im selben Jahr empfing Lady Juliet Rhys Williams noch eine Rundfunksendung aus dem Morgen, deren Authentizität schwer angezweifelt werden kann.

Die respektable Dame saß um halb neun Uhr morgens mit ihren beiden Töchtern beim Frühstück in ihrem Heim im Londoner Stadtteil Belgravia. Gesprächsthema dieses 3. Juni 1964 war die Vorentscheidung im US-Wahlkampf. Lady Rhys Williams teilte ihren Töchtern mit, daß der exzentrische Senator Barry Goldwater der Sieger war. Sie hatte das Ergebnis des Duells zwischen Goldwater und Gouverneur Nelson Rockefeller gerade erst im Rundfunk gehört. Die Übertragung war ihr in lebendiger Erinnerung, einschließlich der eingeschnittenen Einzelmeldungen und des Stimmengewirrs im Hintergrund. Der Ansager hatte seine Worte mehrmals regelrecht herausgesprudelt. Seine Aufregung war darauf zurückzuführen, daß hier die erste Wahl der Welt stattfand, deren Ausgang durch Computerauswertung in kürzester Zeit ermittelt worden war. Ein Faktum, das er immer wieder betonte.

Lady Rhys Williams schilderte ihren Töchtern die gesamte Übertragung mit allen Einzelheiten. Sie berichtete neben der Verwendung von Stimmauszählcomputern von Nelson Rockefellers Eingeständnis der Niederlage und von der Unmöglichkeit, Goldwater vor das Mikrofon zu bringen, da er zum Friseur gegangen war, um für das Kommende gerüstet zu sein.

Diese Wahlberichterstattung kam nicht nur in Millionen Rundfunkempfängern rings um die Welt an, sondern auch in der Vergangenheit. Es sollten nämlich noch sieben Stunden nach dem Gespräch zwischen Lady Rhys Williams und ihren Töchtern vergehen, ehe das US-Network CBS den ersten Wahlbericht über den Äther verbreitete. Jenen Bericht, den die ehemalige Leiterin der BBC mit allen Details weitererzählt hatte, obgleich er erst in sieben Stunden ausgestrahlt werden sollte.

Pikanterweise berichtete just die englische BBC noch um 17.30 Uhr des 3. Juni 1964 vom Durchhalteentschluß Gouverneur Nelson Rockefellers. Man hätte wohl besser daran getan, sich bei der ehemaligen Leiterin des Senders zu informieren.

Was den Fall von Lady Rhys Williams in eine besondere Kategorie einreiht, sind die zahlreichen exakten Details, die sie vorher wußte und die auch genauesten Nachprüfungen standhielten.

Vergleichbares findet man beispielsweise in den Voraussagen, die das Medium Madame Przybylska 1920 über den Polnisch-Russischen Krieg machte, der nach dem Ende des Ersten Weltkrieges 1920 ausgebrochen und noch im Gange war. Entgegen der militärischen Situation zum Zeitpunkt der Voraussagen – damals hatte die polnische Armee an allen Fronten die klare Überhand – trat kurz danach genau das ein, was Madame Przybylska prophezeit hatte: Die Bolschewiken rissen mit einer Großoffensive das Steuer herum. Die polnische Armee wurde zurückgetrieben, Warschau jedoch nicht besetzt – auch letzteres hatte das Medium vorhergesagt.

Die Zeit ist, so scheint es, nicht nur in den schemenhaften Tiefen des Subatomaren, wo Ursache und Wirkung den Platz tauschen und der Zeitpfeil in viele Richtungen zeigen kann, keine Einbahnstraße, sondern auch im sogenannten wahren Leben.

Gestrandet in der Zukunft

Menschen können sich in den drei Dimensionen bewegen.
Nicht aber in der vierten, der Zeit. Gelegentlich scheint es
jedoch Ausnahmen von dieser Beschränkung zu geben.

New York ist heute ein brodelnder Schmelztiegel, in dem unbeschreiblicher Reichtum und grausame Not, Luxus und Armutskriminalität dicht beieinander liegen. Auch vor Jahrzehnten war »Big Apple« ein rauhes Pflaster, und die New Yorker standen nicht in dem Ruf, außergewöhnliches Fingespitzengefühl an den Tag zu legen.

So starrten zahlreiche Passanten den seltsam gekleideten Mann unverhohlen an, der an einem sonnigen Junitag des Jahres 1950 offensichtlich verwirrt auf dem New Yorker Times Square herumtaumelte. Allein seine extrem altmodische Kleidung fiel auf. Wer trug schon einen glänzenden Zylinder, ein Prince Albert-Jackett, karierte Hosen von englischem Zuschnitt und geknöpfte Schuhe mit Stoffbesatz? Solche Gestalten bekam man nur in Filmen oder in Musicals zu Gesicht.

In der hektischen US-Metropole wirkte er so fehl am Platz wie ein Klosterschüler inmitten einer Rockergang. Der komische Mann starrte mit einem entgeisterten Gesichtsausdruck um sich. Es schien, als hätte er die alltäglichsten Dinge niemals zuvor gesehen.

Die lärmenden Autos, die riesigen Wolkenkratzer und die auch am Tag leuchtenden Neonreklamen schienen ihm Schrecken einzuflößen. Es war deutlich zu erkennen, daß er nicht wußte, was um ihn herum vorging. Das war auch sein Verhängnis, denn er trat wie ein Schlafwandler ohne nach rechts oder links zu blicken plötzlich vom Gehsteig weit auf die Fahrbahn. Ein vorbeirasendes Taxi erfaßte ihn voll, was er nicht überlebte.

Der Unfall rief die Behörden auf den Plan. Da der Tote keine »normalen« Papiere bei sich hatte, setzten langwierige Recherchen ein, um seine Identität festzustellen. Sie wurde schließlich eruiert und brachte eine ziemliche Überraschung. Der Überfahrene hieß Rudolph Fentz, war verheiratet und stammte aus Florida.

Da ihm seine bessere Hälfte anscheinend das Leben zur Hölle machte, hatte er anläßlich eines Streits beschlossen, dem trauten Heim ohne Vorwarnung und für immer den Rücken zu kehren, um in New York sein Glück zu suchen. Als seine Frau die Vermißtenanzeige erstattete, gab sie an, ihr Mann sei nicht mehr wiedergekommen, nachdem sie ihn aufgefordert hatte, im Freien zu rauchen und das Haus nicht mit seinen Zigaretten zu verstinken. Bis dahin durchaus nichts Ungewöhnliches, weit entfernt von den Dimensionen eines »Rosenkriegs«. Der Knalleffekt bestand allerdings darin, daß diese alltäglichen Szenen einer Ehe nicht im Jahr 1950 – *sondern 1876* stattgefunden hatten.

Da ein Mann von etwa 40 Jahren tot auf der Straße gelegen hatte, und nicht ein noch so gut erhaltener 120jähriger, wurde der Unbekannte schnell »Der Zeitreisende« genannt.

Dieser führte 70 Dollar in Noten mit sich. Die Geldscheine waren schon lange nicht mehr gültig, dafür aber nagelneu. Visitenkarten mit einer Adresse in der Fifth Avenue bewiesen, daß er in New York Fuß gefaßt hatte, allerdings vor 74 Jahren. Ferner fand sich die von damals datierende Rechnung eines Mietstalles in der Lexington Avenue über das Einstellen und die Fütterung eines Pferdes sowie das Waschen eines Pferdewagens. Gründliche Nachforschungen bestätigten, daß alle Einzelteile des bizarren Puzzles den Tatsachen von 1876 entsprachen. Die Adresse in der Fifth Avenue stimmte ebenso wie die des Pferdestalles in der Lexington Avenue. In vergilbenden Akten aus dem vorigen Jahrhundert fand sich die Anzeige über das Verschwinden eines Mr. Rudolph Fentz aus Florida sowie die dazugehörende Aussage von Mrs. Fentz.

Ein großangelegter Betrug, wenn auch ohne erkennbare Zielsetzung? Wohl kaum. Bereits das Inszenieren des »Kurzauftritts« von Mr. Fentz hätte präziser Planung bedurft. Die Täuschung wäre nur kurz aufrechtzuerhalten gewesen und bei jedem Versuch, ernsthaft Kapital aus ihr zu schlagen, unweigerlich aufgeflogen. Dies ließe nur die absurde Vermutung zu, der vorgebliche Zeitreisende hätte sich als Teil seines Vertrages freiwillig überfahren lassen, um die Fiktion perfekt zu machen. Nach wie vor unbeantwortet die Frage: Wozu das Ganze?

Unter diesen Gesichtspunkten ist die Vermutung nicht weniger legitim, einem lebenden Wesen könnte gelungen sein, was in der theoretischen Physik nur Elementarteilchen zugestanden wird: eine Reise durch die Zeit.

TEIL V

Was es nicht geben dürfte

»*Die einer Theorie zugrunde liegenden
Begriffe und Grundgesetze sind
freie Erfindungen des menschlichen Geistes,
die sich weder durch die Natur noch
in irgendeiner Weise a priori rechtfertigen
lassen. Insofern sich die Lehrsätze
der Wissenschaft auf die Wirklichkeit
beziehen, sind sie nicht sicher,
und insofern sie sicher sind, beziehen
sie sich nicht auf die Wirklichkeit.*«

ALBERT EINSTEIN

10 Harte Nüsse fur die
Schulwissenschaft

Unmögliche Beweise

*Die Saurierjäger von Colorado und andere unerklärliche
Zeugnisse aus der Vergangenheit erschüttern den Stammbaum
der Evolution und das Gebäude der Archäologie. Forscher
sprechen von anachronistischen Rätseln.*

Der Schock ist gewaltig für die vier Wissenschaftler, die im vorigen Jahrhundert zu den Granitwänden des Havasupai-Canyon, einem Teil des berühmten Grand Canyon des US-Bundesstaates Colorado, hinaufstarren. Sie hatten es einfach nicht glauben wollen, und doch stehen sie nun vor einem Beweis für das Unmögliche.

Hoch über ihnen prangt die Scharrzeichnung eines Tyrannosaurus Rex in allen Einzelheiten. Das acht Meter hohe, tonnenschwere Reptil, dessen Herrschaft Millionen Jahre gedauert hat, scheint verachtungsvoll auf die kleinen und verwirrten Menschen herunterzublicken.

Die Verwirrung der Fachleute ist begreiflich, denn diese von Menschen angefertigte Darstellung *konnte* es nicht geben. Schließlich starben die mächtigen Saurier, unter deren stampfenden Schritten die Erde 140 Millionen Jahre lang erdröhnte, vor mehr als 65 Millionen Jahren schlagartig aus, gemeinsam mit fast allen anderen Lebewesen, die mehr als ungefähr zehn Kilogramm wogen. Damit bekam eine Säugetierspezies kleinwüchsiger Nager, Myaciden genannt, erst die Chance zu jener Weiterentwicklung, die mehr als sechsmal zehn Millionen Jahre später (!) im Menschen gipfeln sollte.

Diese Entwicklungsgeschichte gilt als gesichertes Wissen. Sie schließt ein Nebeneinander von Dinosauriern und Frühmenschen unbarmherzig aus. Und die Scharrzeichnung? Eine Fälschung? Auch dieser Ausweg ist verschlossen, denn die Darstellung ist mit einem Schutzmantel von Eisen bedeckt, das Äonen gebraucht hat, um aus dem Granit auszutreten.

Im selben Canyon findet sich ein weiteres, vom Eisenmantel der Jahrmillionen umhülltes Felsenbild. Es zeigt einen übermenschengroßen Jäger im Kampf mit einem Mammut. Wie man es auch dreht und wendet: Irgend etwas *kann* nicht stimmen. Zur Zeit der Saurier gab es keine menschenähnlichen Wesen. Diese sollten erst Millionen Jahre später die Bühne des Lebens betreten. Wer also hatte dann im Felsen gescharrt?

Solche archäologisch-entwicklungsgeschichtlichen Ungereimtheiten finden sich zum Verdruß der klassischen Lehrmeinungen allenthalben: Irgendwer hat im Sandstein der Karbonzeit, die immerhin 225 bis 280 Millionen Jahre (!) zurückliegt, Fußspuren hinterlassen, über die Saurier hinterher drübergestapft sind. Zum endgültigen Zusammenbruch aller etablierten Vorstellungen führt der Schuhabdruck im Fisher-Canyon in Nevada. Er ist im Muschelkalk des Trias (eine 160 bis 195 Millionen Jahre alte Formation) verewigt und läßt eine genau zugeschnittene, zwiegenähte Sohle erkennen.

Angesichts solcher Peinlichkeiten erhebt sich die Frage, ob die offizielle Stammesgeschichte einer Revision bedarf oder ob sich in der fernen Vergangenheit auf unserer Erde so manches abgespielt hat, das offenbar unter den Teppich gekehrt wird. Beweise dafür finden sich auf allen Kontinenten, auch wenn sie meist nicht als solche deklariert werden. Ist man bereit, gravierende Wissenslücken mutig zu akzeptieren, so eröffnet sich ein Panorama des Unglaublichen.

Wir stoßen auf *Riesen*. Nahe Brayton in Tennessee entdeckten Forscher sechszehige menschliche Fußspuren mit einer Fersenbreite von 25 Zentimetern im soliden Felsen. Begleitet wurde dieses Wesen von einem Riesenpferd mit entsprechenden Hufmaßen.

1833 gruben Soldaten in Lampock Rancho, Kalifornien, das Skelett eines vier Meter großen Hominiden aus. Neben dem frühgeschichtlichen Riesenmenschen lagen eine gigantische Steinaxt und Porphyrsteine mit unentzifferbaren Symbolen. Als wäre das nicht schon genug, besaß der Tote in Ober- und Unterkiefer eine doppelte Zahnreihe. Bei Bekanntwerden des Fundes zeigte sich, daß man im selben US-Bundesstaat bereits vor einiger Zeit auf Santa Rosa ein Riesenskelett mit vier Zahnreihen ausgegraben hatte.

Nahe Crittenden, Arizona, stießen Bauarbeiter 1891 auf einen Sarkophag, in dem sich eine nicht ganz menschenähnliche Leiche befunden hatte. Körpergröße vier Meter und – wir ahnen es bereits – sechs Zehen.

Wo Riesen sind, dürfen *Zwerge* nicht fehlen. Der berühmteste Zwergenfund ist die Zwergenmumie von Wyoming. Zwei Goldsucher sprengten bei ihrer Arbeit in einer engen Bergschlucht, einem sogenannten »Gulch«, am Fuße der Pedro Mountains, 90 Kilometer westlich der Stadt Casper, eine Bestattungshöhle frei. Das darin aufgebahrte Wesen ist eindeutig hominid, jedoch nur 35 Zentimeter groß. Es handelt sich auch nicht um ein Kind, sondern um einen Frühmenschen von etwa 60 Jahren. Das Geheimnis dieser winzigen Leiche, die man in Caspar besichtigen konnte, wurde nie geklärt.

Wie ihre riesigen Kollegen, passen auch Zwerge in keinster Weise in unseren Stammbaum der Arten – Fingerzeige, die rings um die Welt provokant davon künden, daß doch nicht alles so sein kann, wie man gemeinhin annimmt.

Die Archäologie muß sich mit noch viel bizarreren Funden herumschlagen, auf die sich Experten ungern ansprechen lassen. Es gibt Zehntausende Jahre alte Schädelfunde mit – eindeutigen – Einschußlöchern. Man findet komplette Menschenskelette oder Teile davon in Gesteinsschichten, die Millionen Jahre alt sind (besonders ärgerlich ist der Backenzahn, der in der Eagle Coal Mine in Bay Creek, Montana, entdeckt wurde, denn er war in einer sage und schreibe 30 Millionen Jahre alten Kohleschicht eingebettet).

Den Vogel an Absurdität und Unerklärlichkeiten schießen künstliche Objekte ab, die man immer wieder aus fernster erdgeschichtlicher Vergangenheit herausholt. Es gibt Eisennägel in jahrmillionenalten Quarzschichten, Kalksteinblöcken usw. Es finden sich verzierte und sogar legierte Metallgegenstände und ähnliches mehr.

Im verzweifelten Bemühen, wenigstens irgendwie mit diesen Unmöglichkeiten fertigzuwerden, scheute man nicht zurück, nebulöse Naturgesetze zu formulieren, die weit absurder waren als das Gefundene. Beispielsweise war es offenbar weniger schmerzlich, etwas so Groteskes wie »sponante Materieentstehung« von Artefakten zu postulieren als sich damit abzufinden, daß orna-

mentgeschmückte Gefäße in Jahrmillionen alten Sediment-
schichten tatsächlich existieren und vor undenklichen Zeiten in
Gebrauch gestanden haben.

Was von solchen »Erklärungen« zu halten ist, liegt wohl auf der
Hand. Zudem versagen sie in Fällen wie jenem des Farmers Tom
Kenny aus Plateau Valley in Colorado, der 1936 beim Graben
eines Gemüsekellers in derselben geologischen Schicht, in der
Millionen Jahre alte Fossilien des dreizehigen Miozän-Urpferdes
zu finden sind, das Teilstück einer gepflasterten Straße entdeckte, oder in jenem der Arbeiter aus Blue Lick Springs in Kentucky, die einige Meter unterhalb eines Mastodon-Skelettes auf
präzise bearbeitetes Straßenpflaster stießen. Und das ist noch
lange nicht alles ...

Dinge aus dem Anderswo

Zum Ärger der Fachwelt finden sich immer wieder handfeste
Beweise dafür, daß sehr wohl sein kann, was eigentlich nicht
sein dürfte.

Als Mrs. W. S. Culp aus Morrisonville im US-Bundesstaat Illinois Kohle in ihren Küchenofen schaufelt – ein Vorgang, der
selbst im fortschrittlichen Amerika am 9. Juni des Jahres 1891
noch zum hausfraulichen Alltag gehört –, bleibt ihr Blick auf so
etwas wie einer glitzernden Schlange hängen. Was aufgeblitzt
war, ist ein Teil einer fein gearbeiteten Goldkette.

In dem Glauben, das Schmuckstück sei zufällig dorthin geraten,
will die junge Frau die Kette herausziehen. Zu ihrer größten
Überraschung holt sie ein großes Stück Kohle mit heraus, auf
dem die Kette scheinbar gelegen hatte. In Wirklichkeit steckten
ihre beiden Enden in dem Kohlenbrocken. Kette und Kohle
waren untrennbar verbunden.

Die Geschichte des seltsamen Fundes macht die Runde. Auch
die Zeitungen bekommen davon Wind. Zwei Tage später berichtet die »Morrisonville Times« darüber, wobei die Frage, was
es mit diesem Artefakt auf sich hat, vorsichtshalber offengelas-
sen wird. Kein Wunder, stammte diese Kohle doch laut der Aus-

sage beigezogener Fachleute aus der 250 bis 350 Millionen Jahre zurückliegenden Karbonzeit.

Solche anachronistischen Funde sind keine Seltenheit. Im angelsächsischen Sprachraum gibt es bereits einen eigenen Terminus dafür. Er lautet »ooparts« (out-of-place-artifacts). Ihre eingehende Erforschung – oftmals eher Nicht-Erforschung, denn man breitet nun mal gerne den Mantel des Schweigens über Dinge, die es nicht geben dürfte – setzte aufgrund der immer besser werdenden Untersuchungsmethoden um die Mitte des vorigen Jahrhunderts ein.

Wie die »London Times« berichtete, stießen am 22. Juni 1844 Arbeiter in einem Steinbruch nahe Rutherford Mills in England etwa drei Meter unter Tag auf einen goldenen Faden, eingebettet in einer soliden, mindestens 60 Millionen Jahren alten Granitschicht.

1845 brachte Sir David Brewster gehörige Unruhe in die ehrwürdige »British Association for the Advancement of Science« (Britische Vereinigung für die Entwicklung der Wissenschaft), als er die Fachleute mit einer eindeutig als solche identifizierbaren Schraube konfrontierte, die zur Hälfte von einem ebenso alten Granitblock aus dem Kindgoodie-Steinbruch in Nordengland umschlossen war.

In der Juniausgabe des »Scientific American« von 1851 findet sich der Bericht über eine glockenförmige Vase aus einer Legierung von Silber und Zinn, reichlich verziert mit Einlegearbeiten, die Blumenarrangements darstellen. Das anspruchsvoll ausgeführte Kunstobjekt war bei Sprengarbeiten am »Meeting House-Hügel« in Dorchester, US-Bundesstaat Massachusetts, in einer Millionen Jahre alten Gesteinsschicht in 15 Meter Tiefe entdeckt worden.

Auch die deutschsprachigen Lande haben ihre rätselhaften Artefakte. Eines der umstrittensten ist der berühmte »Salzburg-Würfel«. Obgleich er 1910 gestohlen wurde und die Inventarlisten des Salzburger Museums, wo er von 1886 bis 1910 ausgestellt war, durch die Bombardements des Zweiten Weltkrieges vernichtet wurden, gibt es noch Quellen über diesen außergewöhnlichen Gegenstand.

Seine Geschichte und seine Spezifikationen sind in einer Ausgabe des Londoner Wissenschaftsmagazins »Nature« von 1886

26 Die berühmten Fischregen gehören zu den harmloseren Phänomenen dieser Art.
Es fallen noch ganz andere Dinge vom Himmel auf die Erde (zu »Schreckenerregendes aus den Wolken«) ...

27 Dieses Grab beherbergte viele Jahre lang ein unheimliches Geheimnis: die wandernden Särge von Barbados (zu »Die Gruft der Rätsel«).

28 Wissenschaftler vermuten, das legendäre Ungeheuer von Loch Ness könnte ein »übriggebliebener« Wassersaurier – und damit ein Anachronismus – sein. Noch anachronistischer, dafür aber handfest, sind die Zeugnisse dafür, daß es zur Zeit der Saurier bereits Menschen gegeben haben soll (zu »Unmögliche Beweise«).

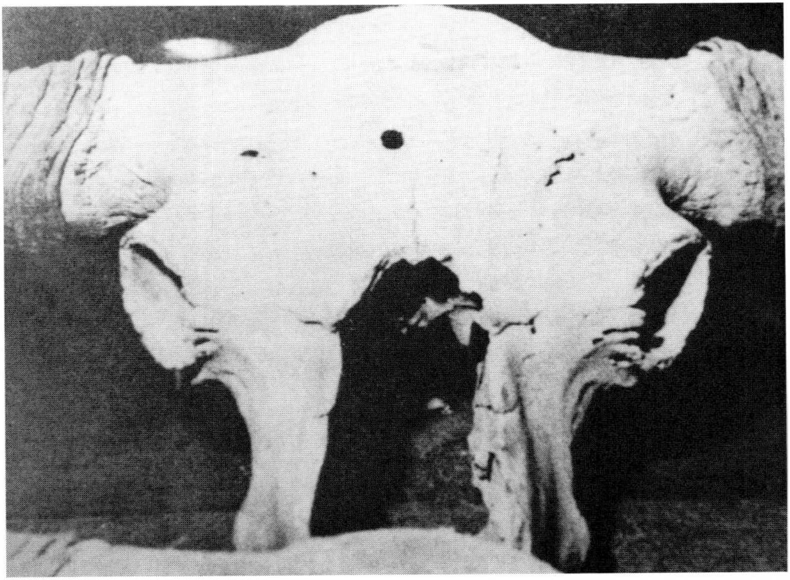

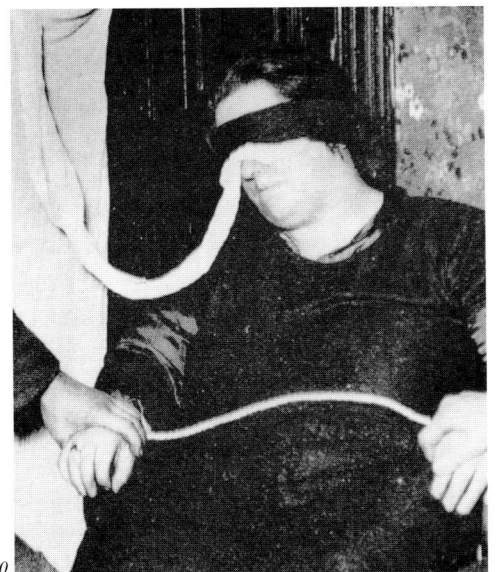

29

29 Der zehntausend Jahre alte Bisonschädel mit deutlich erkennbarem Einschußloch, der im Paläontologischen Museum in Moskau besichtigt werden kann, ist nur einer der Beweise dafür, daß mit unserer Geschichte nicht alles so sein kann, wie es die Forscher zu wissen glauben (zu »Unmögliche Beweise«).

30 In ihrem Bemühen, Beweise für die Existenz hochstehender Zivilisationen vor undenklichen Zeiten wegzurationalisieren, versteigen sich manche Wissenschaftler zu der Vorstellung, derartige Funde hätten sich in Jahrmillionen alten Gesteinsschichten aus dem Nichts »materialisiert«. Dessen ungeachtet werden andererseits Materialisationen wie hier durch das Medium Mrs. Helen Duncan nach wie vor strikt ins Reich des Betruges verwiesen (zu »Unmögliche Beweise« und »Dinge aus dem Anderswo«).

30

31

31 Die berühmte Osterinsel
birgt mehr Geheimnisse
als das Rätsel ihrer Riesen-
statuen. Einmal verschwand
sie einfach (zu »Phantom-
inseln auf hoher See«) ...

32 Ein spiraliger Pfad um-
gibt das Tor auf dem Kelch-
hügel der Glastonbury
Abbey mit den rätselhaften
ägyptischen Steinverzierun-
gen rechts und links oberhalb
des Durchgangs, Abbilder
der »Seele auf der Waage«
der Göttin Hathor, die durch
eine Kuh symbolisiert wird.
Tausende Pilger sind den
Weg jahrhundertelang em-
porgestiegen – erfüllt von tiefer Gläubigkeit und all den
Gefühlen, die heilige Städten
zahllosen Menschen von
alters her vermitteln konnten
(zu »Gute und böse Orte«).

32

und des Pariser »L'Astronomie« von 1887 festgehalten. So weiß man heute noch, daß der geometrisch exakte Metallwürfel mit einer präzisen Mittelrinne aus der Gießhütte von Isidor Braun im oberösterreichischen Vöcklabruck stammen soll. Er wurde dort 1885 im Zentrum eines großen Stücks Kohle aus dem Tertiär entdeckt, in welchem er offenbar die letzten zehn bis 70 Millionen Jahre eingeschlossen gewesen war. Braun legte seinen Fund dem Salzburger Museum vor.

Der Physiker Karl Gurls unterzog das 7 mal 7 mal 4 Zentimeter große, nicht ganz ein Kilogramm schwere Objekt allen damals möglichen Untersuchungsmethoden. Sie ergaben, daß es aus einer Nickel-Stahl-Legierung bestand, maschinell hergestellt worden war und wahrscheinlich zu einer größeren, komplexen Maschine gehört hatte.

Auch im 20. Jahrhundert muß sich die Fachwelt mit bizarren Funden herumschlagen, die manch einer lieber zur Seite legen würde, besonders angesichts der Tatsache, daß moderne Untersuchungsmethoden noch mehr Ungereimtheiten ans Licht des Tages bringen, statt sie auszuräumen.

Das »Coso-Artefakt« beweist dies schlagend. Das kleine Ding, das viele im ersten Augenblick an eine Zündkerze erinnert, wurde von den Steinsammlern Mike Mikesell, Wallace Lane und Virginia Maxey am 13. Februar 1961 in den Coso Mountains etwa neun Kilometer südwestlich von Olancha im amerikanischen Kalifornien, etwa 100 Meter oberhalb des trockenen Bettes von Owens Lake, gefunden.

Genauer gesagt, sie bemerkten einen runden Stein, den sie versehentlich für eine besonders schöne Druse mit Kristallen hielten, nach denen sie auf der Suche waren. Als Mikesell am Tag darauf in seiner Werkstatt den Stein zersägen wollte, um an die vermuteten Kristalle im Inneren zu kommen – wobei er eine Diamantsäge ruinierte –, stieß er auf völlig Unerwartetes.

Unter der extrem harten Oberfläche befand sich eine Schicht aus einem unbekannten Material, ähnlich Jaspis oder Achat, und zwar in Form eines genauen Sechseckes, wie der Querschnitt zeigte. Im Zentrum des »Steins« ruhte ein kleiner Zylinder aus Keramik oder Porzellan. Er war von Ringen aus Kupfer umschlossen, und aus ihm ragte ein dünner Metallstift heraus. Daher die naheliegende Assoziation zu einer Zündkerze.

Die metallischen Komponenten waren nicht verrostet, und der Stift war magnetisch. Durchleuchtungen und andere Untersuchungen zeigten, im Inneren des Steins verborgen, eine metallische Feder oder Wendel, mit der die »Zündkerze« verbunden war. Nach allgemeiner Ansicht ist das Coso-Artefakt ein technisches Teil, in dem elektrische Vorgänge ablaufen konnten. Was recht merkwürdig ist, denn dem Stein, der es umschloß, wird ein Alter von mindestes einer halben Million Jahren zugemessen.

Noch exotischer, geradezu »nichtirdisch«, ist der mysteriöse »Varta-« bzw. »Tula-Fund« aus dem Jahr 1976, der überhaupt nicht datiert werden kann. In der ehemaligen Sowjetrepublik Komi fiel Arbeitern am Ufer des Flusses Vashka ein silbrig glänzender Stein von der Größe einer menschlichen Faust auf.

Sie waren erstaunt, als das Objekt bei der geringsten mechanischen Belastung, beispielsweise, wenn man leicht dagegenschlug, Funken sprühte. Dieser »Super-Piezo-Effekt« rief die Wissenschaft auf den Plan.

Was sich sofort herausstellte, war, daß der »Stein« Teil eines ringförmigen oder zylindrischen, künstlichen Objektes mit einem Durchmesser von 1,2 Metern gewesen sein mußte. Für weiterführende Untersuchungen wurde er in Scheiben geschnitten und diese an zahlreiche Forschungsstellen verteilt, darunter das »Allunionsinstitut für nukleare Geophysik und Geochemie«, das »Vavilov-Institut für Physik« und das »Vernadsky-Institut für Stahl und Legierungen«.

Die chemische Analyse ergab, daß der Findling primär aus Cer, in Legierung mit Lanthan und Neodym, bestand. Dazu kamen Beimengungen von Eisen, Magnesium, Uran und Molybdän. Was sich *nicht* fand, waren Natrium und Kalzium.

Das machte die Sache endgültig zum Rätsel, da es für die irdische Wissenschaft keine Möglichkeit gibt, eine derartige Legierung herzustellen, *ohne* daß sich darin auch Natrium und Kalzium finden!

Die Zahl der Fachleute, die unumwunden zugeben, daß derartige Artefakte und Spuren rings um die Welt gehörig am offiziellen Geschichts- und Evolutionsbild rütteln, ist bereits zu groß, um ignoriert zu werden. Mit jedem Beweis, den es nicht geben dürfte, wächst sie weiter.

Phantominseln auf hoher See

Wenn Schiffe auf offenem Meer verschwinden, muß nichts Unerklärliches im Spiel sein. Sind es aber ganze Inseln, tut man sich mit Erklärungen schon schwerer.

Es ist Mittag an einem heißen Sommertag des Jahres 1928, als der Kapitän eines 20 000-Tonnen-Luxusliners die Brücke betritt, um Kurs und Position des Schiffes im südöstlichen Pazifik zu bestimmen. In seiner Gesellschaft befinden sich zwei britische Marineoffiziere der Reserve. Sie schließen sich ihm bei dieser Routine stets an, damit sie ihre Navigationskenntnisse üben können. Nach kurzem Einsatz des Sextanten wendet sich der Kapitän der Seekarte zu, um die Längen- und Breitengrade einzutragen. Die beiden Engländer, von denen jeder eigenständig gemessen hat, sind beide zur gleichen Ortsbestimmung gekommen. Sie ist identisch mit der des Kapitäns. Die drei Männer blicken einander mit einem Ausdruck grenzenloser Verblüffung an. Dann sehen sie in stummer Übereinstimmung aus dem Fenster der Brücke, durch das ein bestimmter Teil des Ozeans sichtbar ist. Und durch das noch etwas sichtbar sein müßte, aber nicht sichtbar ist: die Osterinsel.

Nochmals vergleichen sie die Berechnungen. Sie stimmen. Das Schiff befindet sich an Ort und Stelle, nicht aber die am Ostersonntag 1722 vom holländischen Admiral Jakob Roggeveen entdeckte Insel östlich von Polynesien und 4600 Kilometer westlich von der chilenischen Küste. Kurz darauf geht die Nachricht um die Welt: Die rätselhafte Vulkaninsel mit dem polynesischen Namen *Rapanui* ist mitsamt ihren fast 1000 kolossalen Steinfiguren, *Moais* genannt, verschwunden.

Ein Kanonenboot läuft aus Valparaiso in Chile aus, um der Sache auf den Grund zu gehen. Zehn Tage später sichten die Seeleute die Osterinsel an ihrer bekannten, auf den Seekarten eingezeichneten Länge und Breite. Genau dort, wo sie hätte sein sollen, als Offiziere, Mannschaft und Passagiere des Kreuzfahrtschiffes aus wenigen hundert Meter Entfernung auf die blanke Meeresoberfläche starrten.

Die drei erloschenen Vulkankrater, von denen der höchste an die 4500 Meter hoch aufragt, sind deutlich zu erkennen, unter ihnen Rana-Kao, an dessen Fuß eine abgezirkelte, 800 Meter lange und 200 Meter breite, wie mit Sonnenfeuer geschmolzene Rille um einen *orito* genannten Hügel läuft.

Die steinernen Riesen mit ihren nicht ganz menschlichen Gesichtszügen und seltsamen Kopfbedeckungen blicken unverändert herausfordernd aus ihrer Höhe von sechs bis zwölf Metern herab. Die Besatzung des Kanonenbootes schüttelt die Köpfe und macht sich auf die Heimfahrt.

Es war nicht das erste und vielleicht auch nicht das letzte Verschwinden der Osterinsel, und sie ist nicht die einzige, die solche Bocksprünge vollführte. Phantominseln im Südpazifik – einem interessanten Fleckchen im größten der Weltmeere – sind seit über drei Jahrhunderten in der christlichen Seefahrt wohlbekannt.

So gut wie jeder Laie, der sich zum ersten Mal eingehend mit Nautik befaßt, ist verblüfft, daß die Ozeane stellenweise mit den Abkürzungen E.D. (existence doubtful; Existenz zweifelhaft) und P.D. (position doubtful; Position zweifelhaft) geradezu übersät sind.

Das hat nichts mit Eingriffen überirdischer Mächte, einem Umherwandern des Bermudadreiecks oder anderen mysteriösen Umtrieben zu tun, vielmehr mit der Schwierigkeit, gemeldete Inselchen, Untiefen, Riffe, über die Meeresoberfläche ragende Felsen und ähnliches tatsächlich zu finden und zu kartografieren. Die Satellitenbeobachtung ist ein großer Schritt nach vorne, aber völlig im Griff haben wir unsere Erde nach wie vor nicht. Weder auf dem Erdboden noch im Luftraum und schon gar nicht im Bereich der Meere, die an die 70 Prozent der Erdoberfläche bedecken. Immer noch kennt die Chronik äußerst merkwürdige Fälle.

Beispielsweise das Verschwinden der Aurora-Inseln, auf denen Edgar Allan Poes Story »Arthur Gordon Pym« spielt. Diese kleine Gruppe aus drei Inseln, die im Südatlantik etwa in der Mitte zwischen den Falklands und Süd-Georgia liegen bzw. liegen sollten, wurden 1762 erstmals von dem Walfänger »Aurora« gemeldet. In den nächsten 32 Jahren bemerkten und registrierten mehrere Schiffe die Inselgruppe, unter ihnen die »Aurora« ein zweites Mal. 1794 nahm das spanische Forschungsschiff »Atrevida« die genauestmögliche Vermessung der Auroras zum Eintrag in die Seekarten vor. Darüber hinaus wurden kartographische Zeichnungen und solche von der Topographie sowie von Fauna und Flora der Insel angefertigt. Die letzte Sichtung der Auroras findet sich in den Meldungen der englischen Brigg »Helen Baird« aus dem Jahr 1856. Danach konnten die Auroras nicht wiedergefunden werden.

Ebenso mysteriös ist die Frage nach der Existenz von Dougherty Island. Anfang des 19. Jahrhunderts lokalisierte der amerikanische Walfangkapitän Swain aus Nantucket eine Insel etwa 2600 Kilometer südwestlich von Kap Horn. Ihre Länge betrug zirka zwölf Kilometer und ihre Breite zirka vier bis fünf Kilometer. Hunderte Seehunde und Schwärme von Vögeln wurden beobachtet. Einige Jahre später sichteten die Walfängerkapitäne Gardiner und Macy die Insel an den angegebenen Längen- und Breitengraden. 1830 wurden zwei Schiffe ausgesandt, um die Insel zu erforschen. Beide Kapitäne hießen Palmer und waren Brüder. Sie konnten die Insel nicht finden.

Ganz im Gegenteil zu Kapitän Dougherty vom Walfänger »James Stewart«, der sie exakt an ihrer registrierten Position vorfand. 1859 bestätigte der englische Kapitän Keates die Angaben Kapitän Doughertys, worauf die Insel unter seinem Namen in die Seekarten aufgenommen wurde. In den Jahren 1885, 1886, 1890 und 1893 wurde Dougherty Island von mehreren Schiffen angesteuert, vermessen und elementar kartografiert. Dann verschwand die Insel.

Zwischen 1894 und 1930 war sie selbst bei idealen Wetterbedingungen weder auszumachen noch ließ sich eine Spur von ihr entdecken. Die Besatzung des Forschungsschiffes »Ruapehu« versuchte über einen Zeitraum von sechs Jahren viermal mit größter Anstrengung, jedoch erfolglos, die verschwundene Insel wiederzufinden. Der berühmte Antarktisforscher Kapitän Robert F. Scott kreuzte mehrmals über der Stelle, wo sich die Insel befinden sollte. Seine Mannschaft nahm Echolotmessungen bis zu einer Tiefe von über 5000 Metern vor, doch da war nichts. Ab 1910 folgte eine ganze Reihe von Schiffen Scotts Beispiel. Die Insel blieb verschwunden. Keine Nation hat je den Versuch gemacht, auf sie Anspruch zu erheben. Im Jahr 1932 wurde Dougherty Island wieder aus den Seekarten gestrichen, nachdem das Eiland 73 Jahre lang registriert gewesen war.

Der Journalist, Schriftsteller und Tiefseefachmann Vincent Gaddis hat in jahrelanger Recherche zahlreiche geheimgehaltene oder vergessene Berichte über eine erstaunliche Zahl von Phantominseln ausgegraben, viele davon schlummerten jahrzehntelang, manche sogar einige Jahrhunderte unbeachtet in offiziellen Archiven wie denen der U.S. Navy – sozusagen vergessene »X-Akten« der sieben Meere.

11 Wenn die Logik nicht mehr mitspielt

Die Macht der Flüche

Ist es möglich, daß Gegenstände das Unheil anziehen, daß Verwünschungen auf Menschen oder Dingen liegen – und das über Generationen hinweg? Absonderliche Unglücksserien scheinen dafür zu sprechen.

Und da ist der Stein. Glatt und groß steht er in Augusta im US-Bundesstaat Georgia, letztes Zeugnis des Sklavenmarktes, der im 19. Jahrhundert geschlossen und kurz danach von einem Hurrikan weggefegt worden war. Viele Jahre lang haben sich gefesselte menschliche Körper auf ihm gewunden, wenn schwarze Sklaven zur Bestrafung öffentlich ausgepeitscht wurden. Kurz vor der Jahrhundertwende wollen die Stadtväter diesen grauen Überrest aus einer dunklen Ära an einen anderen Platz bringen und dort als Mahnmal aufstellen lassen.

Zwei Arbeiter versuchen ihn zu bewegen, doch sie sind zu schwach. Am nächsten Tag sollen zwei besonders kräftige Männer die Sache in die Hand nehmen. Noch am selben Tag sterben die beiden erfolglosen Arbeiter an einer geheimnisvollen Vergiftung. Tags darauf packen zwei Athleten den Stein entschlossen an. Er bewegt sich, kippt plötzlich und quetscht einen der beiden zu Tode. Der andere stirbt dabei an einem Herzanfall, obgleich er von robuster Konstitution ist und ihm schreckliche Arbeitsunfälle nicht fremd sind.

Als der Vorarbeiter Jem Thomas weitere Freiwillige sucht, meldet sich niemand. »Dann mach' ich's eben selbst«, schreit er verbittert und stemmt sich wütend gegen den Stein. So groß ist sein Zorn über die »Feiglinge«, daß er den Block mit übermenschlicher Kraft tatsächlich ein Stück verrückt. Aber nicht weiter, denn in diesem Moment tritt der Savannah River aus seinem Flußbett. Die Springflut rast über das Arbeiterlager. Drei Menschen ertrinken. Jem Thomas stirbt in Folge der Überschwemmung an einer Lungenentzündung.

Bald nach Beginn unseres Jahrhunderts gibt es neue Pläne zur Verschönerung von Augusta, einschließlich der nunmehr ernsthaft in Angriff zu nehmenden Verlegung des Sklavensteins. Viele Stadtbewohner sind skeptisch. Sie meinen, das könne nicht gutgehen.

In der Tat: Die beiden Arbeiter, die diesmal dem widerspenstigen Objekt zu Leibe rücken, werden von einem Blitz getötet. Die Sache gerät abermals ins Stocken. Während noch debattiert wird, ob der Steinblock nicht auch hier ein prächtiges Mahnmal abgeben könnte, kommt ein Wanderhändler in die Stadt. Er schlägt alle Warnungen in den Wind und errichtet seinen Verkaufsstand mit dem Sklavenstein als Rückwand. Augusta ist seine Endstation, denn er stirbt nach wenigen Tagen ohne klare Todesursache.

Im Jahr 1910 erreicht die Motorisierung auch Augusta. Der erste Autofahrer, der sein knatterndes Gefährt stolz in die Stadt lenkt, verläßt sie nicht lebend. Trotz der damals möglichen bescheidenen Geschwindigkeit gelingt es ihm nicht, dem Stein auszuweichen. Der seltsame Unfall tötet den Fahrer auf der Stelle. In den vierziger Jahren überleben vier weitere Autofahrer den Zusammenstoß ihrer Fahrzeuge mit dem alten Sklavenstein nicht.

1951 erklärt ein Bauunternehmer namens Schaff, Aberglauben sei etwas für Schwachköpfe. Er verpflichtet sich zum Transport des Steines. Es kommt jedoch nicht einmal zum Versuch der Ausführung, denn der Unternehmer stürzt nach der Vertragsunterzeichnung über eine Treppe und bricht sich das Genick. Danach läßt man die Finger von dem unheimlichen grauen Block.

Steine scheinen überhaupt eine gewisse »Anfälligkeit« für Flüche aufzuweisen, sonst würde beispielsweise nicht Jahr für Jahr mehr als eine Tonne Steine an den Nationalparkdienst in Hawaii zurückgeschickt, weil die Souvenirjäger damit nicht glücklich werden. Die meisten dieser Pakete tragen keinen Absender. Manchmal traut sich ein Tourist, seinen Namen zu nennen und zu berichten, was ihm widerfuhr.

So schrieb ein Holzhändler aus El Paso in Texas, Blitzschläge hätten sein Haus getroffen, er wäre vom Dach gefallen, habe sich die Hüfte und einen Schenkel gebrochen, eine Enkelin und seine Frau seien immer wieder Attacken auf ihre Gesundheit ausgesetzt, und die Familienkatze wäre unter der Motorhaube seines Wagens eingeschlossen worden, wobei sie auf einer Seite ihr Fell eingebüßt hatte – all das erst, seit er die steinernen Andenken aus Hawaii mitgebracht hatte.

Weit Schlimmeres erlebte eine kanadische Touristin mit ihren Steinsouvenirs aus Hawaii. Kaum nach Richmond Hill, Ontario, zurückgekehrt, brach sich ihr Sohn ein Bein und entwickelte aus heiterem Himmel ein ernstes Leiden der Bauchspeicheldrüse. Ihre Mutter verstarb an Krebs, und ihr Mann kam bei einem Autounfall ums Leben. Entsetzt sandte sie die Steine zurück, worauf der Fluch endete.

Den Gipfel des Grotesken repräsentiert die Geschichte des Vizepräsidenten einer amerikanischen Luftlinie. 1977 sammelten er und seine Familie Lavasteine an den Abhängen des hawaiianischen Berges Mauna Loa. Wieder daheim in Buffalo, New York, erlitten seine zwölf und 14 Jahre alten Söhne und seine siebenjährige Tochter eine Reihe ebenso schwerer wie ausgefallener Sportverletzungen. Der dritte Sohn, elf Jahre alt, hatte – neben diversen Unfällen – einen Blinddarmdurchbruch und konnte nur in letzter Sekunde gerettet werden.

In dieser Situation erinnerte sich seine Frau der Warnung eines alten Insulaners, die Lavasteine seien verzaubert, man müsse sie dort lassen, wo sie sind. Von der sonderbaren Unfallserie weichgeklopft, sandte die Familie die Brocken an einen Freund in Hawaii mit der Bitte, sie wieder auf dem Vulkan zu verteilen. Das geschah. Danach stieß den zwei jüngeren Söhnen und der Tochter kein weiteres Unheil zu.

Der 14jährige Mark jedoch wurde weiter von körperlichem Mißgeschick heimgesucht. Schließlich gestand er, drei Lavasteine heimlich behalten zu haben. Als diese ebenfalls retourniert worden waren, ging auch Marks Alptraum nicht weiter.

Die Geschichte kann mit einer endlosen Reihe von »verfluchten« Personen, Gegenständen, Häusern, Fahrzeugen, Orten usw. aufwarten. So verursachte der Wagen, in dem das österreichische Thronfolgerehepaar 1914 in Sarajevo ermordet wurde, seither Todesfall auf Todesfall. Fast allen Bewohnern von Schloß Miramar widerfuhr ein ähnlich schreckliches Schicksal wie dem

Erbauer des weißen Palastes, dem glücklosen österreichischen Erzherzog Maximilian (bekanntlich wurde der »Kaiser von Mexiko« in diesem fernen Land hingerichtet; den Entschluß, sich die verhängnisvolle Kaiserwürde von den Franzosen aufdrängen zu lassen, faßte er im Schloß Miramar).

Der unheimliche Fluch des Hope-Diamanten machte nicht nur einmal Schlagzeilen in aller Welt. Weniger bekannt, aber vielleicht noch bizarrer ist der »verfluchte Kimon«, der im 17. Jahrhundert buchstäblich ganze Landstriche verwüstete. Nachdem drei Frauen kurz nachdem sie das Kleidungsstück erhalten hatten, gestorben waren, sollte der Kimono im Februar 1657 öffentlich verbrannt werden, um dem Fluch ein Ende zu bereiten. Fast ein Ende bereitet wurde jedoch vielmehr Tokio (damals noch Edo), denn kaum war der Kimono angesteckt, erhob sich ein heftiger Wind. Er blies das läppische Feuerchen zu einem Brand an, der rasend und unkontrolliert anwuchs. Das so entstandene Großfeuer zerstörte drei Viertel von Tokio und kostete mehr als 100 000 Japaner das Leben.

1988 schien ein Fluch die Darsteller von Steven Spielbergs »Poltergeist« zu verfolgen, der vier von ihnen das Leben kostete. Das damals jüngste der Opfer war zwölf und das älteste 53 Jahre.

Auch die Frage, ob US-Präsidenten, die in einem Jahr gewählt werden, das durch 20 teilbar ist, mit einem Fluch rechnen müssen, ist nicht so abwegig, wie sie klingen mag. Seit 1840 gibt es diese mysteriöse Serie mit Ronald Reagan an vorläufig letzter Stelle (er wurde 1980 gewählt und ein halbes Jahr später von einem Attentäter angeschossen).

Das im amerikanischen Bundesstaat New Jersey geplante, nicht ganz sechs Kilometer lange Autobahnteilstück durch das Gebiet der Stadt Deptford scheiterte weniger am Protest dagegen, daß Autos die Gräber der vor über 8000 Jahren in der Gegend ansässigen Paleo-Indianer entweihen könnten, als an der Unglücksserie bei der Arbeit an der »Route 55«.

Der Nanticoke-Indianer Carl Pierce, bzw. Wayandaga, hatte den Behördenvertretern die Rache der indianischen Vorfahren prophezeit, wenn sie den Autobahnbau durchführen würden. Das kümmerte niemanden. Die folgenden Unfälle schon: Ein Bauarbeiter wurde von einer Asphaltwalze überrollt. Ein anderer stürzte von einer Brücke, wobei er schwere Verletzungen davontrug. Ein Inspektor erlitt völlig unerwartet ein Hirnaneurysma (krankhafte Adernerweiterung), ein Arbeiter drei Herzinfarkte hintereinander. Fünf Arbeiter starben, als ein Transporter ohne erkennbaren Grund explodierte.

Vom Unheil verfolgt

Zum Fall des berühmten »verfluchten« deutschen Kriegsschiffes gibt es zwar widersprüchliche Aussagen, dennoch gilt er als Standardbeispiel für Flüche und wird in vielen Quellen angeführt.

Feierlich-dramatische Klänge dröhnen durch die Luft. Fahnen mit einem Symbol, vor dem die Welt zittert, flattern im Wind. Eine große Menschenmenge drängt sich um die Schiffswerft in Wilhelmshaven. Tausende sind gekommen, um dem großen Ereignis beizuwohnen. Wie aus einer einzigen Kehle erhebt sich ein fanatischer Ruf, als »Führer« und Reichskanzler Adolf Hitler vor den Toren der Werft erscheint, gefolgt von Göring, Himmler, Admiral Dönitz und weiterer Prominenz des Dritten Reiches.
Kaum hat das perfekt inszenierte Spektakel im schicksalhaften ersten Kriegsjahr 1939 begonnen, ist es auch schon wieder zu Ende. Eine Ordonnanz tritt an den »Führer« und seine Gefolgschaft heran. Die Meldung, die der Offizier in der ordensgeschmückten Uniform macht, bringt sogar den zu dieser Zeit mächtigsten Mann Europas für Momente aus der Fassung. Der als propagandistischer Triumph geplante Stapellauf des eben fertiggestellten deutschen Schlachtschiffes »Scharnhorst« kann nicht stattfinden, da ein wesentlicher Teilnehmer der Feierlichkeit nicht anwesend ist: die »Scharnhorst«.
In der Nacht zuvor hatte sich der stählerne Gigant von 26 000 Tonnen Gewicht selbständig gemacht und war in die Fahrrinne geglitten, wobei er zwei Barkassen zermalmte. Um die Blamage zu vertuschen, wird offiziell verlautbart, das Schlachtschiff wäre heimlich des nachts vom Stapel gelassen worden. Damit diese Notlüge mehr Substanz erhält, läßt man etwas über ein »streng geheimes Stapellauf-System« durchsickern.

Besonders wirkungsvoll sind diese Tricks allerdings nicht, denn die »Scharnhorst« steht von Anfang an in dem Ruf, ein verfluchtes Schiff zu sein. Als ihr Rumpf zu zwei Dritteln fertiggestellt war, neigte er sich ohne erkennbare Ursache zur Seite, zerquetschte 61 Werftarbeiter und verletzte 110 weitere. Ihn aufzurichten, dauerte drei Monate. Dafür mußten Arbeitskräfte abkommandiert werden, weil niemand dem verwunschenen Gebilde nahe kommen wollte. Aufgrund der herumschwirrenden Gerüchte ist die Nazi-Beschönigungspropaganda in diesem Fall nicht sonderlich effektiv.

Ein Fluch liegt auf der »Scharnhorst«, diese Volksmeinung läßt sich nicht unterlaufen. Dennoch: Verwunschen oder nicht, schließlich schwimmt sie auf See. Gemeinsam mit ihrem Schwesterschiff »Gneisenau« soll die »Scharnhorst« eine wesentliche Rolle im Seekrieg spielen. Der Fluch jedoch, so scheint es, hat dies verhindert.

Während der Beschießung von Gdingen in Polen explodiert eines der mächtigen 28-Zentimeter-Langrohrgeschütze. Dabei sterben neun Soldaten. Zwölf weitere finden den Tod, als die Sauerstoffversorgung in einem Geschützturm ohne Ursache versagt.

Bei der Belagerung von Oslo ein Jahr später erhält die »Scharnhorst« mehr Treffer als alle übrigen Schiffe des deutschen Flottenverbandes zusammen. Mit über 30 Bränden an Bord muß sie von der »Gneisenau« aus dem Feuerbereich der Küstenartillerie geschleppt werden.

Bei der Rückkehr in den Elbehafen, wo das »verfluchte Schlachtschiff« repariert werden soll, rammt es unerklärlicherweise eines der größten Linienschiffe Deutschlands. Der Liner sinkt und bleibt für den Rest des Krieges im Schlick stecken, wo alliierte Kampfflugzeuge ihn in Stücke bomben.

Nach umfangreichen Wiederinstandsetzungsarbeiten läuft die »Scharnhorst« 1943 in die Nordsee aus, um vor der Küste Norwegens englische Konvois anzugreifen, die mit Hilfsgütern nach Rußland unterwegs sind. Dabei übersehen die deutschen Seeleute ein britisches Patrouillenboot, das mit Motorschaden festliegt. Dieses alarmiert die englische Flotte.

Ein Duell auf See beginnt. Nach kurzem Feuerwechsel setzt sich die »Scharnhorst« von ihren langsameren Gegnern ab, die mehr und mehr zurückfallen. Obwohl die Engländer über Radar verfügen und die Deutschen nur über Funkmeß, ist die Breitseite völlig ungezielt, die das Schlachtschiff »Duke of York« dem flüchtenden Gegner über eine Entfernung von nunmehr bereits mehr als 15 Kilometer nachschickt.

Diese auf gut Glück abgefeuerte Salve wäre in der Tiefe des Eismeeres versunken, hätte die »Scharnhorst« nicht im richtigen Moment und mit geradezu mathematischer Präzision genau in die Feuerlinie gedreht. Sie wird voll getroffen und gerät in Brand. Innerhalb von Minuten versinkt das mächtige Schlachtschiff nach weiteren Treffern am 25. Dezember 1943 auf der Höhe des Nordkaps in den arktischen Fluten. 36 Überlebende der 1800-Mann-Besatzung werden von den Engländern aus dem eisigen Wasser gefischt und gefangengenommen.

Zwei Matrosen der »Scharnhorst« retten sich in einem Schlauchboot zur Küste. Sie entgehen der Kriegsgefangenschaft, nicht aber dem Fluch. Monate später findet man ihre Leichen. Die Explosion ihres kleinen Not-Ölofens hat sie getötet.

Weniger bekannt als die »Scharnhorst« sind die zwei großen Unglücksschiffe des 19. Jahrhunderts, »Hinemoa« und »Great Eastern«. Beide weisen eine Lebensgeschichte auf, deren makabre Begleitumstände keinerlei Kontroversen hervorgerufen haben – nur Staunen.

Die »Hinemoa« hatte sechs Kapitäne. Der erste wurde verrückt, der zweite war ein Verbrecher, der dritte Alkoholiker, der vierte wurde tot in seiner Kabine aufgefunden, der fünfte beging Selbstmord und unter dem sechsten strandete der Dampfer.

Noch bizarrer ist das Schicksal der »Great Eastern«. Schon beim Bau des damals größten Passagierdampfers der Welt, des »Wunders der Meere«, folgte Mißgeschick auf Mißgeschick. Das ruinierte gezählte sechs Reedereien. Während der Fahrt durch den Ärmelkanal explodierte der Schornstein. Fünf Männer starben, der Schaden war beträchtlich. Einmal riß das Schiff sich los und trieb aufs offene Meer, dann ertranken der Kapitän, der Steuermann und der neunjährige Sohn des Zahlmeisters, als sie an Bord gehen wollten. Passagiere blieben aus, denn die Unglücksserie ging unvermindert weiter. Das »Wunder der Meere« beschloß seine Tage unrühmlich als Werbefläche für eine Teemarke.

Fast hundert Jahre später hätte der Öltanker »Scenic« mit der

»Great Eastern« als größtem schwimmenden Unglücksmagnet der zivilen Schiffahrt in Konkurrenz treten können.

Die »Scenic« wurde 1965 gebaut und brannte 1980 auf ihrem Weg nach Mexiko total aus. In der dazwischenliegenden Zeit brachte sie es auf eine schier unglaubliche Anzahl von Unglücksfällen. Die Vorkommnisse, die nicht mit Nachlässigkeit, schlechtem Material oder gar Zufall erklärt werden können, sind in den Unterlagen der US-Küstenwache festgehalten. Kurz nach der Fertigstellung der »Scenic« brach in ihrem Maschinenraum ein Feuer aus. Es folgte eine Unzahl weiterer Katastrophen, darunter diverse Brände, die Zerstörung mehrerer Dockanlagen und Bojen, zahlreiche Ölaustritte und Kollisionen. Vor Alexandria lief sie sogar völlig unmotiviert auf Grund.

Niemand vermag zu sagen, was es mit solchen »Flüchen« auf sich hat. Vertreter esoterisch-okkulter Standpunkte sprechen von astralen, teuflischen, gespenstischen und dämonischen Einflüssen. Naturwissenschaftlich Orientierte ziehen das »Gesetz des Zufalls«, Synchronizität oder ähnliche Formulierungen vor. Im Grunde lassen sich beide Betrachtungsweisen auf dieselbe Aussage bringen: Nichts Genaues weiß man nicht.

Die Macht des Zufalls

Das Wort Zufall ist jedermann vertraut, obwohl es im Grunde nur aussagt, daß es Naturgesetze gibt, die wir nicht ergründen können: die rätselhaften, aber allgegenwärtigen »Zufallsgesetze«.

Historiker fragen sich immer noch, was Napoleon Bonaparte wohl veranlaßt haben mag, als Kind in sein Schulheft die schicksalsträchtigen Worte zu kritzeln: »St. Helena, eine kleine Insel«, und geben auch gleich die Antwort. Es war *der Zufall*. Er hatte wohl auch bei einer anderen Episode im Leben des Franzosenkaisers seine schattenhafte Hand im Spiel.

Auf dem Höhepunkt seiner Macht ritt Napoleon an der Spitze einer Truppeneinheit durch das besetzte Österreich. Eine idyllische Landschaft in der Nähe von Baden bei Wien erregte seine Bewunderung. Spontan bemerkte er zu Marshall Berthie: »Es müßte herrlich sein, an diesem Ort, im Tal von St. Helena, sein Leben zu beschließen.« Er tat diesen Ausspruch (ohne zu wissen, wo er sich befand) im Helenental, das nach einer kleinen Kirche benannt ist, die der heiligen Helena geweiht ist.

Es wimmelt jedoch auch im Leben weniger berühmter Persönlichkeiten von derartig bizarren Übereinstimmungen. Der österreichische Biologe Paul Kammerer, der sich mit statistischen Forschungen beschäftige, stieß auf eine Reihe solcher Seltsamkeiten.

Besonders beeindruckte ihn die Geschichte eines Franzosen mit Namen Dechamps, der jahrzehntelang von einem Rosinenpudding regelrecht verfolgt wurde. Als kleiner Junge erhielt Dechamps in Orléans von einem gewissen Monsieur de Fortgibu ein Stück Rosinenpudding. Zehn Jahre später wollte Dechamps im einem Pariser Restaurant eine Portion Rosinenpudding bestellen. Dies war jedoch nicht möglich, da der ganze Pudding für einen Monsieur de Fortgibu reserviert war. Nochmals viele Jahre danach wurde Dechamps zu einem speziellen Rosinenpudding-Essen eingeladen. Während er speiste, sagte er zu seinen Freunden, jetzt fehle lediglich Monsieur de Fortgibu. In diesem Augenblick öffnete sich die Tür, und ein sehr alter, bereits vom Tode gezeichneter Mann erschien. Es war der Betreffende, von dem Dechamps eben gesprochen hatte. Fortgibu hatte jedoch keine Einladung gehabt, sondern eine falsche Adresse erhalten und war unerwartet in die tafelnde Gesellschaft hineingeplatzt.

Ähnlich unerklärliche Verknüpfungen mögen vielleicht der Grund dafür sein, daß eine Sphinx von einer Mauer auf den amerikanischen Autor Robert Anton Wilson herunterlächelte, als er auf dem Patio des Dalkey Castle-Hotels einen Drink einnahm. Wilson war einer Einladung des Baseler Sphinx-Verlags nachgekommen, einen Artikel über Sphinxe zu schreiben.

Wem dies zu vage, zu persönlich gefärbt erscheint, der kann sich durch ebenso erstaunliche wie groteske Beispiele davon überzeugen, daß Personen, Dinge und Vorgänge vielleicht tatsächlich durch Ähnlichkeit miteinander verbunden sind, wie es der

Schweizer Psychologe C. G. Jung in seiner »Synchronizitäts-lehre« provokant formulierte.

Den Begriff Synchronizität entwickelte Jung stufenweise in den dreißiger Jahren. 1930 sagte er bei einer Gedenkrede für den eben verstorbenen Richard Wilhelm, einen berühmten Sinologen, Erforscher chinesischen Denkens und Übersetzer des »I Ging«-Orakels: »Die Wissenschaft des ›I Ging‹ beruht nicht auf dem Kausalitätsprinzip, sondern auf einem bisher namenlosen, weil unbekannten Prinzip, das ich versuchsweise ›synchronistisches Prinzip‹ nennen möchte.« Auch viele Sinologen sind der Ansicht, in den Weissagungen des jahrtausendealten »I Ging-Orakel« würde die chinesische Sicht der Synchronizität ihre am weitesten entwickelte philosophische Ausprägung finden.

Fünf Jahre später prägte C. G. Jung die endgültige Bezeichnung bei einer Vorlesung in der Londoner Tavistock-Klinik mit den Worten: »Tao kann alles sein. Ich schlage ein anderes Wort vor, armselig, wie es auch sein mag. Ich will es *Synchronizität* nennen.«

Ein gern zitiertes Beispiel für eine Synchronizität ist der klassische »Skarabäus«-Zwischenfall aus Jungs Therapiepraxis. Im Zuge einer Sitzung berichtete die Patientin, eine junge Frau, über einen Traum, in dem ihr ein Skarabäus oder Rosenkäfer (*Cetonia aurata*) erschienen sei. Dabei ertönte ein Klopfen am Fenster. Als der Psychologe es öffnete, um nachzusehen, flog ein Skarabäus in den Raum herein. Ein wahrhaft seltsamer »Zufall«, aber beileibe nicht der seltsamste.

Synchronizitäten können auch weniger dramatisch, dafür aber nicht weniger frappierend sein. So kam beispielsweise der englische Wissenschaftler Sir Peter Scott bei seiner Katalogisierung von Flora und Fauna zu der Ansicht, das legendäre, nicht dingfest zu machende Loch Ness-Ungeheuer könne ohne einen lateinischen Fachterminus nicht korrekt zu Buche gebracht werden. Völlig ernsthaft registrierte er die ausweichende Seeschlange unter dem Begriff *Nessiteras rhomobteryx*. Verblüffenderweise lassen sich die Buchstaben der »Nessie« verliehenen lateinischen Klassifizierung so umreihen, daß folgender Satz entsteht: *Monster Hoax by Sir Peter S.* (Monster-Fälschung durch Sir Peter S.). Ganz schöner Zufall, oder?

Ein kosmischer Joker?

Eine amerikanische Redensart sagt treffend, der einzige Unterschied zwischen Realität und Fiktion wäre, daß die Fiktion einen Sinn ergeben muß. Die Frage nach Sinn oder Unsinn der Realität führt oft zu einer weiteren, zu der Frage, ob hinter der Realität etwas Mysteriöses am Werk ist.

Der amerikanische Psychologe und Sachbuchautor Dr. Lawrence LeShan diskutiert 1967 mit Dr. Nina Ridenour den Entwurf seines neuen Buches über Mystizismus. Seine Bekannte empfiehlt ihm als wichtiges Grundlagenwerk »The Vision of Asia« von L. A. Cranmer-Byng. Dr. LeShan macht sich sofort auf die Suche nach dem genannten Buch. Es ist vergriffen und schwer zu beschaffen. Mehrere große und gut ausgestattete Buchhandlungen besitzen kein einziges Exemplar und können beim besten Willen auch keines besorgen.

Ärgerlich darüber geht der Autor nach dem letzten Fehlversuch nicht direkt zu seiner Wohnung, sondern schlendert in Gedanken herum. Dabei steigt er beinahe auf ein Buch, das direkt vor ihm auf dem Gehsteig liegt. Es ist Byngs »The Vision of Asia«.

Wohl jeder von uns hat schon mit seltsamen »Zufällen« oder »Koinzidenzen« (zwei im Grunde nichtssagende Worte für groteske Zusammenhänge) Bekanntschaft gemacht. Als Einzelfall lassen sie sich achselzuckend abtun, betrachtet man sie in ihrer Gesamtheit, kann einen schon das Gefühl beschleichen, irgendwer oder irgendwas würde absurde Spielchen mit uns und unserer »vernünftigen Wirklichkeit« treiben; vielleicht der in Esoterik und New Age seit einiger Zeit herumgeisternde »Kosmische Joker«? Man braucht nur einige Beispiele Revue passieren zu lassen, um zumindest am eigenen Verstand zu zweifeln:

Der amerikanische Park-Ranger Roy C. Sullivan wurde achtmal hintereinander vom Blitz getroffen und jedesmal etwas schwerer verletzt als zuvor. Den neunten Treffer wartete er nicht ab, sondern tötete sich selbst. Sullivan ist nicht der einzige Mensch, der von Blitzen verfolgt wurde oder wird.

Der englische Schauspieler Lindsay, der den Beatle John Lennon in der BBC-Dokumentation »A Day in the Life« spielen sollte, verlor seine Rolle, als Lennons Witwe Yoko Ono entdeckte, daß

Lindsays richtiger Name Mark Chapmann war, genau wie der von John Lennons Mörder.

1985 fuhr der Engländer John Stott seinen Wagen zu Schrott. Der Unfall wurde von Sergeant Walter Stott aufgenommen und von der Versicherungsbeamtin Tina Stott untersucht. Keine dieser Personen war mit einer der anderen verwandt.

Am 5. Dezember 1660 sank ein Schiff in der Straße von Dover. Es gab nur einen Überlebenden namens Hugh Williams. 1780, abermals exakt am 5. Dezember, ging wieder ein Schiff in der Straße von Dover unter. Ein Mann überlebte. Sein Name: Hugh Williams. Am 5. August 1820 kenterte ein Picknickboot auf der Themse. Alle ertranken, ausgenommen der fünfjährige Hugh Williams. Am 10. Juli 1940 lief ein britischer Trawler auf eine deutsche Mine. Keine Überlebenden, bis auf zwei Männer, Onkel und Neffe, beide mit Namen Hugh Williams.

Im Winter 1970 verbrachte der Holländer Eric Jansen, der im englischen Yorkshire arbeitete, mit seiner Freundin ein Wochenende an den Seen um Keswick. Auf dem Weg dorthin fragte ein Autofahrer Jansen nach dem Weg. Der Fragesteller war gleichfalls ein Holländer und hieß Eric Jansen. Im Hotel, wo das Paar wohnte, bediente eine Kellnerin aus Jansens Heimatstadt, und die einzigen anderen Gäste waren eine holländische Familie, unter ihnen ein Mann namens Eric Jansen.

Bei den Vorbereitungen zum »D-Day«, der Landung der Alliierten, die schließlich am 6. Juni 1944 in der Normandie erfolgte, wurden die heute aus zahlreichen Filmen, Büchern usw. wohlbekannten Codewörter der Landungsabschnitte »Juno«, »Sword«, »Gold«, »Utah« und »Omaha« ebenso geheimgehalten wie das amerikanische Manhattan-Projekt zum Bau der Atombombe. Dessenungeachtet tauchten exakt die Begriffe »Juno«, »Sword« usw. noch vor der Invasion in Kreuzworträtseln des »Daily Telegraph« auf.

Die aufgescheuchten Behörden verhörten den Schuldirektor Leonard Dawes, der seit 20 Jahren die Kreuzworträtsel für den Telegraph entwarf, nach Strich und Faden, konnten jedoch keinerlei verräterische Hintergründe entdecken. Schließlich glaubte man ihm, die Geheimbezeichnungen seien ihm »zufällig eingefallen«.

Eine ganze Kette haarsträubender Synchronizitäten entfaltet sich rund um einen Falkenkopf, genauer gesagt um den falkenähnlichen Kopf des ägyptischen Gottes Horus. Der Wissenschaftler Saul-Paul Sirag, Vizepräsident einer Forschungsgruppe für die Verbindung von Physik und Bewußtsein, hatte einige Tests mit Uri Geller durchgeführt. Einmal wollte Sirag herausfinden, ob er in einem veränderten Bewußtseinszustand das unsichtbare außerirdische Wesen wahrnehmen könnte, von dem der berühmte Israeli gemeint hatte, es stünde gelegentlich hinter ihm. Zu diesem Zweck nahm Sirag LSD ein. Im Laufe dieses Selbstversuchs sah er den Kopf eines Falken. Dr. Andrija Purich, der Autor des Buches »Uri«, erwähnte bei mehreren Gelegenheiten, Uri Geller würde seinen außerirdischen »Partner« als Falken identifizieren und ihn »Horus« nennen.

Sechs Monate nach Sirags LSD-Experiment prangte exakt dieser Falkenkopf gemeinsam mit einem menschlichen Gesicht auf dem Cover von Sirags Lieblingsmagazin »Analog«, um die Story »Der Auftrag des Horus« herauszustellen. Das menschliche Antlitz gehörte dem texanischen Medium Ray Stanford, einem Mann, der übersinnliche Erfahrungen mit Uri Geller und einem Falken(!) gehabt haben wollte.

Den Gipfel dieses absurden Chaos bildet die Tatsache, daß der Titelbildillustrator und bekannte Science-fiction-Zeichner Kelly Freas, der Stanfords Züge mit dem Falken auf der Titelseite zusammenkomponiert hatte, dem Texaner nie begegnet war. Stanfords Gesicht war ihm »zufällig in den Sinn gekommen«.

Angesichts solcher geballter Absurditäten nimmt es nicht wunder, daß für manche Menschen das Wort »Zufall« der inhaltsleerste aller Begriffe ist. Dazu paßt ein bizarr klingendes, ebenso ernstgemeintes wie Hilflosigkeit verratendes Statement nach einem Test. Nachdem ein Mr. Hubert E. Pearce alle 25 Rhine/Zener-Karten richtig »erraten« hatte (was einer Zufallsunwahrscheinlichkeit von 1:300 Billiarden entspricht), fiel der Satz: »So ein Zufall ist auch schon wieder ein Zufall.«

Charles Hoy Fort, der berühmteste aller Chronisten des Unerklärlichen, ging etwas weiter. Er meinte: »Irgend etwas spielt mit uns«, und brachte diese Ansicht schließlich als Kernaussage seines Lebenswerks radikalisiert auf den Punkt: »Wir sind Eigentum.«

Lebendige Bilder

Sind Gemälde wirklich nur Farben und Leinwand? Eine nicht ganz unberechtigte Frage, denn manchmal legen Bilder ein unheimliches Eigenleben an den Tag.

Die erste Porträtbestellung bei André Marcellin, einem französischen Porträtmaler, der 1907 in Paris zu malen begann, war die Abbildung eines bekannten Filmmagnaten. Zwei Tage nach Fertigstellung starb der Porträtierte ohne medizinisch feststellbare Ursache.

Dieser Vorgang wiederholte sich bei der nächsten Auftragsarbeit, sogar die Frist von zwei Tagen blieb gleich. Daraufhin beschloß der Künstler, keine Lebenden mehr zu malen.

Diesen Vorsatz hielt Marcellin solange durch, wie seine Weigerung ohne Fragen akzeptiert wurde. Ein besonders Hartnäckiger wollte es genau wissen. Nachdem der Meister mit der Geschichte herausgerückt war, warf ihm der Mann Aberglauben vor und bestand auf einem Porträt; Fluch oder nicht Fluch. Nach langem Zureden willigte der junge Künstler ein. Dieser Kunde lebte einen Tag länger als seine Vorgänger, er starb erst drei Tage nach der Ablieferung des Bildes.

In den Frühjahrstagen des Jahres 1913 feierte André Marcellin Verlobung mit der bezaubernden Françoise Noël. Seine Auserwählte wollte unbedingt von ihm porträtiert werden. Zuerst versuchte er sich herauszureden. Als seine Ausflüchte nicht mehr fruchteten und das junge Mädchen mit Entlobung drohte, beschwor er Noël, ihn nicht weiter zu bedrängen, weil er sie nicht gefährden wollte. Damit stieß er bei ihr auf Unglauben, der nur noch verbisseneres Bitten zur Folge hatte.

Schließlich völlig in die Enge getrieben, willigte Marcellin ein. Eine Woche später – lange vor Vollendung des Bildes – starb Françoise Noël. Todesursache wie immer unbekannt. Völlig gebrochen beging der junge Maler den wohl originellsten Selbstmord aller Zeiten: Er porträtierte sich selbst. Vier Tage nach Fertigstellung des Selbstbildnisses, am 2. Januar 1914, schlug auch sein letztes Stündlein.

Eine unheimliche Story, besonders durch den Umstand, daß unbewußte parapsychologische Fähigkeiten des Malers nicht hinter

dem »tödlichen Porträts« stecken können. Marcellins Ableben
ließ die Rätsel nämlich nicht enden

Die letzten Opfer der bizarren Serie, die sich ohne abzureißen
bis in unsere Tage fortsetzt, waren ein römischer Geschäftsmann
und seine Familie. Der Mann erwarb einen Marcellin vor einigen Jahren bei einer Versteigerung in einem Mailänder Auk-
tionshaus und hängte das Bild daheim in seinem Arbeitszimmer
auf. Einen Monat später starb er, unmittelbar gefolgt von seiner
Frau. Kurz darauf hatte der Sohn der beiden einen schweren
Autounfall.

Ein Ereignis im Rahmen der morbiden Vorgänge um die
Gemälde von Marcellin weist darauf hin, daß nicht nur die von
ihm auf Leinwand Festgehaltenen vom Unheil verfolgt waren.
1912 brannte in Turin ein Haus bis auf die Grundmauern nieder. Vier Menschen kamen in dem Inferno um. Das Feuer war in
einem Raum aus ungeklärter Ursache ausgebrochen und hatte
alle darin befindlichen Bilder restlos zerstört. Bis auf eines: ein
Bild des heiligen Christophorus, gemalt von André Marcellin.

In aller Welt existieren etwa 20 Gemälde dieses nicht sehr bekannten Künstlers. Alle seine Bilder machten ihren Besitzern das
Leben schwer, zumeist beendeten sie es.

Eine Reihe von Fällen, in denen Bilder eine bizarre Rolle spielten, zeigen, daß sie beileibe keine toten Gegenstände sein müssen, mehr noch, daß irgendwer oder irgendwas sich gelegentlich
mit ihnen auf unerklärliche Weise befaßt. So pinselte beispielsweise 1978 in Madaba in Jordanien vor den Augen der zahlreichen Angehörigen einer kirchlichen Kongregation eine unsichtbare Hand einer Madonnendarstellung auf einer griechisch-
orthodoxen Ikone einen dritten Arm dazu.

Oscar Wildes berühmter Roman »Das Bildnis des Dorian Gray«,
in welcher der Porträtierte ewig jung bleibt, während sein Bild
für ihn altert, ist nicht nur eine literarische Parabel, sondern wi-
derspiegelt alte Legenden und Überlieferungen von »lebenden«
Bildern oder mysterienumwölkten Bildern.

Eines der bekanntesten und rätselhaftesten ist die lebensgroße
Abbildung der »Heiligen Jungfrau von Guadalupe«, das 1531
auf geheimnisvolle Weise auf dem Umhang (Tilma) eines azte-
kischen Bauern projiziert worden sein soll, als ihm die Heilige Jungfrau auf einem Hügel namens Tepeyac erschien. Seither

sind immer mehr exotische Eigenschaften des rätselhaften »Gemäldes« offenbar geworden, die selbst High-Tech-Computeranalysen erfolgreich trotzen.

Die Rache eines Schiffes

Vergraben in den Bergen von Unterlagen der christlichen
Seefahrt finden sich zahllose Berichte über »Geisterschiffe«.
Kaum einer ist so bizarr wie der von der nachtragenden
»Frigorifique«.

In dem undurchdringlichen Nebel, der am 19. März 1884 vor der nordfranzösischen Küste lag, dampften zwei Schiffe einer ebenso denkwürdigen wie unerklärlichen Reihe von Begegnungen entgegen.

Das eine war die »Frigorifique«, das erste französische Schiff mit einer Kühlanlage an Bord. Sie hatte Pasajes in Spanien verlassen und wollte nach Rouen. Verborgen vom Nebel bewegte sich das englische Kohlenschif »Rumney« auf die »Frigorifique« zu.

Die »Rumney« kam aus ihrem Heimathafen Cardiff, Bestimmungsziel La Rochelle. An Bord des französischen Dampfers vernahmen Kapitän Roul Lambert und seine Mannschaft eine weit entfernte Sirene, konnten ihre Position aber nicht bestimmen. Der Kapitän ließ die Maschinen anhalten und zur Warnung dreimal pfeifen. Kein Laut antwortete. Daraufhin nahm das französische Schiff wieder Fahrt auf, wobei seine Glocke ununterbrochen angeschlagen wurde.

Plötzlich schrillte Steuerbord ein lautes Pfeifen, begleitet vom Dröhnen schwerer Maschinen. Aus dem Nebel kam ein schwarzes Ungetüm hervor, das direkt auf die »Frigorifique« zusteuerte.

Verzweifelt versuchte der Steuermann, die Kollision zu vermeiden. Zu spät. Der Zusammenstoß erschütterte beide Schiffe wie eine Explosion. Das Kreischen deformierten und reißenden Metalls dröhnte den geschockten Seeleuten in den Ohren. Von der Wucht der »Rumney« wurde der französische Dampfer abgebremst und schlingerte mit eingedrückter Bordwand und heftiger Schlagseite nach Backbord. Kapitän Lambert befahl die Mannschaft der »Frigorifique« ins Rettungsboot. Damit setzten die Seeleute zur minimal beschädigten »Rumney« über, wo sie an Bord genommen wurden.

Der Nebel verschlang das schwer angeschlagene französische Schiff. Das war für Kapitän Roul Lambert fast ein Trost, so mußte er das unmittelbar bevorstehende Versinken seines Schiffes wenigstens nicht mitansehen.

Der englische Kohlenfrachter hatte die Stelle der Kollision bereits über drei Kilometer hinter sich gelassen, als der Kapitän der »Rumney«, John Turner, einen dunklen Umriß in den Nebelschwaden wahrnahm. Er sah aus wie ein Schiff, bewegte sich aber lautlos. Sekunden später rief der Ausguck: »Schiff an Steuerbord.«

Wie in einer geisterhaften Wiederholung des vorhergegangenen Unglücks tauchte ein Schiffsbug aus dem Nebel auf. Mit mathematischer Genauigkeit steuerte das totenstille Phantom auf die »Rumney« zu. Das unheimliche Gefährt war die »Frigorifique«. »Hart Steuerbord!« befahl Turner. Buchstäblich im letzten Augenblick gelang das Ausweichmanöver. Wie eine Kreuzung aus der Rachegöttin Nemesis und dem Fliegenden Holländer glitt das französische Schiff vorbei, abermals in den Nebel hinein.

Während der Weiterfahrt diskutierten die beiden Kapitäne den seltsamen Vorfall. Nach allen Naturgesetzen hätte sich die »Frigorifique« bereits auf dem Meeresboden befinden müssen. Turners Vermutung, es könnte sich vielleicht um ein anderes, ähnlich aussehendes Schiff gehandelt haben, widersprach Lambert entschieden: »Ich kenne mein Schiff.«

Kurze Zeit später meldete der Ausguck wieder ein fremdes Schiff. Wie hypnotisiert starrten alle in die treibenden Nebelfetzen. Was da auf sie zukam, *konnte* es nicht geben. Es *mußte* eine Illusion sein. Die folgenden Ereignisse bewiesen das Gegenteil.

Turner ordnete einen Ausweichkurs in weitem Rückwärtsbogen an. Das Manöver konnte nicht ausgeführt werden, denn die »Frigorifique« schnitt der »Rumney« den Weg ab. Ein Schlag ließ den Kohlentransporter erzittern – Kollision! Danach verschwand der Angreifer abermals im wirbelndem Nebel.

Die »Rumney« war zum Untergang verurteilt. Durch den Riß,

den der Rammstoß der »Frigorifique« verursacht hatte, drang Wasser in den Lade- und Maschinenraum. Der englische Frachter begann zu sinken; auf den Meeresgrund geschickt von einem Schiff, das – wäre alles mit rechten Dingen zugegangen – selbst schon einige Zeit dort liegen sollte.

In fieberhafter Eile wurden zwei Rettungsboote zu Wasser gelassen. In ihnen drängten sich die Besatzungen der beiden Unglücksschiffe zusammen. Hinter ihnen richtete sich das Heck der weidwunden »Rumney« steil auf, ehe sie in den dunklen Tiefen verschwand. Die Rettungsboote nahmen direkten Kurs auf die nächste Küstenstelle. Eine Viertelstunde später hatten sie die Nebelregion verlassen. Vor ihnen erstreckte sich die freie, spiegelglatte See mit der nahen Küste.

Plötzlich kam auch die »Frigorifique« aus der ausgedehnten Nebelbank hervor. Sie zog einen weiten Bogen, wobei ihre Bahn immer schwankender wurde.

Kapitän Turner vergewisserte sich bei seinem französischen Kollegen, daß wirklich niemand an Bord der »Frigorifique« zurückgeblieben war. Dann meinte er: »Versuchen wir das Schiff zu entern. Vielleicht können wir es in einen Hafen bringen.«

Nach mehreren Anläufen gelang es, die Boote an der »Frigorifique« festzumachen. Beide Kapitäne und einige Freiwillige kletterten an Bord. Laut rufend durchsuchten sie die »Frigorifique«. Sie war leer. Zu retten war sie allerdings nicht. Der letzte Zusammenstoß hatte auch ihr den Rest gegeben. Als ein bedrohliches Rumpeln und Gluckern aus den Tiefen der »Frigorifique« drang, mußte Kapitän Lambert noch einmal den Befehl zur Evakuierung geben. Diesmal versank sein Schiff in den Fluten.

Die Besatzungen beider Schiffe, die nun wieder vollzählig in den Booten waren, hatten ein unheimliches Gefühl, als sich die Wasseroberfläche über der »Frigorifique« schloß. Es schien, als würde das Schiff nun in Ruhe »sterben«, nachdem es seinen Gegner als ersten auf Grund gesetzt hatte.

Als die Rache eines Schiffes ging der Vorfall auch in die Annalen der Seefahrt ein, die seit Jahrhunderten mit einer Reihe ähnlich bizarrer Geschehnisse aufwarten kann – von verfluchten bis zu geisterhaften Schiffen.

Im letzten Krieg gab es nicht nur den schon erwähnten, strittigen Fall der »Scharnhorst«, sondern auch Phantome auf hoher

See, mit denen beispielsweise deutsche Seeleute unliebsame Bekanntschaft gemacht zu haben scheinen, Begegnungen nicht weniger unheimlich als die mit der »rachsüchtigen« »Frigorifique«. Von Großadmiral Karl Dönitz, dem Chef der U-Boot-Flotte, wird eine Meldung über ein Geisterschiff kolportiert, dem U-Bootfahrer östlich von Suez begegnet sein sollen. Sie lautete: »Die U-Bootmänner ziehen es vor, lieber der vereinten Stärke alliierter Kriegsschiffe im Nordatlanik entgegenzutreten als dem Terror einer zweiten Begegnung mit dem Phantomschiff.«

12   Verborgenes Wissen

Eine rätselhafte Erfindung

*Seit der Antike versuchen Menschen das »Perpetuum mobile«
zu konstruieren, und ebenso lange erklären die Fachleute,
daß dies unmöglich sei. Trotzdem scheint vor über einem
Vierteljahrtausend ein Mann etwas erfunden zu haben, das
dieser legendären Maschine nahe kommt, die ohne Energiever-
lust Arbeit leistet.*

Die Gelehrten, die das kleine Haus im Städtchen Gera verlassen,
machen kein Hehl aus ihrer Verärgerung. Obwohl sie aus den ver-
schiedensten deutschen Fürstentümern angereist waren, um das
Werk des 32jährigen Johann Bessler unter die Lupe zu nehmen,
hatten sie dazu keine Gelegenheit bekommen. Der junge Erfinder
war ihnen feindselig gegenübergetreten. Nach seiner Ansicht betrie-
ben sie – nicht er – Scharlatanerie. Eine Ungeheuerlichkeit. Der
Mann war ein Betrüger, daran konnte es keinen Zweifel geben.
War er das wirklich? Die Geschichte des Sachsen Johann Bessler,
der im Jahr 1712 seinen Mitbürgern ein »selbstbewegliches
Rad« präsentierte, das aus eigener Kraft rotierte und kleine Gewichte heben konnte, ohne in seinem Lauf abzunehmen, ist
eines der großen Fragezeichen in der Chronik menschlichen Er-
findungsgeistes. Besslers »Prototyp« hatte einen Durchmesser
von zehn Zentimetern. Nach Zeugenaussagen blieb es in Dre-
hung, sobald es in eine solche versetzt worden war.
Im darauffolgenden Jahr trat Johann Bessler in Leipzig mit
einem Großmodell an die Öffentlichkeit. Dieses Rad wies beein-
druckende 1,8 Meter im Durchmesser auf, war 30 Zentimeter
dick und mit Stoff verkleidet. Einmal in Gang gesetzt, rotierte es
unablässig mit einer Geschwindigkeit von etwa 26 Umdrehun-
gen in der Minute. Dabei drangen polternde Laute aus dem
stoffverkleideten Inneren. Es klang, als ob Gewichte in einem
rollenden Faß herumkollerten.

Wie nicht anders zu erwarten, wurden Zweifel laut. Um sie ein für allemal zu zerstreuen, bot Bessler eine Prüfung seiner Erfindung an. Die Demonstration fand am 31. Oktober 1715 statt.

Elf ebenso qualifizierte wie honorige Bürger untersuchten das Rad auf Herz und Nieren und unterwarfen es einigen Tests. Im Dezember gaben sie einen gemeinsamen Bericht heraus, in dem Beachtliches zu lesen ist, beispielsweise: »Die Maschine von Johann Bessler ist ein echtes Perpetuum mobile ... Sie läuft aus eigener Kraft und kann nur mit Gewalt angehalten werden ... Sie leistet Arbeit, etwa das Heben einer Kiste mit Steinen im Gewicht von 35 Kilogramm.«

Dieses Gutachten brachte Besslers Gegner nicht zum Schweigen. Sie zogen ihn und seine Konstruktion weiter ins Lächerliche. Währenddessen rotierte das geschmähte Rad, von allen Disputen unberührt, Tag und Nacht mit gleichbleibender Geschwindigkeit.

All das erregte 1716 die Aufmerksamkeit des Grafen Karl Landgrave des Fürstentums Hessen-Kassel. Er nahm den exzentrischen und mittellosen Erfinder in seine Obhut. Johann Bessler erhielt eine gute Stellung in der Stadtverwaltung und die Gelegenheit, ein noch größeres Rad zu bauen. Dies tat er dann auch im Gartenhaus von Schloß Weißenstein unter größten Sicherheitsvorkehrungen. Einer der Soldaten des Grafen bewachte das Häuschen Tag und Nacht, damit niemand das Konstruktionsgeheimnis stehlen konnte. Der mißtrauische Bessler ließ den gräflichen Wächter durch einen Mann eigener Wahl zusätzlich überwachen.

Schließlich war das »Riesenrad« vollendet und nahm seinen Dienst auf. Ohne jede Ermüdungserscheinung rotierte es vor sich hin und verrichtete zahlreiche Arbeiten, eine unschätzbare Hilfe zu einer Zeit, in der Muskelkraft von Mensch und Tier die hauptsächliche Energiequelle war. Besslers Kritiker waren nicht weniger ausdauernd.

So weigerte sich der Leipziger Mathematiker Claus Wagner beharrlich, auch nur einen Blick auf das Gerät zu werfen, da er seine Unmöglichkeit berechnet hatte. Legionen von Uhrmachern behaupteten, Besslers Maschine mit Hilfe von Zahnrädern und Sprungfedern duplizieren zu können, keiner von ihnen tat es jedoch.

Diese Auseinandersetzung zwang schließlich Graf Karl dazu, Stellung zu beziehen, da hinter vorgehaltener Hand Zweifel am Geisteszustand von Besslers Gönner geäußert wurden. Im Oktober 1717 wurde das 3,6 Meter durchmessende Rad in einen großen Raum von Schloß Weißenstein gebracht, wo es inmitten eines beträchtlichen Freiraums um seine Achse schwang. Diverse Kontrollmaßnahmen sollten Betrug nach menschlichem Ermessen unmöglich machen. Die Untersuchung durch mehrere Professoren, Doktoren, Physiker, Mechaniker und andere Fachleute sowie mehrere Adelige und Bürger fand am 12. November statt.

Man untersuchte das Rad von allen Seiten, ließ es Gewichte heben und stellte fest, daß die Rotation dabei nicht abnahm. Schließlich erfolgte die Nagelprobe. Der Saal, in dem sich das Rad unvermindert drehte, wurde verschlossen, versiegelt und bewacht. Vierzehn Tage später wurden die unversehrten Siegel gebrochen und die Türen geöffnet. Das Rad rotierte nach wie vor.

Die Verblüffung war so groß, daß man sich zur Wiederholung entschloß. Also nochmals versiegeln. Am 4. Januar 1718 erschien das Komitee ein drittes Mal, und siehe da: Das Rad drehte sich immer noch. Damit erlosch der Rest von Zweifel. Der Bericht der Kommission erklärte die Echtheit der Erfindung.

Die Untersuchung der Teile des Rades konnte zwar keinen Hinweis auf die Kraftquelle liefern, entkräftete jedoch jeden Verdacht auf Manipulation. Ein Mitglied der Kommission, Professor Gravesande, schrieb sogar in diesem Sinne an Sir Isaac Newton. Trotzdem gab es nie eine offizielle Anerkennung der Erfindung und schon gar nicht des Erfinders.

Das Ende von Besslers Rad war dramatisch. Immer mehr verbittert, zerschlug er seine Konstruktion und verließ den Grafen. Als Johann Bessler im November 1745 nach ruheloser Wanderschaft starb, konnte niemand sagen, ob er das Geheimnis des einzigen jemals existierenden Perpetuum mobiles mit ins Grab nahm oder nicht. In den Jahrhunderten seither ist es weder Millionen Genies mit Rechenschiebern, noch weltumspannenden Großkonzernen mit unbegrenzten Geldmitteln gelungen, etwas Vergleichbares zu erfinden.

Der Kampf um die freie Energie

Fossile Brennstoffe sind schmutzig. Sie vergiften Erde,
Luft und Wasser. Schon bei ihrer Förderung und Erzeugung
machen sie Stunk. Und das Schlimmste von allem: Sie
sind begrenzt. Dabei ginge es ganz anders, wenn man unkon-
ventionellen Forschern glauben will.

Bei der 1993er Erfindermesse in Pasadena, Kalifornien, hantierte der Nuklearphysiker Nelson Camus in aller Öffentlichkeit mit Körpersäften – und niemand war moralisch entrüstet. Allerdings hatte der Neffe des berühmten französischen Philosophen Albert Camus bei der Demonstration seiner revolutionären »Urin-Batterie« (nicht zu verwechseln mit Uran-Batterie) auch keinerlei obszöne Schlüpfrigkeiten im Sinne.

Nachdem ihm Teilnehmer freiwillig »Betriebsstoff« für seine harnbetriebene Batterie zur Verfügung gestellt hatten, erzeugte Camus damit genügend Strom, um einen Fernseher, eine Stereoanlage und eine 100-Watt-Lampe in Gang zu halten. Als Beweis dafür, daß alles mit rechten Dingen zuging, öffnete er einen Hahn. Der Urin floß ab, und die elektrischen Einrichtungen stellten ihre Funktion ein. Weiter erklärte er, zweimaliges Filtern des Urins würde ausreichen, um reines Trinkwasser zu erzeugen.

Abwasserverwertungsanlagen benötigen dazu in der Regel 27 Filtrierungsvorgänge. Nach seinen Forschungen müßte man mit 22 Litern Urin 5000 Watt erzeugen können, genug, um einen normalen Haushalt eine Woche lang mit Energie zu versorgen. Kurioserweise sollte sich dieser Output durch reichlichen Zusatz von Knoblauch und Zwiebeln sogar noch verdreifachen lassen.

Besagte Urin-Batterie, »Nithium« genannt, ist nicht das einzige Standbein neuartiger Energieerzeugungsprozesse, an denen der Kernphysiker arbeitet. Camus vermutet auch in »schwarzem Wasser«, also in völlig ungereinigtem Abwasser, verborgene Energiequellen, die weit sauberer sind als jene, die wir für sauber halten.

Wenn solche exotischen Energielieferanten tatsächlich existieren, wäre ihr Verhältnis von Aufwand zu Energiegewinn um ein Vielfaches günstiger als bei Sonnenenergie, Windkraft, geothermischer Energie, Gezeitenkräften und ähnlichen Alternativen.

Derzeit experimentieren große Autohersteller unter Millionenaufwand mit dem legendären Wasserstoffantrieb. Er basiert darauf, daß ein Katalysator, üblicherweise Platin, den in einer Zelle gespeicherten Wasserstoff in positiv geladene Atome und negativ geladene Elektronen aufspaltet. Letztere liefern die Antriebsenergie. Einige Elektronen kehren in die Zelle zurück, wo sie sich mit Sauerstoff zu Wasser verbinden, dem einzigen, absolut sauberen Abfallprodukt.

Ohne Riesenindustrie und Unsummen scheint dem Engländer Archie Blue vor 20 Jahren ähnliches gelungen zu sein. Nach Zeitungsberichten adaptierte er seinen Leyland Mini auf Wasser-Treibstoff, mit welchem das Gefährt eine Reichweite von 160 Kilometer pro Tankfüllung bei einer Durchschnittsgeschwindigkeit von 72 Stundenkilometern und einem Wasserverbrauch von 4,5 Litern auf 100 Kilometer geschafft haben soll.

Wozu in die Ferne schweifen? Auch in deutschsprachigen Landen war und ist man den Geheimnissen der »Wasserenergie« auf der Spur. In den letzten Jahren machte der Österreicher Johann Grander zunehmend von sich reden.

Bereits in den sechziger Jahren verbrachte der 1930 geborene Grander soviel Zeit er konnte in den Bergen, wo er über die Umweltverschmutzung und die Gefahren des benzinbetriebenen Verkehrs nachdachte. Ab 1974 wurde er beim Bau von Almhütten durch die natürliche Umgebung inspiriert, diesen Gedankengang intensiver zu verfolgen.

1989 kaufte er die 1926 stillgelegte einzige private Kupfer- und Silbermine Österreichs und verwandelte das Bergwerk in eine Fremdenverkehrsattraktion. Er begann Mineralerze und kosmische Strahlung zu erforschen.

Wie bereits der Österreicher Viktor Schauberger im ersten Drittel unseres Jahrhunderts, stellte Grander fest, daß Wasser unglaubliche Kräfte besitzt. Er baute ein »Wasserbelebungsgerät«, das auf »magnetische Weise« das Wasser aus einer Quelle tief im Berg »belebte«.

Aufgrund der verblüffenden Wirkung von Granders »lebendem Wasser« stürzten sich Medien und Wissenschaftler darauf. Es soll keinerlei Betrug festgestellt worden sein, dafür aber Erstaunliches. Im Grander-Wasser verteilen sich Bakterien, die in einem Filter angesetzt werden, wie Eisenfeilspäne entlang von

Kraftlinien eines Magneten. Normalerweise ist ihre Verteilung völlig ungeordnet.

Zahlreiche Reaktionen aus der Öffentlichkeit bejahen die erstaunlichen Fähigkeiten von Grander-Wasser. Einzelpersonen, Unternehmen, Institutionen gaben an, Granders Wasserbelebungsgerät an Wasserleitungen angeschlossen zu haben, worauf das »belebte«, vormals normale Leitungswasser Krankheiten geheilt oder die Milchproduktion in Rinderzuchtbetrieben gesteigert habe, in Leitungen seien weniger Ablagerungen aufgetreten und ähnliche Phänomene mehr.

Parallel zur Wasserbelebungstechnik entwickelte Grander über mehrere Jahrzehnte hinweg seinen Magnetmotor, der ohne elektrischen Anschluß oder Batterien (kosmische) Energie oder Vitalkraft produziert haben soll. Laut Grander sollen sich die raffiniert angeordneten, mit einer Speziallegierung überzogenen Magnete gegenseitig zu immer höheren Schwingungsfrequenzen aufschaukeln.

Es wird beklagt, sein Patentantrag sei mit dem Hinweis abgeschmettert worden, auf Erfindungen, die bestehenden Produkten schaden, würde kein Patent erteilt werden. Der österreichische Erfinder, dem die Autorin Jeane Manning ein ganzes Kapitel in ihrem Buch »Freie Energie – Die Revolution des 21. Jahrhunderts« gewidmet hat, wird im fernen Osten durchaus geschätzt.

Es wird berichtet, daß Granders Partner in Hongkong die Eisenbahngesellschaft der Volksrepublik China dafür gewinnen konnte, Granders magnetischen *Eco-Kat* zu testen. Dem Leiter der chinesischen Maschinenbauforschungsabteilung zufolge seien durch Granders Behandlung von Flüssigbrennstoffen die Emissionen vermindert, der Brennstoffverbrauch gesenkt und die Zugleistung gesteigert worden.

Symbol- und Galionsfigur für alle, die hoffen, daß die Menschheit spät, aber nicht *zu* spät, saubere freie Energie nutzen wird, ist der berühmte »Erfinder des 20. Jahrhunderts«, Dr. Nikola Tesla (1856–1943), dessen Werk erst jetzt mehr und mehr aus dem Dunkel des Vergessens geholt wird. Und damit auch die tragische Geschichte seines Lebens im Zentrum des Kampfes gegensätzlicher Interessen, der üblicherweise von der Größe der Brieftasche entschieden wird.

Während der idealistische Erfinder auf Millionen von Dollar verzichtete, um einem Freund aus der Patsche zu helfen, und davon träumte, der Menschheit Wohlstand und Frieden durch billigste Energie zu schenken, war für andere der elektrische Strom in der Hauptsache eine unerschöpfliche Einnahmequelle.

Teslas ungewöhnliche Spule für Elektromagneten (Patent Nr. 512 340 aus dem Jahr 1894) sollte in der Lage sein, Energie aus der Luft »abzupumpen« und damit ganze Städte zu erleuchten. Tesla plante, freie Energie »einzufangen«. Er wollte ein Transportsystem errichten, das elektrische Energie kostenlos, ohne materielles Trägermedium wie Stromkabel, mittels Resonanzphänomenen (eine seiner Spezialitäten) in alle Welt transportieren sollte.

Seine Konkurrenten wollten Teslas Wechselstromsystem, um die Erde mit Strommasten, kilometerlangen Kabeln, Transformatoren und Umspannwerken zu überziehen. Sie wollten Flüsse aufstauen, Kraftwerke bauen, jedes Fleckchen der Zivilisation elektrifizieren und Stromzähler in jedem Haus installieren. Genauso sieht die Welt heute aus.

Teslas Finanziers hatten ihn fallenlassen. Seine wahren Leistungen sind fast zur Gänze aus der offiziellen Geschichtschreibung verschwunden, im Gegensatz zu seinen unleugbaren Verschrobenheiten, über die in allen Einzelheiten berichtet wird.

In den letzten Jahren scheint Nikola Tesla die Anerkennung zu bekommen, die er verdient – und die Menschheit damit vielleicht eine letzte Chance, der Falle aus fossiler und atomarer Energieerzeugung zu entrinnen.

Der Vergessene, der das 20. Jahrhundert erfand

Ohne ihn wäre die Erde ein industrielles Dorf. Hätte die Menschheit seine genialen Erkenntnisse verwirklicht, könnte die Welt frei von Energieproblemen und vielleicht sogar von Kriegen sein.

Als an einem bislang ruhigen Morgen im Jahr 1896 aus heiterem Himmel die Erde im Bereich der Houston und Mulberry Street heftig zu beben beginnt, werden Zehntausende New Yorker von eisigem Schrecken ergriffen. Die Vibrationen sind stärker als alle bisher erlebten Erdstöße und breiten sich weiter und weiter aus. Sie erfassen einen Bereich von Dutzenden Häuserblocks. Dort scheint die Hölle ihre Pforten geöffnet zu haben.

Ein Donnern und Krachen erfüllt die Luft, vermischt mit dem Geräusch berstender und herunterstürzender Fensterscheiben, zerreißender Rohre, ausströmendem Dampf und einem Chor entsetzter Stimmen. In den Räumen tanzen nichtbefestigte Gegenstände, Mörtel und Putz regnet von Wänden und Plafonds, sogar tonnenschwere Maschinen wandern in Fabrikhallen von ihren Plätzen.

Auch die Bewohner des langgestreckten, vierstöckigen Ziegelgebäudes in der Mulberry Street, das unweit des »Epizentrums« liegt, spüren, wie der Boden unter ihren Füßen schwankt. Schreibutensilien hüpfen, Wasser sprudelt aus einer geborstenen Leitung. Fensterscheiben beginnen zu singen, eine zerbirst krachend. Gipsstaub rieselt auf den Boden, auf Tische und Sessel, auf die Uniformen der Männer.

Die Mannschaft der Polizeistation weiß sofort, daß es sich nicht um ein natürliches Beben handeln kann – und sie ist sich ziemlich sicher, wer mit größter Wahrscheinlichkeit für die Schockwellen verantwortlich ist. »Das ist der Verrückte«, schreit der leitende Polizeioffizier. »Einsatzgruppe los. Haltet ihn auf, wenn's sein muß, mit Gewalt.«

Mehrere »Cops« eilen auf die Straße. Sie rennen um die Ecke, vorbei an den Menschen, die schutzsuchend ihre Häuser verlassen. Ohne langsamer zu werden, rasen die Beamten in das Gebäude 46 East Houston Street, das besonders heftig schwingt. Sie lassen den Aufzug links liegen und hasten die Treppe hinauf bis ins letzte Stockwerk, das wie eine riesige Glocke schwingt. Je näher sie dem unheimlichen Laboratorium kommen, um so heftiger werden die Schockwellen. Eine schreckliche Katastrophe liegt in der Luft. Das Haus scheint kurz vor dem Auseinanderfliegen zu stehen. Hoffentlich kommen sie nicht zu spät.

Mit ihren Schultern werfen sich die zwei führenden Polizisten gegen die Tür und brechen sie auf. Die Einsatzgruppe stürmt in den großen Raum. Genau in dem Augenblick ersterben die Vibrationen und das Getöse. Totenstille, nichts rührt sich. Nur das Knistern sich wieder entspannender Materialien ist zu hören.

Verwirrt und hilflos starren die Uniformierten auf den fast zwei Meter großen, hageren Mann, der eben eine kleine Metallapparatur mit einem Hammer zertrümmert hat, die an der einzigen und tragenden Säule des Laboratoriums befestigt ist.

»Es tut mir sehr leid, Gentlemen«, sagt der seltsame Mann mit dem Hammer, »aber Sie sind zu spät gekommen, um meinem Experiment beizuwohnen. Es ist zu kraftvoll ausgefallen, darum mußte ich es auf etwas unorthodoxe Weise vorzeitig beenden.« Er hebt erklärend den Hammer und fährt dann im Plauderton fort: »Sollte ich eine Wiederholung vornehmen, werde ich Sie gerne vorher verständigen. Und jetzt entschuldigen Sie mich bitte. Einen schönen Tag, meine Herren.« Damit wendet sich Nikola Tesla, der aus dem fernen Europa eingewanderte Erfinder, von den Polizisten ab, die nicht wissen, ob sie wachen oder träumen.

Diese Episode ist nur eine im facettenreichen Leben des vergessenen Genies, das – so meinen heutzutage viele – buchstäblich »das 20. Jahrhundert erfunden hat«.

Das Funktionsprinzip seines winzigen Oszillators, der geradezu titanische Resonanzphänomene hervorrufen konnte, ist ebenso verlorengegangen wie das Rätsel seiner energiespendenden Türme, die noch lange nach seinem Tod im Jahr 1943 wie Symbole unverstandenen Wissens auf einigen amerikanischen Ebenen in die Luft ragten. Eines Wissens, das bei voller Anwendung der Menschheit unglaubliche Fortschritte hätte bringen und großes Leid hätte ersparen können.

Der am 10. Juli 1856 im kleinen Ort Lika der damaligen Österreichisch-Ungarischen Monarchie, später Jugoslawien, geborene Nikola Tesla war eindeutig mehr als »nur« einer der grandiosesten Erfinder aller Zeiten, er war im wahrsten Wortsinn ein Mann von morgen. Einer, der Undenkbares dachte, verborgene Prinzipien entdeckte und wie ein antiker Gott ein Füllhorn an Geschenken über die Menschheit ausgoß.

Tesla, nicht Edison, entwickelte das heute weltweit verwendete Wechselstromsystem. Tesla, nicht Marconi, erfand das Radio. Tesla legte bereits vor 100 Jahren die Grundlagen für die Computertechnik, den Satellitenfunk und die Raumfahrt.

Tesla war der erste, der Wechselstrom und grundlegende mechanische Prinzipien nutzbar machen konnte. Er erfand das Elektronenmikroskop und die Leuchtstoffröhren. Er war ein einsamer Funkpionier und verwendete Radar 70 Jahre vor allen anderen. Er schlug den Nobelpreis aus und bot am Vorabend des Zweiten Weltkrieges »Telekraftstrahlen« zur ultimativen Verteidigung an. Die Erfindung, die möglicherweise den Zweiten Weltkrieg verhindert hätte, da sie Länder buchstäblich unangreifbar machen sollte, wurde ausgeschlagen und ist heute noch geheim.

Auch wenn sich wenige dessen bewußt sind, ist jede Hochspannungsleitung, jeder Generator und Dynamo, jedes Kraftwerk, im Grunde jede Maschine ein zeitloses Denkmal dieses außergewöhnlichen Genies, das noch weit mehr zu geben gehabt hätte und auch praktisch vorführte; darunter drahtlose Kraftübertragung in die fernsten Winkel der Welt, geodynamische Energiegewinnung durch bloßen Kontakt mit dem Erdboden oder sparsamere und hellere Lichtquellen, als wir sie heute besitzen. Tesla verstand es sogar, den gesamten Erdball als gigantischen Resonanzkörper einzusetzen, und er produzierte in seinen Labors Energiebälle (Kugelblitze) am laufenden Band, deren Erzeugung Plasmaforschern unserer Tage unmöglich ist.

Nikola Tesla träumte von einer besseren Welt, doch ein großer Teil seiner Unterlagen verschwand in geheimen Militär- und Staatsarchiven. Nikola Tesla träumte von einer Welt ohne Not und ohne Grenzen, doch seine von ihm der Menschheit angebotene »freie Energie« wurde ebensowenig genutzt wie die von ihm konzipierten geothermischen Kraftwerke, weil all das – wie es heißt – die Anwendung von Atomkraft ausschloß.

Nikola Tesla experimentierte mit geladenen Teilchen, die durch hohe Spannungen beschleunigt und gleichgerichtet wurden, statt dessen setzte man auf Lasertechnik. Und Nikola Tesla träumte von einem Kontakt zu Außerirdischen, aber seine diesbezüglichen Erkenntnisse verschwanden in der »Tesla-Akte«, die das FBI 1943 schloß.

Sich Nikola Teslas nur mit dem dürren Hinweis auf den nach ihm benannten Tesla-Transformator zur Erzeugung hochfrequenten Wechselstroms und der Einheit des magnetischen Flusses »Tesla« in Fachbüchern zu erinnern, wird seiner fast übermenschlichen Person und seinem titanischen Lebenswerk nicht einmal andeutungsweise gerecht.

Der Mann, zu dem sein Blut sprach

Unzählige Mythen ranken sich um unseren Lebenssaft.
Die Wissenschaft betrachtet ihn nüchterner. Dennoch gibt es
Blutphänomene, die in beiden Bereichen angesiedelt zu sein
scheinen: im Mystischen und Praktischen.

»Das nächste Mal, wenn ich einen Schmerz in meinem Arm verspüre, werde ich mir die genaue Uhrzeit aufschreiben. Das wird der Beweis sein.« Dieser kryptische Satz, den der Brite Frederick George Lee in den zwanziger Jahren unseres Jahrhunderts zu einem Arzt des Middlesex-Krankenhauses in London spricht, ist der Auftakt zu einem der seltsamsten Vorgänge, mit denen sich die Medizin jemals auseinandersetzen mußte.

Weder vorher noch nach Lees Tod findet sich Vergleichbares. Der junge Engländer, der in der Kartei des Krankenhauses als regelmäßiger Blutspender aufscheint, klagt über einen wiederkehrenden stechenden Schmerz. Dieser durchzuckt in unterschiedlichen Zeitabständen jenen Arm, aus dem ihm sein Blut abgezapft wird. Anfangs gibt es keine Erklärung, auch sämtliche Untersuchungen erbringen nichts.

Bis Lee aus einer Intuition heraus die Frage stellt, ob vielleicht eine der Personen, die von ihm Blut erhalten haben, zu einem der Zeitpunkte gestorben ist, als ihn sein Arm schmerzte.

Tatsächlich fiel das Ableben eines Empfängers von Lees Blut mit einer der Schmerzattacken zusammen, auch wenn sich eine mögliche Gleichzeitigkeit nicht mehr exakt feststellen ließ. Das konnte Zufall sein. Um Gewißheit zu haben, notierte Frederick George Lee von nun an Tag, Stunde und Minute, an denen sich sein Arm meldete. Schon das nächste Auftreten des Schmerzes fällt präzise mit dem Todeszeitpunkt eines Mannes zusammen, der von Lee Blut bekommen hat. Der Fall soll nicht der einzige bleiben.

Im Verlauf von drei Jahren spendet Lee im Middlesex-Krankenhaus 24 Personen Blut. Sieben davon schließen in diesem Beobachtungszeitraum für immer die Augen. Jedesmal registrierte Lee genau in der Sekunde ihres Todes den mittlerweile bekannten starken Schmerz, begleitet von momentaner Depression und Verwirrung.

In ihrer Ausgabe vom 7. September 1925 kommentiert das Magazin »Time« das seltsame Geschehen als besonders exotisches Telepathieexperiment ohne Parallele. Fachleute, die auf Lees Fall stoßen, sind sich nicht einig, ob es tatsächlich in der Todessekunde zu einer Gedankenübertragung zwischen dem Sterbenden und dem Blutspender kommt – wobei das übertragene Blut »lediglich« die Rolle des Übermittlers spielt – oder ob Lees Blut auf unerklärliche Weise mental mit ihm auch außerhalb des Körpers verbunden bleibt, so daß es ihm den Tod des neuen Wirtes irgendwie »meldet«. Eines aber scheint unstrittig: Lee hatte zu seinem Blut eine ungewöhnliche Beziehung.

Ohne jemals von Lee gehört zu haben, wollte ein Zeitgenosse des seltsamen Blutspenders die geheimen Kräfte des Blutes praktisch nutzen, und zwar im fernen Amerika. Das gelang ihm anscheinend in der Tat, doch sein Erfolg sollte ihm zum Verhängnis werden.

1924 starb der Neurologe Albert Abrams verkannt, verbittert und als Scharlatan gebrandmarkt in den USA. Sein »Verbrechen« hatte offenbar darin bestanden, eine unorthodoxe Methode entwickelt zu haben, die es ermöglichte, mittels eines Gerätes zur Messung des elektrischen Widerstandes aus einem einzigen Blutstropfen erstaunlich genau zu diagnostizieren, ob der Betreffende an Krebs litt und sogar, an welcher Krebsart. Das *konnte* nicht gutgehen.

Da außer Dr. Abrams niemand mit seiner berühmt-berüchtigten »Black Box«, wie die Apparatur genannt wurde, zu Rande kam und Blut nach offizieller Lesart keine Strahlung von sich gibt, die man messen und auswerten könnte, war sein Niedergang geradezu vorausprogrammiert – Erfolge hin oder her.

Jahre später wurde die Abrams-Methode von der Chiropraktikerin Ruth Drown aufgegriffen und verbessert. Ihre Ergebnisse waren verblüffend exakt. Wie von vielen erwartet, wurde Ruth Drown des Betrugs angeklagt und ins Gefängnis geworfen. Ihre Aufzeichnungen und Apparate wurden 1951 zerstört. Nach langer Haft wurde sie mit 72 Jahren aus Altersgründen entlassen und starb nach wenigen Tagen in der Freiheit an einem Schlaganfall. Allen Widrigkeiten zum Trotz ging die *Abrams/Drown-Methode* nicht verloren.

Der englische Ingenieur George de la Warr entwickelte das Technische weiter und startete die Produktion der »Abrams/Drown/ de la Warr-Maschine«, die bis zum heutigen Tage in unterschiedlichen Ausführungen in Gebrauch ist. Die Anwender nennen die benutzte Methode *Radionik*.

Sie sind felsenfest davon überzeugt, daß mit dieser einfachen Vorrichtung, die ein frei schwebendes Pendel enthält, so etwas wie Fernheilung in Gang gesetzt werden kann. Dazu soll es nicht mehr bedürfen als eines Blutstropfens des zu Heilenden auf einem Löschpapier. Im mysteriösen Zusammenwirken von Pendel und getrocknetem Blut kommt es dann – so die Überzeugung, die von erstaunlichen Resultaten genährt wird – zur Reparatur der gestörten Energiemuster des fernen Patienten.

Blut war stets ein ganz besonderer Saft, wie Überlieferungen und Legenden rund um die Welt beweisen. So ist beispielsweise auf Mindanao, auf den Marshall-Inseln, auf Samoa und den Chatham-Inseln immer noch der uralte Glaube lebendig, die gesamte Menschheit würde auf ein einziges Blutklümpchen zurückgehen. Der babylonische Stadt- und spätere Reichsgott *Marduk*, der auch in Assyrien verehrt wurde, hat nach der Sage die Gerinnungskraft seines eigenen Blutes verwendet, um das Menschengeschlecht hervorzubringen, während der ägyptische Gott *Rê* bzw. *Ra* sich sogar selbst entmannt haben soll, um mit dem Blut aus der Wunde die Menschen zu schaffen.

Blut war also nicht nur immer schon dicker als Wasser, sondern wurde auch weit mehr mystifiziert – vom Blutopfer bis zum Transfusionsverbot, an dem manche Glaubensgemeinschaften heute noch festhalten.

Lichtsignale im menschlichen Körper

Das Funktionieren lebender Systeme ist vielen heute noch ein Rätsel – dabei könnte bereits vor über 70 Jahren der Ansatz zu seiner Lösung gefunden worden sein.

Über dem Laboratorium von Alexander Gurwitsch liegt fast greifbare Spannung. Man schreibt das Jahr 1923. Der russische Physiker bereitet ein Experiment vor, dessen Ergebnisse sich als so revolutionär erweisen sollen, daß die Wissenschaft mehrere Jahrzehnte lang damit nichts anzufangen wissen wird.

Gurwitsch tritt an den Tisch heran, auf dem seine Versuchsobjekte stehen. Es sind die Wurzeln zweier schlichter Zwiebelkeimlinge, die in einem Abstand von wenigen Zentimetern auf einer Tasse mit einem dünnen Nährboden nebeneinander eingepflanzt sind. Der Wissenschaftler nimmt einige Messungen vor und vergleicht sie mit seinen tabellarischen Aufzeichnungen. Tatsächlich, es ist, wie er vermutete: Jeder der beiden Keime hat das Wachstum des anderen beeinflußt, obgleich sie streng voneinander getrennt sind.

Damit geht das Experiment in seine zweite Phase. Gurwitsch montiert eine Platte Fensterglas zwischen den Keimen; ein für alles Materielle und auch für Strahlungen bestimmter Wellenlängen absolut undurchdringliches Hindernis. Tage vergehen. Bei der nächsten Überprüfung zeigt sich eine neue Entwicklung: Das Wachstum der Keime differiert deutlich. Offensichtlich beeinflussen sie einander nicht mehr.

Nun tauscht der Russe die Platte aus gewöhnlichem Fensterglas gegen eine solche aus Quarzglas. Einige Tage später zeigt sich klar und deutlich eine abermalige Angleichung der Wachstumsrate. Die gegenseitige Beeinflussung mußte sofort nach Anbringung der Quarzglas-Barriere wieder eingesetzt haben.

Für den russischen Physiker, der sich selbst als *Bio-Physiker* bezeichnet, ist klar, daß der immaterielle Kontakt etwas mit jenem UV-Licht zu tun haben muß, das Quarzglas schon, handelsübliches Glas aber nicht durchdringen kann. Er gibt der Strahlung, die später nach ihrem Entdecker »Gurwitsch-Strahlung« genannt wird, die Bezeichnung »mitogene Strahlung«, scheint sie doch die Mitoserate (Zellteilungsrate) zu steuern. Für ihn ist klar, daß diese Erkenntnis das biologische Weltbild revolutionieren muß. Damit hat er recht, doch zu seinem Unglück sind die Meßgeräte der zwanziger Jahre nicht in der Lage, eine Zellstrahlung zu registrieren, die zehnmillionenmal schwächer ist als die Biolumineszenz von Glühwürmchen.

Es dauert über fünf Jahrzehnte, bis die Gurwitsch-Strahlen eindeutig festgestellt werden können. 1975 weist der deutsche Physiker Bernd Ruth – ein Mitarbeiter des renommierten Marburger Biophysikers Dr. Fritz A. Popp – nach, daß biologische Systeme aller Art ultraschwache Photonen (Lichtteilchen) aussenden.

Nahezu zeitgleich veröffentlichen die sowjetischen Wissenschaftler S. Stschurin, V. P. Kaznacheev und L. Michailowa einen Bericht über eine Großserie von mehr als 5000 einschlägigen Versuchen. Diese Testreihe beweist, daß lebende Zellen mittels Photonen im UV-Bereich biologische Informationen weitergeben.

Die Konsequenzen sind atemberaubend. Alle Weiterungen können noch gar nicht abgesehen werden. Festzustehen scheint: Die geheimnisvollen Signale, die im Körper das Zellwachstum steuern und die Neubildung der pro Sekunde absterbenden zehn Millionen Zellen so exakt regulieren, daß wir weder schrumpfen und dahinschwinden noch wie »das Ding aus einer anderen Welt« als wabernder Zellbrei unsere Form verändern, sind nicht die immer wieder herangezogenen chemischen Botenstoffe.

Diese Substanzen wären für eine solche Feinarbeit viel zu langsam und unscharf. Nein, das Kommunikationsmittel der Zellen ist schlicht und einfach – *Licht!*

Werden die Lichtteilchen bei ihrer Übertragungsaufgabe behindert, kommt es zu Mißbildungen und Krankheiten, bis hin zu Krebs. Die Krebsgeißel entpuppt sich damit als chronische Verständigungsstörung der Zellen, soll heißen: Verfälschte Informationen bewirken chaotisch wuchernde Zellproduktion.

Einige Zeilen aus dem Buch von Dr. Fritz A. Popp »Die Biologie des Lichts« bringen es auf den Punkt: »Normal lebende Zellen senden einen gleichmäßigen Strom von Photonen aus. Dieser Strom ändert sich abrupt, wenn ein Virus in die Zelle eindringt: Strahlungsausbruch – Schweigen – erneuter Ausbruch – langsames Abklingen der Strahlung in mehreren Wellen, bis zum Tod der Zelle. Das erinnert fast an Schmerzensschreie eines Tieres.«

Die Biophysiker können auch mit Beweisen für ihre aufsehenerregende Theorie aufwarten. Beispielsweise ist es eine Tatsache, daß die Ganzkörperdosis an Strahlung, die ausreicht, um einen Menschen zu töten, in derselben Größenordnung liegt wie die Energie der Gesamt-Bioinformationen (totaler Informationszusammenbruch ist gleich Tod).

Nicht weniger bedeutend scheint der Umstand, daß viele canzerogene Substanzen UV-Strahlung stören. Besonders signifikant darunter ist 3,4-Benzypren, das zu den am stärksten krebserregenden Stoffen gehört, während 1,2-Benzypren gänzlich harmlos ist. Von der Anordnung eines Benzolrings abgesehen, besteht der einzige Unterschied zwischen beiden Benzyprenen in einer völlig unterschiedlichen Absorptions- und Wiederausstrahlungsfähigkeit für UV-Licht.

Biophysiker sind heute schon in der Lage, durch Messung des ultraschwachen menschlichen Lichtfeldes Krebsvorausdiagnosen zu erstellen, die weit über den sonst üblichen Prognosen liegen.

Gute und böse Orte

Seit einigen Jahren ist es im Westen schick geworden, den Lebensbereich nach der chinesischen Methode des Feng shui (Wind und Wasser) einzurichten. Den wenigsten ist aber bewußt, daß diese Lehre der Verbundenheit des Menschen mit seiner Umgebung weit mehr vermittelt als Folklore, gemischt mit Aberglauben. Weil es nicht gleichgültig ist, in welcher Umgebung man sich befindet.

Als der britische Biologe, Anthropologe und Buchautor Dr. Lyall Watson im Jahr 1978 in Florida vorübergehend seine Zelte aufschlagen will, um gemeinsam mit einem Künstler an dem Buch »Whales of the World« zu arbeiten – das 1981 erscheint –, ahnt er nicht, daß ihm dabei ein Erlebnis der besonderen Art bevorsteht.

Da sein Koautor in Palm Beach wohnt, sucht Watson in der exklusiven Gegend eine Bleibe, wobei er sich nach einer Wohnstatt mit Charakter umsieht, die sich von den unpersönlichen hochpreisigen Anwesen unterscheidet. Ein kleines Holzhaus aus früheren Tagen inmitten eines wildwachsenden Gartens scheint diese Voraussetzungen zu erfüllen.

Watson mietet es schnellentschlossen. Noch am selben Tag beginnt er die Arbeit. Dabei sitzt er hinter einem Tisch, der vor einer großen Glastür im Stil französischer Fenster steht und einen Ausblick auf den kleinen Hof des Hauses bietet. Einige Tage schreitet die Arbeit zügig und ohne Ablenkungen voran. Bis der Autor an einem Nachmittag aufblickt und ein kleines

Mädchen vor dem Fenster stehen sieht. Das Kind ist um die zehn Jahre alt, trägt ein altmodisch wirkendes Kleid und hat die blonden Haare zu einem Knoten gebunden.

Im ersten Moment ist Watson verblüfft. Wie war die Kleine in den Hof gekommen? Der einzige Zugang ist die Glastür, vor der er sitzt. Dann durchzuckt ihn brennendheiß die Erkenntnis: Er sieht nicht ein Mädchen im Hof, sondern das Spiegelbild eines Mädchens, das sich *im Zimmer* befindet. Direkt hinter ihm. Wie von der Tarantel gestochen, springt er auf und fährt herum. Niemand steht hinter ihm. Der Raum ist leer. Auch die Spiegelung ist verschwunden.

Das Erlebnis irritiert den Autor für den Rest des Tages. Schließlich hält er es für eine Halluzination, hervorgerufen durch Überarbeitung. Höchste Zeit, sich einmal richtig auszuschlafen. Daraus wird nichts, denn mitten in der Nacht legt sich eine Hand auf Watsons Schulter. Schlagartig ist er hellwach und setzt sich mit einem Ruck auf. Neben seinem Bett steht das Kind vom Nachmittag, klar erkennbar im schwachen Licht, das ins Schlafzimmer dringt. Hektisch tastet Watson nach dem Schalter für die Nachttischlampe. Als er ihn gefunden hat und Helligkeit den Raum erfüllt, ist kein kleines Mädchen zu sehen. Er ist allein in einem Haus mit abgeschlossenen Türen. Ein unheimliches Gefühl beschleicht ihn.

Am nächsten Morgen sucht Watson den Immobilienmakler auf, bei dem er das Haus gemietet hat. Obwohl ihm völlig klar ist, wie sich das anhören muß, deutet er nach gewundenen Vorreden die Möglichkeit an, er könnte das Haus gemeinsam mit einem Geist bewohnen. Sein Gesprächspartner zeigt sich verständnisvoller, als es der Umgang mit exzentrischen Kunden verlangen würde. Wieso, wird schnell klar.

Der Makler erklärt Watson, das Haus wäre überhaupt nur deswegen verfügbar gewesen, weil der Vormieter unerwartet nach drei Tagen wieder ausgezogen war, wobei er als Grund angab, es würde spuken. Man hatte das aber nicht ernstgenommen. Der Mann war nicht mehr der jüngste und trank bekanntlich gerne einen über den Durst. Auf seinen Wunsch erhält Watson die neue Adresse des Vormieters. Er macht sich sofort auf den Weg dorthin.

Der Betreffende ist Kunstmaler und weder seniler als andere seines Alters noch Alkoholiker. Als Watson den Grund seines Besuches darlegt, führt ihn der Maler in den Nebenraum, wo zahlreiche Bilder stehen und hängen. Er deutet auf ein Gemälde mit der Bemerkung, er hätte es erst kürzlich gemalt. Der Autor ist wie vom Blitz getroffen. Das Bild zeigt seine körperlose Besucherin mit allen Details – vom blonden Haarknoten bis zur anachronistischen Kleidung.

Trotz der ebenso unleugbaren wie unerklärlichen Gleichartigkeit des Erlebens, das er und der Künstler teilen, kam Layll Watson schließlich nicht zu der Schlußfolgerung, eine Projektion oder einen Besuch aus dem Jenseits erlebt zu haben. Aufgrund seines Know-how im grenzwissenschaftlichen Bereich tendierte er statt dessen zu einer anderen, im wahrsten Wortsinn »erdgebundenen« Theorie.

Er teilte die Ansicht einiger Erforscher des Paranormalen – unter denen auch klassische Wissenschaftler zu finden sind –, es könnte sich bei seiner Erscheinung um ein Phänomen handeln, das der berühmte englische Archäologe und Pendler Tom C. Lethbridge den »Ghul-Effect« (Dämoneneffekt) genannt hatte.

Damit ist gemeint, daß Ereignisse am Ort ihres Geschehens so etwas wie Prägungen (Engramme) hinterlassen, die vom menschlichen Gehirn abgerufen werden können. Ein ähnlicher Vorgang wie jener der »Psychometrie«, die wir aus dem Abschnitt »Wenn Steine sprechen« bereits kennen. Im Gegensatz dazu scheint es sich jedoch beim »Ghul-Effekt« um einen Vorgang zu handeln, der *an einen Ort gebunden ist.*

Lethbridge ging davon aus, daß bestimmte lokale Gegebenheiten (unterirdische Wasseradern beziehungsweise höhere Luftfeuchtigkeit) ein spezifisches elektromagnetisches Feld erzeugen, das eine Speicherung von Geschehnissen mit hohem emotionalen Level (beispielsweise Mordtaten) ermöglicht. Manche Menschen rufen diese Aufzeichnungen unter gewissen Bedingungen – etwa starke Ermüdung wie im Fall von Lyall Watson – unbewußt ab, worauf das Ereignis wie ein Film vor ihnen abläuft. Andere spüren ihnen mittels eines Instrumentes gezielt nach, wobei es zu unerwarteten Ergebnissen kommen kann.

Die Frau des bekannten englischen Autors Colin Wilson (Verfasser von »Das Okkulte« und anderen Grundlagenwerken) machte Wünschelrutenversuche im örtlichen Kerker von Bodnin in der englischen Grafschaft Cornwall. Dabei wurde die erfahrene Rutengängerin von zwei Anfängern begleitet. In zwei Räumen der düsteren Gewölbe und Kellerverliese schlug Mrs. Wilsons Rute und die der Anfänger unerwartet aus. Wie sich hinterher herausstellte, handelte es sich dabei um die Todeszelle, in der die Verurteilten auf ihr Ende gewartet hatten, und um den Hinrichtungsraum selbst.

Der »Ghul-Effekt« erklärt an einen Ort gebundene Geistererscheinungen von allen Theorien am besten, inklusive der Tatsache, daß Spukphänomene besonders in Schottland und Irland auftreten, einer Weltregion mit generell hoher Luftfeuchtigkeit – und dort verstärkt in der Nähe von Brunnen und Flüssen.

Forscher sind überzeugt, daß sich unter »heiligen Orten« mit uralten Kirchen, Kathedralen oder Gedenksteinen unterirdische Wasseradern befinden, die Wissende vergangener Tage ausgependelt hatten. Die sakralen Handlungen, die dort jahrhundertelang stattfanden, erzeugten »positive Engramme«, die dazu führen, daß Menschen sich an diesen Orten heute noch erhoben und geläutert fühlen. Schlachtfelder, Mordhäuser oder Kerker besitzen »negative Engramme«, die entsprechende Gefühle hervorrufen – in manchen Fällen sogar konkrete »Geistererscheinungen«.

Ein bekanntes Beispiel für die erste Kategorie ist die wiedergefundene Abtei von Glastonbury im westenglischen Somerset (siehe »Informationen aus dem Jenseits«), auf deren Areal immer wieder Besucher von alten Bildern und religiösen Emotionen durchströmt werden.

Die Existenz von guten und bösen Orten ist ein weiteres gewichtiges Indiz dafür, daß das verborgene Wissen weit größer sein könnte als das von den Lehrkanzeln verkündete. Und sie deutet auf ganzheitliche Zusammenhänge hin, von deren Erkenntnis man im Bereich des offiziell Erforschten noch ein ganzes Stück weit entfernt sein dürfte ...

Nachwort

Das Universum, in dem wir leben

Was ist Realität? Unter die Lupe genommen erweist sie sich als reines Truggebilde, zusammengesetzt aus Nichtwissen, Nichtverstehen und Ignoranz, überzogen mit einem dünnen Firnis von sogenannten Erkenntnissen. Kurzum: eine Konvention, auf die man sich eben geeinigt hat. So könnte das Resümee lauten, mit dem man dieses Buch beschließt.

Zuviel ist zur Sprache gekommen, das klassische Lehrmeinungen von Grund auf erschüttern kann. Um nur ein Thema zur Erinnerung wieder herauszugreifen: Wer hätte es beispielsweise früher ernsthaft in Erwägung gezogen, daß nicht »nur« die Fauna anders sein könnte als vermutet, sondern auch die Flora? De facto floriert »der private Kosmos der Pflanzen« direkt neben uns. Er entfaltet sich in Wald und Flur und in unseren Blumentöpfen. Unsere grünen Freunde fühlen, kommunizieren und legen parapsychologische Fähigkeiten an den Tag, die sich sogar in mehr als exotischen Patenten niederschlagen.

Die unheimlichen Vorfälle, rätselhaften Begebenheiten und unerklärlichen Naturerscheinungen, mit denen wir uns auseinandergesetzt haben, scheinen Puzzlesteine einer größeren, verborgenen Wirklichkeit zu sein. Einer Wirklichkeit, deren Spuren aus den unterschiedlichsten Motiven offiziell nicht zur Kenntnis genommen, manchmal sogar verwischt werden. Selbst Handfestes wird gelegentlich geradezu unverfroren unter den Teppich gekehrt (man denke nur an die regelmäßig entstehenden Kornkreise in England).

Trotzdem ist es evident, daß

– Menschen, Tiere und sogar Pflanzen Superfähigkeiten zeigen,
– die Zeit keine Einbahnstraße ist und überraschende Phänomene produziert,
– unser Nachbar zwar wie ein ganz normaler Mensch aussieht, es aber nicht sein muß,

- Phantome und Exoten auf allen Kontinenten ihr Unwesen treiben,
- tote Gegenstände einen eigenen Willen entfalten,
- die Erde und das Sonnensystem Tummelplätze von Aliens sein könnten,
- es eine rege Wechselwirkung zwischen Diesseits und Jenseits gibt,
- Menschen sich einzeln oder in Gruppen in Nichts auflösen,
- Unheimliches vom Himmel fällt,
- Menschen von innen verbrennen,
- unsichtbare Verstümmler den Tieren und neuerdings auch uns das Messer ansetzen,
- unmögliche Beweise ausgegraben oder gefunden werden,
- Naturgesetze kopfstehen,
- unheimliche Kräfte am Werk sind,
- es Bereiche jenseits der Logik gibt,
- vergessenes oder verlachtes Wissen erstaunliche Ergebnisse zeitigt.

Wer sich mit den unglaublichen, aber belegten Fakten dieses Buches befaßt, öffnet das Fenster in eine fremdartige Realität, die trotzdem die unsere ist. Mit jeder wahren Geschichte und ihren Hintergrundinformationen sollte sich dem Leser die geheime Natur unserer Welt, ja des Universums, ein kleines Stück mehr enthüllt haben.

Wenn erklärliche und unerklärte Phänomene lediglich die beiden Seiten derselben Münze sein sollten, auf der »Wirklichkeit« geprägt ist, verliert die Spaltung des Weltbildes in ein wissenschaftlich-greifbares und in ein spirituelles-nichtgreifbares ihre Bedeutung.

Tatsächlich beschreitet die sogenannte »neue Physik« die Pfade alter Weisheitslehren. Denken wir an die Parallelen zwischen Akasha-Chronik, dem Weltwissen der Hindus »Tattwamashi« und dem »Informations-Universum« der Physiker oder von Rupert Sheldrakes »Morphogenetischen Feldern«, und werden wir uns bewußt, daß wir selbst das Verbindungsglied zwischen diesen Eckpunkten sind.

Welchen Blickwinkel man auch bevorzugt – den der Mystik oder der hochgezüchteten Naturwissenschaft –, unbestreitbar ist, daß Menschen sich bewußt oder unbewußt in den Bereich außersinnlicher Wahrnehmungen einklinken können, wobei nach übereinstimmender Ansicht Resonanzphänomene eine Rolle spielen dürften. Daß der menschliche Geist grundsätzlich zu einer Resonanzfeinabstimmung von unglaublicher Präzision fähig ist, zeigt allein der bekannte Umstand, daß jeder von uns aus einem Orchester ein bestimmtes Instrument heraushören kann, wenn er sich darauf konzentriert und die Musiker »tutti« (alle Instrumente) spielen. Bezeichnend: Je harmonischer, desto besser geht das; je schlimmer Anfänger kratzen und fiedeln, um so schwerer. Deutlicher könnte sich ein kosmisches Harmonieprinzip in der menschlichen Psyche kaum manifestieren.

Trotzdem bestehen wir aus Materie und können uns von ihr weder wirklich freimachen noch eindeutig erkennen, was hinter den Grenzen unserer Wahrnehmung liegt. Alles, was wir entdecken können, sind Schatten des Unbegreiflichen, Fußspuren einer übergeordneten Realität, die unsere Welt durchdringt. Trotzdem sollten wir ihnen folgen. Dem furchterregenden 21. Jahrhundert werden wir mit Denkmodellen von gestern kaum gewachsen sein.

Schließen wir mit dem »dadaistischen« Modell der Erkenntnistheorie, das der Wissenschaftsphilosoph Paul K. Feyerabend entwickelte. Er unterscheidet simpel, aber bestechend, zwischen zwei Vorgangsweisen: erstens logisch einwandfrei, zweitens brauchbar. »Wissenschaft an sich gibt es nicht, sie ist nur ein Aspekt der Gesamtwirklichkeit des Menschen«, so lautete seine Überzeugung. Und auf die Frage nach der »richtigen« naturwissenschaftlichen Forschungsmethode antwortete er mit dem berühmten Satz, den fast jeder kennt, auch wenn die wenigsten wissen, von wem er stammt: »Anything goes.«

Anhang

Literatur

Lord Adare: »Experiences with D. D. Home« (London 1924)

A. E. Abbot: »Encyclopedia of the Occult Sciences« (London 1976)

Olof Alexandersson: »Lebendes Wasser« (Steyr 1993)

P. Andreas/G. Adams: »Was niemand glauben will« (Berlin 1977)

Peter Bahn/Heiner Gehring: »Der Vril-Mythos« (Düsseldorf 1997)

A. D. Bajkov: »Do Fish Fall from the Sky?« (London 1949)

Clive Backster: »Evidence of a Primary Perception in Plant Life« (New York 1968)

Alice Baily: »A Treatise on Cosmic Fire« (New York 1925)

James Bedford/Walt Kensington: »Das Delpasse-Experiment« (Düsseldorf 1975)

Timothy Green Beckley: »Subterran World inside Earth« (New Brunswick 1980)

Paul Begg: »Into Thin Air – People Who Disappeare« (North Pomfret 1979)

Nicholas J. Begich/Jeane Manning: »Advances in Tesla Technology« (Anchorage 1996)

Hans Bender: »Unser sechster Sinn« (Reinbek 1972)

Itzhak Bentov: »Stalking the Wild Pendulum« (New York 1977)

Charles Berlitz: »Without a Trace« (New York 1977)

Marco Bischof: »Biophotonen – Das Licht in unseren Zellen« (Frankfurt 1995)

H. P. Blavatsky: »Das Buch Dzyan« (aus: »Geheimlehre«) (Berlin 1932)

Nigel Blundell/Roger Boar: »The World's Greatest UFO Mysteries« (London 1989)

Werner F. Bonin (Hrsg.): »Lexikon der Parapsychologie« (Bern 1984)

–: »Faszination des Unfaßbaren« (Stuttgart 1983)

Janet und Colin Bord: »Strange Animals« (London 1985)

–: »Strange Events of the 20th Century (London 1989)

William L. Brian: »Moongate – Suppressed Findings of the U.S. Space Program and the NASA-Military Cover-up« (Portland 1982)

Peter Brookesmith (Hrsg.): »Incredible Phenomenon« (London 1984)

–: »Life after Death« (London 1984)

Gerry Brown: »The World's Greatest Mysteries« (London 1989)

Lord Edward Bulwer-Lytton: »The Coming Race« (Ruttledge 1871)

Luc Bürgin: »Mondblitze« (München 1994)

Johannes von Buttlar: »Leben auf dem Mars« (München 1987)

Joseph Carter: »The Awesome Life Force« (Illinois 1990)

Robert Charroux: »Unbekannt, Geheimnisvoll, Phantastisch« (Düsseldorf 1970)

–: »Verratene Geheimnisse« (München 1967)

Margaret Cheney: »Nikola Tesla – Erfinder, Magier, Prophet« (Düsseldorf 1995)

Allen Churchill: »They Never Came Back« (New York 1960)

J. Clark/L. Coleman: »Creatures of the Goblin World« (Highland Park 1984)

Edward J. Condon: »Scientific Study of Unidentified Flying Objects« (New York 1969)

Arthur Constance: »The Inexplicable Sky« (London 1956)

W. B. Crow: »A History of Magic, Witchcraft and Occultism« (London 1972)

Douglas Curran: »In Advance of the Landing – Folk Concepts of Outer Space« (New York 1985)

Wilfried Daim: »Experimente mit der Seele« (Graz 1949)

Nevil Drury: »Lexikon esoterischen Wissens« (München 1988)

Frank Edwards: »Stranger than Science« (London 1963)

–: »Strangest of All« (New York 1962)

–: »Strange World« (New York 1964)

–: »Flying Saucers – Here and Now!« (New York 1967)

–: »Flying Saucers – Serious Business« (New York 1966)

Jonathan Eisen (Hrsg.): »Suppressed Inventions and other Discoveries« (Auckland 1994)

John Fairley/Simon Welfare: »Arthur C. Clarke's World of Strange Powers« (London 1985)

Viktor Farkas/Peter Krassa: »Lasset uns Menschen machen« (Frankfurt 1987)

Viktor Farkas: »Unerklärliche Phänomene« (Frankfurt 1988)

–: »Esoterik, eine verborgene Wirklichkeit« (Frankfurt 1990)

–: »Jenseits des Vorstellbaren« (Wien 1996)

Daniel Farson/Angus Hall: »Geheimnisvolle Wesen und Ungeheuer« (Mannheim 1979)

–: »Fate Stranger than Fiction« (New York 1967)

Charles Fort: »The Complete Books« (Dover 1974)

John Freeman: »Suppressed and Incredible Inventions« (Mokelumne Hill 1987)

J. G. Fuller: »The Ghosts of Flight 401« (London 1978)

Rupert Furneaux: »The World's Strangest Mysteries« (New York 1961)

Vincent H. Gaddis: »Mysterious Fires and Lights« (New York 1967)

–: »Invisible Horizons« (New York 1965)

Larry Geis/Fabrice Florin/Peter Beren/Aidan Kelly: »Auf ins All – unsere Zukunft im Weltraum« (Basel 1980)

H. Gerloff: »Das Medium Carlos Mirabelli« (Bayrisch Gmain 1960)

John Godwin: »This Baffling World« (New York 1986)

J. Goodman: »Psychic Archeology« (New York 1977)

Dr. Marcus Gossler: »Lexikon Grenz-Wissenschaften« (Landsberg 1988)

Walter Hain: »Das Marsgesicht und andere Geheimnisse des Roten Planeten« (München 1995)

Ray Hammond: »The Modern Frankenstein« (Dorset 1986)

W. A. Harbinson: »Project UFO« (London 1995)

Michael Harrison: »Vanishings« (London 1981)

–: »Fire from Heaven« (London 1977)

Tim Healey: »Strange but True« (London 1984)

Francis Hitching: »Die letzten Rätsel unserer Welt« (Frankfurt 1982)

–: »Pendulum – the PSI-Connection« (London 1977)

Brant House: »Strange Powers of Unusual People« (New York 1963)

Allen J. Hynek: »The UFO Experience: A Scientific Inquiry« (New York 1972)

–: »The Hynek UFO Report« (New York 1977)

Paul Kammerer: »Das Gesetz der Serie« (Stuttgart 1919)

Günter Karweiner: »Der sechste Sinn der Tiere« (Hamburg 1982)

John Keel: »Strange Creatures from Time and Space« (Greenwich 1970)

–: »The Mothman Prophecies« (New York 1975)

–: »Our haunted Planet« (Greenwich 1971)

Jim Keith (Hrsg.): »Secret and Suppressed« (Portland 1993)

–: »Casebook on the Man in Black« (Lilburn 1997)

Werner Keller: »Was gestern noch als Wunder galt« (Zürich 1973)

Donald E. Keyhoe: »Flying Saucers: Top Secret« (New York 1960)

–: »Der Weltraum rückt uns näher« (Berlin 1954)

–: »The Flying Saucer Conspiracy« (London 1957)

Jeremy Kingston: »Rätselhafte Begebenheiten« (Mannheim 1979)

Damon Knight: »Charles Fort – Prophet of the Unexplained« (New York 1970)

Arthur Koestler: »The Roots of Coincidence« (London 1974)

Peter Kolosimo: »Schatten auf den Sternen« (Frankfurt 1976)

Peter Krassa: »Dein Schicksal ist vorherbestimmt« (München 1997)

–: »Phantome des Schreckens« (Wien 1980)

L. Ksanfomaliti: »Planeten« (Moskau 1985)

Raymond Kurzweil: »Das Zeitaler der künstlichen Intelligenz« (München 1993)

George Langelaan: »Die unheimlichen Wirklichkeiten« (Bern 1969)

Helmut Lammer/Oliver Sidla: »UFO-Geheimhaltung« (München 1995)

Helmut und Marion Lammer: »Verdeckte Operationen« (München 1997)

L. A. Langeveld: »Der Graf von Saint-Germain« (Berlin 1930)

George Leonard: »Somebody Else Is on the Moon« (New York 1976)

T. C. Lethbridge: »The Power of the Pendulum« (London 1976)

–: »Ghost and Ghoul« (London 1961)

Peter A. Lindemann: »A History of Free Energie Discoveries« (Bayside 1986)

Coral and Jim Lorenzen: »UFOs over the Americas« (New York 1968)

Norbert Lossau: »Wenn Computer denken lernen« (Frankfurt 1992)

Lorrie Mack/Eric Harwood/Lesley Riley: »The World of the Unexplained« (London 1984)

Alec MacLellan: »The Lost World of Agarthi – The Mystery of Vril-Power« (Guernsey 1996)

Jeane Manning: »Freie Energie – Die Revolution des 21. Jahrhunderts« (Düsseldorf 1997)

Ernst Meckelburg: »Geheimwaffe PSI« (Bern 1984)

J. Michell/R. Richard: »Die Welt steckt voller Wunder« (München 1980)

Horst E. Miers: »Lexikon des Geheimwissens« (Freiburg 1970)

R. DeWitt Miller: »Forgotten Mysteries« (New York 1947)

–: »You Do Take It with You« (New York 1955)

–: »Stranger than Life« (New York 1955)

–: »Impossible – Yet It Happened« (New York 1947)

Richard Mooney: »Colony Earth« (Greenwich 1975)

Patrick Moore: »Der Mond« (Freiburg i. Br. 1982)

Nettleton/Lucas: »Great Unexplanied Mysteries« (Boca Raton 1989)

John O'Neill: »Prodigal Genius – The Life of Nikola Tesla« (London 1968)

René Noorberger: »Secret of the Lost Races« (London 1978)

J. Pauwels/P. Bergier: »The Morning of the Magicians« (New York 1973)

Christopher Pick (Hrsg.): »Mysteries of the World« (London 1979)

Lynn Pickett: »The Complete Guide to the Unexplained« (London 1990)

Fritz-A. Popp/Volkward E. Strauß: »So könnte Krebs entstehen« (Stuttgart 1977)

Fritz-A. Popp: »Biologie des Lichts« (Berlin 1984)

Steward Robb: »Strange Prophecies That Came True« (New York 1967)

D. Robins: »The Secret Language of Stone« (London 1988)

D. S. Rogo: »Life after Death« (Wellingborough 1986)

Alfred Roulet: »The Search for Intelligent Life in Outer Space« (New York 1977)

Edward J. Ruppelt: »The Report on Unidentified Flying Objects« (New York 1956)

Eric Frank Russell: »Great World Mysteries« (London 1957)

Mylan Ryzl: »Der Tod und was danach kommt« (Genf 1988)

Margaret Sachs: »The UFO-Encyclopedia« (London 1981)

H. F. Saltmarsh: »Evidence of Personal Survival from Cross-Correspondences« (London 1938)

Emil-Heinz Schmitz: »Unsterblichkeit im All« (Genf 1977)

Bill Schul: »The Psychic Powers of Animals« (London 1977)

Ernest Scott: »Die Geheimnisträger – Auf den Spuren der verborgenen Baumeister der Evolution« (München 1989)

Michael Shallis: »On Time« (Harmondsworth 1983)

Warren Smith: »Strange Monsters and Madmen« (New York 1969)

Brad Steiger/Joan Writhenour: »Flying Saucers are Hostile« (New York 1967)

Walter Sullivan: »We Are Not Alone« (Harmondsworth 1970)

John Symonds: »Aleister Crowleys – Das Tier 666« (Basel 1983)

John Taylor: »Superminds« (London 1975)

Nikola Tesla: »Meine Erfindungen« (Basel 1995)

W. Trinder: »Dowsing« (London 1939)

Peter Tompkins/Christopher Bird: »The Secret Life of Plants« (New York 1967)

Paul Uccusic: »PSI-Resümee« (Genf 1975)

–: »Unglaublich, aber wahr« (Stuttgart 1976)

Jacques Vallée: »Enthüllungen – Begegnungen mit Außerirdischen und menschlichen Manipulationen« (Frankfurt am Main 1994)

G. De la Warr: »Do Plants Feel Emotion?« (New York 1969)

W. H. Watkins: »Preternatural Inflammability of the Human Body«
(New Orleans 1870)

Lyall Watson: »Supernature« (London 1974)

–: »Beyond Supernature« (London 1986)

–: »Geheimes Wissen« (Frankfurt 1976)

–: »The Nature of Things« (Sevenoaks 1990)

Paul Watzlawick: »Wie wirklich ist die Wirklichkeit?« (München 1976)

W. Weaver: »Lady Luck« (Harmondsworth 1977)

Erwin Barth von Wehrenalp: »Man sollte es nicht für möglich halten
– Unglaubliches aus der Weltgeschichte« (Düsseldorf 1988)

–: »Weltalmanach des Übersinnlichen« (München 1983)

–: »Wie geschah es wirklich? Den Geheimnissen der Weltgeschichte
auf der Spur« (Stuttgart 1990)

Colin Wilson: »Das Okkulte« (Berlin 1971)

–: »Beyond the Occult« (London 1988)

–: »Mysteries« (New York 1979)

Colin Wilson/John Grant: »The Directory of Possibilities« (London 1982)

Ian Wilson: »The Bleeding Mind« (London 1991)

Ted Zachary: »NI-CIA-AP or NICAP« (New York 1979)

Dana Zohar: »Through the Time Barrier« (London 1983)

Als Quellen sind auch zahlreiche Zeitschriften, Periodika und Publikationen zu nennen, beispielsweise »UFO-Kurier«, »Magazin 2000«, »Fortean Times«, »THE X-FACTOR«, »Esotera«, »Ancient Skies«, »Bild der Wissenschaft«, »Scientific America«, »OMNI«, »Future Life«, »World Watch«, »Globe«, »People«, »Examiner«, »Daily Mirror«, »Newsweek«, »Independent«, »New Scientist«, »Guardian«.
Darüber hinaus wurde Archivmaterial aus privaten und öffentlich zugänglichen Quellen eingesehen (von der Library of Congress in Washington bis zur Österreichischen Nationalbibliothek).

Register

Bildnachweis

Bild Nr. 2: Mary Evans Picture Library.
6: Mary Evans Picture Library. 8: Archiv Reinhard Habeck.
9: Archiv Reinhard Habeck; Österreichische Nationalbibliothek.
10: Aldus Archive; Foto Zora Hurston. 11: Fortean Picture Library.
12: Bildarchiv Preussischer Kulturbesitz. 13: Archiv Reinhard Habeck.
15: Archiv Reinhard Habeck. 17: Clark 1966. 19: NASA.
21: Mary Evans Picture Library. 24: Archiv Reinhard Habeck.
27: Foto Reverend Canon A. Irwin Johnson M.B.E.
28: Foto R. K. Wilson. 29: Archiv Erich von Däniken.
31: Archiv Reinhard Habeck. 32: Archiv Reinhard Habeck.

Obwohl sich Verlag und Autor bemüht haben, zu sämtlichen
Abbildungen des Buches die erforderliche Nachdruckerlaubnis
einzuholen, ist es uns nicht in allen Fällen gelungen, die jeweiligen
Rechteinhaber ausfindig zu machen. Sofern diese uns in Kenntnis
setzen, werden wir selbstverständlich bemüht sein, die Inhaber
der betreffenden Bildcopyrights in künftigen Buchausgaben
namentlich zu nennen.

224 Seiten · ISBN 3-7844-2775-8

Bernard Jakoby

Auch du lebst ewig

Es gibt ein Leben nach dem Tod

Dieser verantwortungsvolle Ratgeber erklärt anhand der heutigen Forschungsergebnisse erstmalig sämtliche Erscheinungsformen grenzüberschreitender Erfahrungen anhand vieler Beispiele: Nahtoderlebnisse, Sterbebettvisionen, Höllenerfahrungen, Kontakte mit Verstorbenen, Reinkarnation. Ein Ratgeber über den Sinn des Lebens, der behutsam und kompetent Hoffnung und neuen Lebensmut zu spenden vermag und die Angst vor dem Sterben nimmt.

Langen Müller

Besuchen Sie uns im Internet unter http://www.herbig.net